刘向刘歆学术活动
与西汉中后期文学嬗变

陈丽平 著

中国社会科学出版社

图书在版编目（CIP）数据

刘向刘歆学术活动与西汉中后期文学嬗变 / 陈丽平著. —北京：中国社会科学出版社，2024.3

ISBN 978 - 7 - 5227 - 3168 - 1

Ⅰ. ①刘… Ⅱ. ①陈… Ⅲ. ①刘向（约前 77 - 前 6）—人物研究②刘歆（前 53 - 23）—人物研究③中国文学—古典文学研究—西汉时代 Ⅳ. ①B234.99②I206.341

中国国家版本馆 CIP 数据核字（2024）第 045387 号

出 版 人	赵剑英
责任编辑	王丽媛
责任校对	孙延青
责任印制	王 超

出 版	中国社会科学出版社
社 址	北京鼓楼西大街甲 158 号
邮 编	100720
网 址	http://www.csspw.cn
发 行 部	010 - 84083685
门 市 部	010 - 84029450
经 销	新华书店及其他书店

印 刷	北京明恒达印务有限公司
装 订	廊坊市广阳区广增装订厂
版 次	2024 年 3 月第 1 版
印 次	2024 年 3 月第 1 次印刷

开 本	640 × 960 1/16
印 张	18.5
插 页	2
字 数	251 千字
定 价	96.00 元

目　　录

下　编

绪　论

一　选题缘起

刘向刘歆父子是西汉后期非常重要的学者，对西汉后期学术、文学的发展和演变影响甚大。西汉成帝时期的扬雄与东汉明帝、章帝时期的班固是百余年间前后呼应的两大文学家，其间并没有特别突出的作家、作品问世。这一段的文学史给读者的印象是比较沉寂的。实际上，这一段文学更像是处于一个反思、酝酿的时期，各种文体在学术大转变背景之下，都在悄悄发生变化，引领这种反思风气的，正是刘氏父子。刘向出生于汉昭帝元凤二年，历仕汉宣帝、元帝、成帝三朝，而他的儿子刘歆，历仕成帝、哀帝、平帝直至王莽新朝，刘歆在王莽掌权时期，先后被任命为右曹太中大夫、中垒校尉、羲和、京兆尹等重要职位，居于文坛、政坛枢纽，正是由于他的特殊身份地位，推动了古文经被立于博士官，其在西汉后期的政治、思想、文化领域的地位举足轻重。汉成帝河平三年，时任光禄大夫的刘向接受诏命"领校中五经秘书"，不久，刘歆也受命参与领校古籍文献工作。刘向刘歆从事的这项延续二十余年的文献整理活动，至汉哀帝即位初年才结束。把刘向刘歆父子校书活动放在整个西汉中后期文学发展史背景中探讨其成绩与影响的成果较为罕见。西汉时期文学与学术均与政治关系紧密，如以赋为代表的文学被要求有讽谏的功能，经学被要求服务于政治，陆贾、贾谊、刘向、刘歆等西汉官员，同时又是学者、文人，他们的学术思想与活动，对他们的文学观念及具体的创作不可避免地产生影响。而刘向刘歆父子的学术活动，又是在汉成帝诏命下，聚合众人之力耗费二十余年完成，必然会涉及对文学相关问题的讨论，对文学发展产生更为深远的影响。

本书以"刘向刘歆学术活动与西汉中后期的文学嬗变"为研究对象，选择这个题目开展研究，是有意义的，可以全方位地研究刘向刘歆父子学术活动，细致梳理出刘氏父子学术活动中，整体的文献整理理念、程序以及具体的分类、分析工作，并观察其对文学发展的影响。同时，该研究可弥补以往关于西汉中后期至东汉初期文学转变原因研究的不足。从学术角度研究其对文学的影响，增加了对文学转变原因的考量因素，更贴近文学本身的研究。另外，该研究可深化文学史学对西汉中后期文学演进的认知，从学术的角度观察学术活动对文学演进的意义，提供了不同的观察视角，有利于对问题的理解更加深入。从学术思想与文学关系角度观照、分析两汉之际文学发展特征，这将有助于发现容易被人忽略的文学史问题。

二　研究述评

（一）与刘向、刘歆有关的研究成果

第一，有关刘向刘歆生平及其著作文献资料的搜集、整理方面的成果。对刘向刘歆研究资料的文献学整理方面，主要体现在辑佚、注译、校勘学领域的成果，是本课题研究重要的基础。著录于《隋志》的六卷《刘向集》、五卷《刘歆集》并未保存于世，现存刘向、刘歆最早的别集是明代张溥辑刻的《刘子政集》《刘子骏集》。清代辑佚学兴盛，对刘向、刘歆著述的辑佚有数家之多，比较有代表性的有严可均《全上古三代秦汉三国六朝文》、马国翰《玉函山房辑佚书》、姚振宗《师石山房丛书》等，严可均《全汉文》对刘向、刘歆著述收录较为全面，不仅收录了辞赋、奏疏文、书录、颂、铭等单篇文章，也辑录了刘向著述的《别录》《新序》，辑录了刘歆的赋、表、奏议、论等单篇文章，也包括《三统历》《七略》等，对刘氏父子赋作、奏疏文等单篇文章，哪怕残章断句

也收录。刘氏父子的《别录》《七略》是目录学的典范之作，在辑佚之风盛行的清代，引起了多位学者辑佚的热情，其中姚振宗的辑佚是其中的集大成者。姚振宗《别录》《七略》辑佚是以严可均、马国翰等辑本为参考，体例和条目更为完备。清人对刘向刘歆著述的辑佚工作，为20世纪70年代以后兴起的相关文献整理打下了很好的基础。

刘向刘歆著述文献整理本集中出现于20世纪最后三十年，这些成果一般以新整理的单行本形式出现，主要为对《七略》《别录》以及《新序》《说苑》《列女传》的整理，比较有代表性的成果有：石光瑛校释、陈新整理《新序校释》（中华书局2017年版），向宗鲁《说苑校证》（中华书局1987年版），张涛《列女传译注》（山东大学出版社1990年版），王照圆撰、虞思徵点校《列女传补注》（华东师范大学出版社2012年版），姚振宗辑录、邓骏捷校补《七略别录佚文、七略佚文》（上海古籍出版社2008年版）。与课题相关的文献学成果，还有关于刘向、刘歆的年谱，清人梅毓《刘更生年表》、钱穆《刘向、歆父子年谱》是其中最具代表性的。

第二，聚焦于《说苑》《新序》《列女传》进行专书研究，是21世纪初期学位论文的重要选题来源，2000年以来关于《列女传》的硕博士学位论文有六十篇左右，《说苑》的硕博士学位论文有四十篇左右，《新序》的硕博士学位论文有二十篇左右。这些学位论文关注点有所差异，有从文学、语言学、编撰、思想、叙事学等各个角度入手，也有综合性研究的。在这些学位论文的基础上，2000年以来有关《说苑》《新序》《列女传》的专书研究成果不断涌现，如谢明仁《刘向〈说苑〉研究》（兰州大学出版社2000年版）、王启敏《刘向〈说苑〉、〈新序〉研究》（安徽大学出版社2011年版）、徐建委《〈说苑〉研究——以战国秦汉之间文献累积与学术史为中心》（北京大学出版社2011年版）、陈丽平《刘向〈列女传〉研究》（中国社会科学出版社2010年版）、郑先彬《刘向〈列女传颂图〉研究》（凤凰出版社 2013 年版）等。研究这三部书中特定问题的期刊文章大量涌现，与《列女传》相关的研究重心在性别观念、人物形象、作品传播特征、经学观念、编撰特点等方面。相关论文对刘向《新序》《说苑》的关注点除了编撰、人物形象，还体现在价值取向特点、思想特点、著述性质、文献来源、文史方面的特点及价值，也有从语言学入手讨论的。

第三，关注刘向刘歆学术思想特点，尤其是经学思想方向，从学术史角度，对刘向刘歆父子学术思想的研究。这方面代表性的成果有徐兴无《刘向评传》（南京大学出版社 2011 年版），此书是属于匡亚明主编的"中国思想家评传丛书"，因而其考察中心为刘向刘歆的思想特征，作者以叙议结合方式进行论述，以刘氏父子的生平与时代因素作为背景来论及他们的思想特征，依次论述了刘向思想时代特征、刘氏父子礼制思想、刘氏父子的校雠与学术史观、刘氏父子的律历学与天道观等问题。提出刘向刘歆父子在校书中阐释和建构了"新王官之学"，从宏观角度观察刘氏父子的思想特点。还有一些单篇文章，专门探究刘氏父子的学术与思想特征，如郑万耕《刘向刘歆父子的学术史观》认为刘氏父子学术思想中《易》为五经之源、诸子相反相成，吴敏霞《刘向学术思想特点浅议》对刘向学术思想进行了综合性的研究。还有学者专门从微观角度探究刘氏父子在某个经学领域的思想特点，如郑万耕《刘向刘歆父子的易说》、王继训《刘向阴阳五行学说初探》，分析《易》、阴阳五行学说在刘氏父子学术思想中的特殊地位。尹自永《刘向经学思想研究述略》、黄梓勇《刘向〈诗〉学家法研究》、张涛《试谈〈穀梁传〉对刘向的影响》，则将研究重心放在对刘向经学特色的探究上；边家珍《礼制的重建：刘歆争立古文经的再认识》、葛志毅《河洛谶纬与刘歆》，深入分析了刘歆经学思想的特征。以上研究为单篇论文的形式，也有思想方向的研究著作，如吴全兰《刘向哲学思想研究》（中国社会科学出版社 2007 年版）。

第四，围绕刘氏父子校雠、目录等文献学成就的研究成果。刘向刘歆在汉成帝、哀帝时期进行的书籍文献整理活动，是全面而系统的，成果显著，书籍文献从此有了较为固定、完整的文本，《别录》《七略》的撰写在目录学上更是具有开创意义。有从宏观视角观察刘氏父子文献学成就的，如郎松雪《西汉文化转型与刘向、刘歆父子的文献学成就》。由于刘氏父子文献学方面的显著成就，关于校勘、目录学、辨伪等方面的文献学著作，都会专门对刘氏父子文献学工作及其价值意义进行单独的论述。专门关注刘氏父子校雠的，比较有代表性的如宋郑樵《通志·校雠略》、清章学诚《校雠通义》，清末民国初年的孙德谦聚焦于刘向校雠的过程与步骤，在此基础上，论述了刘向的方法论以及校雠方面的成就，撰写了《刘向校雠学纂微》一书，是对刘氏父子校雠研究最细致的成果。从 20 世纪八九十年代开始，学者们对刘向校书的细节讨论的专门论文增多，更关注刘氏父子校书的过程与事实的细节。熊铁基《刘向校书详析》，认为刘向校书以儒家思想为指导思想，既有保存之功、也有删改之嫌，启发了辨伪、辨疑工作。王承略、杨锦先《刘向校书同僚学行考论》考索西汉刘向领衔的校书中的其他参与者信息。唐有勤《论刘向校书》对刘向古籍整理和校勘工作的成就与方法做了梳理和肯定。邓骏捷《论刘向校书中的"底本"意识》，认为刘向确立了校勘学的一些实践原则与操作方法，分析了其中以"中书"为本、参校"外书"的校勘特点。邓骏捷《刘向校书考论》（人民出版社 2012 年版）详细分析了刘向知识结构、思想特点及创作倾向，梳理校书中的程序与细节，总结刘向校书对古文献学、古代图书流传的意义，分析《七略》所反映的学术理念。李景文《刘向文献编撰研究》从文献整理中的文献编撰角度分析刘向所做的工作及具有的特殊意义。

目录学的专著也会对刘向刘歆的目录学成就留有专门的章节，比较有代表性的著作有余嘉锡《古书通例》中列《叙刘向之校雠编次》，姚名达《中国目录学史》设有"校雠篇"。专门以《七略》或《别录》为题的期刊论文有一百余篇，这些成果大多关注刘氏父子在目录学上的成绩与开创意义,如王重民《论〈七略〉在我国目录学史上的成就和影响》,认为《七略》体现的学术思想体系严密,推进了学术思想的发展。钟肇鹏《七略别录考》考察了《七略》的体制与《汉志》的区别、《别录》的体制及其与《七略》的异同、《别录》《七略》的撰成及亡佚时代等问题。周丕显《两汉时期的目录学——试论〈别录〉、〈七略〉和〈汉书·艺文志〉》论述了刘向校书编目工作的程序和方法等问题。

(二)从社会、文化、学术等角度考察西汉中后期文学的研究成果

对西汉中后期文学的研究论文一般集中在王褒、刘向、刘歆、扬雄等重点作家相关的文学现象,如张侨《论刘向刘歆的文学创作及其文学观》、李小平《刘向及其文学成就》。对《汉书·艺文志》尤其"诗赋略"相关西汉中后期文学问题的研究,如冷卫国《刘向、刘歆赋学批评发微》、俞纪东《〈汉志·诗赋略〉"扬雄赋"绎释》、曾祥旭《〈汉书·艺文志·诗赋略〉之"赋"说》等论文,或关注刘向、刘歆的赋学理论,或关注扬雄赋作及赋论问题。曹虹《从"古诗之流"说看两汉之际赋学的渐变及其文化意义》专门分析了两汉之间赋作及其赋论的变化。孙少华《桓谭"不及丽文"与两汉之际文风的转变》,从桓谭入手分析两汉之际文风的变化。西汉中后期文学史相关著作,也是与本课题密切相关的成果。中国文学史的编撰兴起于 20 世纪初,百余年来硕果累累,比较有代表性的著作,中华人民共和国成立前的如刘大杰《中国文学发展史》,中华人民共和国成立后的如游国恩《中国文学史》、袁行霈主编《中国文学史》,均作为高校教材多年,其编写范围一般起始于先秦、终止于近代,因为其编撰时代跨度大、对每个朝代文学演变论述的篇幅有限,涉及西汉中后期的文学编撰,重点放在重要作家,对于文学演变论述相对简略。中华人民共和国成立后,一批汉代相关断代文学史弥补了这方面缺憾,如聂石樵《先秦两汉文学史》、刘跃进《秦汉文学编年史》等,后者

以文学编年史的特殊形式关注了秦汉文学发展的时代演变特征，在文学具体编年过程中，突出了文学现象与时代学术发展状况关系，是在文学与学术关系方面较为突出的著作。此外还有一些文学思想史著作也涉及了西汉中后期文学，如许结《汉代文学思想史》等。

从文化、社会等角度考察汉代文学的演变，近年来颇有一批成果，如赵敏俐《汉代文学与文化研究》、许志刚与杨允《汉代文化转型与文学流变》等著作，从文化特殊性入手观察西汉文学演变；龙文玲《西汉昭宣时期社会转型与文学演进研究》、陈君《东汉社会变迁与文学演进》是以社会变化为切入点观察其与文学演变的关系；从学术的角度去观察西汉中后期文学发展与演变，目前的成果也较为丰富，现有成果从经学角度入手的研究，如张峰屹《两汉经学与文学思想》、边家珍《汉代经学与文学》、侯文学《汉代经学与文学》等，或关注经学思想对西汉作家创作思想的影响，或关注经学政策与西汉作家的人生境遇及其对文学影响，还有深入探究某一部经学流派思想与文学发展关系的，如李华雍《春秋公羊学与西汉文学》、韩维志《公羊学天人思想与西汉文学的经学旨趣》，从西汉公羊学与文学关系角度探究经学思想与文学发展关系。也有学者以单篇论文的形式讨论学术与文学的关系，如王魁田《略论两汉的学术思想和文学》，还有一些讨论往往能找到特殊角度去观察文学，如刘跃进师《班彪与两汉之际的河西文化》、陈其泰《两汉之际阴阳五行说和谶纬说的演变》、冯小禄《两汉之际的臣节与文学——以崔篆、冯衍为中心》等，对两汉之际思想特点考述其变迁时，均对西汉后期的文化思潮给予重视和分析。

三　关于刘向刘歆学术活动与西汉中后期文学研究的思考

通过以上梳理，展现出对刘向刘歆生平、著述相关文献资料的整理、研究方面的成就，有关刘向刘歆校雠、目录等文献学领域的研究成果突出，对刘氏父子以经学思想为主的学术思想的深入探究成果突出，成果也涉及刘氏父子文学领域的讨论。汉代经学与文学研究虽涉及了刘氏父子的内容，但未能深入，未能全面地描述其学术思想与文学的关系。关注两汉之际文风转变的研究又未能直接触及刘氏父子。这说明对刘氏父子学术活动与西汉后期文学嬗变之间关系还需要进一步的探索。把刘氏父子的学术活动与西汉中后期文学演变联系起来，探究学术对文学影响的成果并不易见，关于二者的关系，有几个问题需要考虑。（1）刘向刘歆是父子，又共同参加始于汉成帝河平三年、终于汉哀帝初年的国家书籍文献整理工作，在具体研究中，一般把刘歆作为刘向的附属而论述，二人因为父子关系与共同的工作经历，确实有诸多相同的思想观点与立场。但是，二人所代表的学术思想与立场是有时代差异的，刘向主要活跃于汉宣帝、元帝、成帝时期，而刘歆活跃于成帝、哀帝、王莽新朝时期，他们的政治、学术活动除了汉成帝时期的交集之外，时代环境、学术思潮完全不同，因而刘向与刘歆是代表了两个不同时代的学术。（2）汉成帝时期开启的国家书籍文献整理的原因，与汉武帝时期"独尊儒术"的官学改革以后政治、经学领域出现的偏颇有关，刘氏父子的国家书籍文献的整理与总结，同时是对官学发展的纠偏。（3）刘氏父子的学术活动对于西汉文学的发展影响具体体现在哪些方面？文献整理与总结过程中，对于文学类文献类型的整理、突出与总结，客观上有利于对文学性质的认知，促进文学观念的形成，"尊经"的文学价值观的确立。校书过程中强化的观念对于西汉中后期的赋、诗、文等创作与观念也产生了不小的影响。

本课题分为上、下两编，上编重点关注了刘向刘歆生平际遇、时代的政治文化背景以及学术特点的形成。试图回答以下问题：刘向刘歆父子的学术活动是在什么样的背景下展开的，父子二人学术活动的收获与意义？依次论及刘氏父子学术活动在西汉武帝以来官学改革与图书收藏的特殊背景，刘氏父子学术活动的原则、程序、发现及其时代影响。

第一章至第三章依次梳理、分析刘向、刘歆生平际遇与学术特点的形成，总结分析刘氏父子学术影响。刘向的学术特点在汉宣帝时期已经形成，受家学的熏陶，也深受汉宣帝的影响，尤其对于《穀梁传》的学术转向。刘歆的学术特点主要形成于汉元帝、成帝时期，尤其成帝期间所从事的皇家书籍文献的整理工作，使他成为崇尚古文经、主张博学经学风气的先锋。从刘歆的交游切入探讨其两汉之际学术影响，尤其因为刘歆与王莽的特殊关系带来他仕途的变化，决定了刘歆对两汉之交的学术发展具有的特殊影响力。分析刘歆在两汉之交学术、政治上的核心位置，刘歆与古文经学者的交往，尤其东汉初期古文经的重要学者与刘歆的师承关系，由此强调刘歆对古文经的扩大、广博学风的引导等方面所起到的作用。

第四章聚焦于汉成帝时期开展的校书活动背景。首先是官学改革的背景，即以复古为号召的齐地改革派政治势力的崛起，他们所大力提倡的各项政治制度的改革。分析了刘氏父子校书活动的学术背景，即今文经学种种弊端的呈现，古文经在内的民间学术的崛起。其次分析了汉宣帝时期以来的对汉制起源及其优劣性分析的声音，指出汉制两大病因，即汉初继承秦朝制度，汉武帝时期增设的、导致世风奢靡的制度，进而提出汉制的改革。这里也关注了国家官藏文献的收集与整理的过程。西汉元帝以来，一批出身于今文经官学的儒士身份的官员，看到皇帝、贵族生活奢靡，上疏请求皇帝进行后宫制度、祭祀制度、法制制度等一系列改革，他们前后相继形成了势力强大的复古派，他们以出身于齐学的官员为代表，如贡禹、翼奉、萧望之、匡衡、韦玄成等人。在政治思想领域，兴起了对汉代以来的制度追根溯源、评论这些汉制是非的风气。他们认为汉制最初沿袭自秦制，把秦制中很多严酷、不合理的部分继承下来。另外，汉初制度发展至汉武帝时期又走向排场、奢靡。他们认为这些或源自秦，或因为汉武帝增设而形成的制度系统，对当时的政治运行、社会风气以及百姓治理有消极影响，因而提出要对这些汉制进行改革。

在学术领域自汉武帝罢黜百家以来，儒学独尊，"自武帝立《五经》博士，开弟子员，设科射策，劝以官禄，讫于元始，百有余年，传业者浸盛，支叶善滋，一经说至百余万言，大师众至千余人，盖禄利之路然也。初，《书》唯有欧阳，《礼》后，《易》杨，《春秋》公羊而已。至孝宣世，复立《大小夏侯尚书》，《大小戴礼》，《施》、《孟》、《梁丘易》，《穀梁春秋》。至元帝世，复立《京氏易》"。① 一方面是六艺之学的枝繁叶茂；另一方面是官学之外的学术萎缩不兴。在释经体例上，为了适应课试制度，日益烦琐的章句体例兴起，学经者一旦进入某一门官学章句体例的学习，往往一叶障目，难及全经。这些情况都导致了今文经的官学学风走向自我封闭，解说随意发挥，释经方式烦琐。正是因为这些情况的出现，西汉后期扬雄、桓谭等人讥讽章句儒生们为"俗儒""小儒"，不屑于研习章句的经学。民间经学价值日益被知识界接受。早在汉景帝、汉武帝时期，河间献王刘德就搜集了数量可观的先秦古文献，其中包括古文经文献，并且在河间地区设立了《毛诗》《春秋左氏传》博士。对于一些未被立为博士官的古文经，颇有一些爱好者锲而不舍地传承，如孔安国、司马迁、都尉朝、庸生等传承《古文尚书》，张苍、贾谊、张敞、刘公子、张禹、尹更始等人习《左传》，到西汉后期，一些学者并没有学古文经的师授传承，但对于古学颇为重视，如扬雄、桓谭等人均以好古学闻名。再有一些在朝的官员也关注、研习古学，如刘向、刘歆、房凤等人。甚至皇帝也对古文经关注起来，"孝成皇帝闵学残文阙，稍离其真，乃陈发秘藏，校理旧文……，而上方精于《诗》《书》，观古文，诏向领校中五经秘书"。② 说明汉成帝在诏令刘向刘歆父子领校秘书之前，对旧文、古文已经非常感兴趣，这很可

---

① （东汉）班固：《汉书》，中华书局 1997 年版，第 3620—3621 页。后引本书皆出自此版本。

② （东汉）班固：《汉书》，第 1950 页。

能是促使汉成帝发出校理秘书诏令的重要原因。再如王充《论衡》中提到"孝成皇帝读百篇《尚书》，博士郎吏莫能晓知，征天下能为《尚书》者"。① 说明汉成帝对于今文官学之外的《古文尚书》有过较为广泛的涉猎。刘歆在《移书让太常博士》中提到，"（汉哀帝）故下明诏，试《左传》可立否？遣近臣奉指衔命，将以辅弱扶微，与二三君子比意同力，冀得废遗。……且此数家之事，皆先帝所亲论，今上所考视，其为古文旧书，皆有征验，内外相应，岂苟而已哉"。② 这段话显示，汉哀帝对于这些古文献有过"考视"，认为这些文献有广学之用。可见两代皇帝对于古文经积极支持整理并立其为博士官的态度。汉初以来古文经陆续出土引起了治经者的注意，也就是说，在刘向受诏整理这些古文经之前，这些古文经已经引起了社会关注。刘向父子从事的古籍文献整理，参与人员多、持续时间长、社会影响大，其所要消耗的人力物力财力，如果没有汉成帝、哀帝两个皇帝的先后支持，是没有条件完成的。这说明在西汉后期，没有被立为博士官的古文经已经引起了重视，民间悄然兴起的古文经势力已经累积到一定程度。刘向刘歆父子校书中所发现的今文官学的漏洞，客观上削弱了这一势力的权威性，也对这批人改革所倚持的"古制"的文献依据提出质疑。自汉武帝"独尊儒术"以来，经学作为官学发展到汉成帝河平年间，已经持续了一百余年，在这么长时间内独尊的经学形成了一些不良学风，需要一个总结、纠偏的工作，刘向刘歆父子的校书活动起到了这样的作用。从民间兴起的古文经已经引起较为普遍重视情况下，刘氏父子校书活动也迎合了这样一股学术思潮，彻底弄清古文经的文献留存情况及其真正的价值。刘氏父子校书活动及其结果牵动各方面的关注，如太常博士、皇帝、扬雄、桓谭等学者。

---

① （东汉）王充：《论衡》，上海人民出版社1974年版，第311页。后引本书皆出自此版本。

② （东汉）班固：《汉书》，第1971页。

第五章重在分析文献整理展开的主、客观条件，对书籍文献的全面掌握，视野前所未有。汉武帝时期，"罢黜百家"的文化政策，将原本与儒家学说同样处于博士官的诸子学说排除于官学，这些学说及其文献也因为缺少利益的引诱而日益衰微。汉成帝时期的皇家图书文献的整理，可以称为文献大"发现"，使大批世间罕见的文献进入学者的学术视野，尤其是接触到大量珍贵古文等典籍。汉成帝时，东平王朝聘时向皇帝求索"诸子及《太史公书》"而未得，① 原因是大将军王凤的阻拦，可见以藩王的贵族身份，都无法看到这些书籍，尽管汉惠帝时就已经除"挟书律"，② 然而，在社会上，儒家经学之外的书籍仍然是不流通的。大将军王凤解释其原因时说："臣闻诸侯朝聘，考文章，正法度，非礼不言。今东平王幸得来朝，不思制节谨度，以防危失，而求诸书，非朝聘之义也。诸子书或反经术，非圣人；或明鬼神，信物怪；《太史公书》有战国纵横权谲之谋，汉兴之初谋臣奇策，天官灾异，地形厄塞：皆不宜在诸侯王。不可予。不许之辞宜曰：'《五经》圣人所制，万事靡不毕载。王审乐道，傅相皆儒者，旦夕讲诵，足以正身虞意。夫小辩破义，小道不通，致远恐泥，皆不足以留意。诸益于经术者，不爱于王。'"③ 最后汉成帝按照王凤所说回复了东平王，没有将这些书籍给诸侯王。王凤认为诸子书与战国、汉初谋臣之言论对皇权存在潜在威胁，"诸子书或反经术，非圣人；或明鬼神，信物怪；《太史公书》有战国纵横权谲之谋，汉兴之初谋臣奇策，天官灾异，地形厄塞"，认为这样的内容不应该被诸侯王所掌握，而王凤给东平王的借口是把这些书籍看成妨碍五经圣人道义的小辩、小道，怀有很强的戒备心理，这或许代表了在位者的普遍心理，必然控制此类书籍的"外泄"，因此，像司马迁《史记》、战国儒家之外的诸子书，对于即使如刘向、刘歆这

---

① （东汉）班固：《汉书》，第3324 页。
② （东汉）班固：《汉书》，第90 页。
③ （东汉）班固：《汉书》，第3325 页。

种宗室身份的贵族，也无法获取。颇具方术色彩的书籍《枕中鸿宝苑秘书》，是世间罕见书，刘向父亲刘德在汉武帝时办理淮南王的案件时，才无意中获得了这部书，并秘藏起来。因此可以想象，"独尊儒术"后的一批批读书人，在单一的精神读物环境下，习惯了博士经师们章句等说经方式，思想来源是单一的，而且他们所接触的经书版本来源也是单一的。刘氏父子接受诏命校书的对象是"中秘书"，即内廷的皇家典籍，即所谓的"内有延阁、广内、秘室之府"。① 沉睡在皇家藏书部门的珍贵典籍，终于面世，这其中包括河间献王刘德死后，其在生前所搜集的大量珍贵的先秦古文献，也包括鲁恭王在扩建宫殿、毁掉孔子旧居时所发现的珍贵的古文献。这些古文献自汉初进献给中央之后，就一直以密闭的方式被封存、搁置了。在民间古文经兴起之时，这批文献的重新面世，必将引起时人瞩目。

第六章分析刘氏父子整理文献的原则、态度与发现。校书将古文经与今文经文本进行对比，最终发现古文经文本比官学文本更加完整，有些古文经篇数多于官学文本，如《古文尚书》。有些解释经书的传，产生时间比现存官学的传更早，内容上可取之处甚多，如解说《春秋》的《左传》产生时间早于官学博士《公羊传》《穀梁传》，据说传自子夏的《毛诗》，在产生时间上优于《齐诗》《鲁诗》《韩诗》，在解说上优于三家诗。还发现了之前没有见过的解经之作，如《周官》《乐记》等。在学理上，今文经官学如果不吸收古文经合理部分，那么官学就是不完备的。刘氏父子校书内容还有重要一项：汉武帝之后被官学博士排斥的儒家文献之外的其他诸子类文献。这些诸子在汉初和儒家一样被立于博士官位，汉武帝采纳董仲舒建议，把这些学说排斥在博士官学之外。刘氏父子则把诸子类文献认真做了整理、校对，思考了这些诸子与经学之间的关系，在官学框架内，给这些学说学理上的定

---

① （清）严可均：《全汉文》，商务印书馆 2006 年版，第 420 页。后引本书皆出自此版本。

位，把这些诸子看成"六经之支与流裔"，认为在经学文献残缺、经学曾有断流的前提下，这些诸子文献可以做经学的补充。因而"诸子略"文献的重要性仅次于"六艺略"。

刘氏父子校书弄清了古文经文本问题、今、古文经差异性，满足了当时人们对古文经的好奇。刘氏父子也指明了学术价值衡量的最高标准，而这个最高标准也成为政治问题、奏疏文章等的最高衡量标准，即是否符合"经义"。《七略》中建构的学术系统是以"经义"作为最高标准所划分的六类文献，而不同文献按照排列次序不同，又有着重要性的轻重之分。在这个学术系统中，刘氏父子也纳入了他们最新的整理成果，即古文经文献、诸子文献等，同时在对研究不同经学的流派进行梳理时，也兼顾了民间研习经学的学派。在刘氏父子的学术系统中，维护了原本的官学系统。六艺居于统领地位，经学的框架还是以原本官学今文经为主的框架，只是将不同经书的古文经文本插入各自的今文经版本、流派之中，将不同的古文经的民间研习派别插入各自的今文经流派的介绍当中。在这个学术系统中，以原本的今文经的官学框架，吸纳了古文经文本及民间的各派分支，把民间学术整合到官学系统之中，成为官学的一部分。同时被纳入官学系统之中的，还有诸子学的不同流派。因而，对于此时学者认同度极高的古文经、诸子，虽然在官制的领域并未给予任何保障，但在学理层面，这样的学术框架的架构，本身就昭示了官学发展完善的方向，即在原有官学基础上，打破狭隘治学态度，吸纳古文经与诸子等民间学术力量。这实现了对官方学术的客观评价、对之前官学发展的总结与纠偏，倡导了新的学风文风，强调了"经义"为至高无上的治学与政治标准。

综上，刘氏父子是西汉后期处于政治与学术领域的核心位置的人物。对于既往的西汉制度改革、学术发展以及未来的制度走向、学术发展方向，是总结者，也是开创者、引领者，从这个角度切入了解西汉后期的学术思想，剖析刘氏父子学术思想与当时文学走向的关系，必然有新的发现。

　　下编主要分析两方面问题：一是刘氏父子校书活动对文学文献整理、文学观念的影响；二是刘氏父子学术整理产生影响下的文学图景，纵观刘氏父子学术活动及其时代风气给文学观念、创作方面带来的变化。

　　第七章至第九章，具体分析了刘氏父子校书活动对文学类文献整理及其对文学观念的影响，文献整理中透露的雅俗文艺观念，刘氏父子在校书活动前后文学创作的变化；梳理了刘氏父子校书中的文学价值观念，对不同文学类型文献的认识。刘氏父子在做文献的整理、统计、归类等环节时，把具有文学特征的文献突出出来，归到单独的类别中，如小说类文献、诗歌类文献、辞赋类文献等，这有利于文学观念的加深。校书活动文献整理中所确立的"经义"至上的文献价值衡量标准，同样被用于衡量文学类文献的价值，这使得对于文学的评价重功用、轻语言形式特点，使得在赋学语言艺术已经达到较高水准的时代，给文人造成困惑与自我矛盾。

　　第十章探讨了西汉中后期赋的创作及其赋学理论的变化。考察此期赋论发展轨迹；研究西汉后期汉赋发展变化；研究赋学反思给汉赋创作带来的影响。司马迁、汉宣帝均发表过赋论，这些讨论主要有两个思路。一是以司马迁为代表的以辞赋是否有"讽意"作为赋家、赋作优劣高下的标准。二是汉宣帝所宣称的赋作具有"辩丽可喜"的价值。到了汉成帝时期，扬雄提出"诗人之赋丽以则，辞人之赋丽以淫"分类，提出"如其不用何"的大赋彻底无用的消极赋观，刘歆接受了扬雄赋学观点，并追溯赋学起源，认为早期赋是有价值的，是辞赋发展的正确方向。这种赋论导致了两汉之际赋学创作的低迷。重视这些作品的政治功用性、实用性，轻视作品形式特点与美感。这样的文学价值观必然影响刘向刘歆本人的文学创作，而他们的文学创作也在校书之后，形成与校书之前不同的文学倾向。刘向刘歆父子都曾因善于"文"受到皇帝的器重，二人作品中都有一些宫廷题材的文学创作，随着二人学术趣味的转移以及特殊的政治际遇，在校书之后，父子二人再无这类题材的作品。汉哀帝时期，刘歆《遂初赋》的创作，明显改变了作赋的题材、思路与思想内容指向。另外，赋中的史事征引，一般来源于《左传》，对于经典的密集、频繁引用、化用，也是赋作开风气之先的做法。《七略》中的《诗赋略》完整罗列当时中秘书、乐府中辞赋作家、作品，对一些辞赋特点、辞赋审美等问题也有较为深入的思考。只不过，刘歆受校书中形成的"经义"至上文学判断标准的影响，也受到扬雄消极赋论的影响，《诗赋略》中的辞赋观完全以政治功用的角度来衡量赋体，不能正确认识赋体形式上的特点，这导致了此后一段时间，大赋创作低迷，赋家失去了对大赋创作的热情，不再对辞赋的创作技巧勤于琢磨，对赋的认识也很长时间沉浸在扬雄"劝百讽一""如其不用何"的消极赋学观中。

第十一章以奏疏文为考察中心，研究西汉中后期从"才不课学"到"引书助文"风气的转变。这个阶段的奏疏文在内容上"渐靡儒风"，形式上摆脱纵横家文风。奏疏文与学术思想的关联性更强，西汉中后期阴阳灾异学说的兴起、经学引用风气的兴起在奏疏文中有表现。西汉中后期奏疏文中的焦点内容有对汉制改革、对古文经讨论、对皇帝的日常行为作风提出批评等。对经传内容的引用，在此期间也渐成风气，只是不同时间段上，在引用的频度与引用的方式上有差异。在汉成帝时期，刘向、扬雄等人奏疏文中对经传引用已经变得比较平常，而到了汉哀帝、平帝时期，王莽的奏疏文中经传的引用密集到了堆砌的程度。在语言风格上，西汉后期的奏疏文仍然以句式参差的散体句式为主，与东汉初期奏疏文语言趋向以整齐句式为主、散体句式为辅是不同的。再有，汉元帝、成帝时期，阴阳灾异之术兴起，在思想、政治领域往往和经学内容结合到一起，在当时的政治话语中成为强有力的政治工具。在刘向、扬雄等人的文章中，有将阴阳灾异之术系统化、理论化的倾向，如刘向《条灾异封事》等奏疏，把《诗经》《春秋》作为史料来源，将历史上的灾异与天人理论相结合来说理。

第十二章观察了西汉中后期学术总结风气中，学者们在说理方式上所做的探索。论及西汉中后期的诔、箴、颂、论、铭等文体的发展。扬雄开启了文体复古的做法，如扬雄《冀州箴》《司空箴》等箴文的创作。汉成帝诏令扬雄作《赵充国颂》，王莽诏令扬雄撰写《元后诔》。论类文的增多，显示了两汉间学者思想活跃。刘向刘歆校书工作带来一种对学术等问题进行总结的思维方式，因而两汉之交总结类文章、书籍增多，如刘向的《说苑》《新序》《列女传》是利用校书中接触史料的优势，分别发表一家之言的著述。刘向《洪范五行传论》也是将阴阳灾异理论与《尚书》相结合的理论总结性文字。扬雄的《法言》《太玄》等书籍均具有学术思想总结、发表一家之言的性质。桓谭《新论》、王充《论衡》更是总结意图明显的著作。这种总结的思维模式对文学创作也带来影响。在箴、颂、铭的文体创作中均出现成组的系列创作，旨在总结某类主题。刘向刘歆父子的校书工作，带来一种广而博的阅读风气引导。诸子、古文经都成为经学研习之外有益于学问的必读的范围。这带来时人知识视野的开阔。校书中对一些文献的辨析、怀疑的风气也保留下来。这些都带来两汉之交思想的活跃，在文学领域表现为论类文的兴起。古文经的兴起、慕古思潮的涌动又催生了文学领域文体选用的"复古"倾向。

本书在撰写过程中尽管已经取得了这些认识与结论，然而还是有些问题值得进一步完善与探索。两汉之际诗歌、小说类艺术形式在刘向刘歆"经学至上"学术思潮背景下产生了哪些变化？正如书中所分析的，两汉之际"经义"至上的审美观是无孔不入的，连民间产生的辞赋作品也试图将经学的文句变成辞赋作品的一部分，那汉代非常受欢迎的诗歌艺术形式是否也有这些变化呢？还有汉代的小说，尽管诸子类中的小说家对于西汉小说的创作情况交代不是很详细，此时的小说也不具备文体意义，但是东汉初年的《吴越春秋》《越绝书》，西汉后期刘向的《说苑》《新序》《列女传》，这类文献的发展走向对之后兴起文体意义的小说影响值得进一步探究。再有当时一些民谣、铭文等没有被刘向刘歆文献整理所涵盖的这些民间语言艺术形式，在思想内容上是否有变化，都需要一批新的文献资料的调查，才能在这些领域得出确切的结论，值得进一步去关注。

上编

第 一 章

刘向生平际遇与学术积累

第一节　刘向的家世与家学传承

一　由楚国至京师的宗族发展路线

刘向的家世最早可追踪到楚藩国的开国诸侯王刘交。刘邦封刘交为楚元王，楚元王与汉高祖分封的其他诸侯王相比，其荣耀与地位可用"辉煌"二字概括。

《汉书·楚元王传》记载了刘交与其他同姓诸侯王的特异之处，"交与萧、曹等俱从高祖见景驹，遇项梁，共立楚怀王。因西攻南阳，入武关，与秦战于蓝田。至霸上，封交为文信侯，从入蜀汉，还定三秦，诛项籍。即帝位，交与卢绾常侍上，出入卧内，传言语诸内事隐谋"。① 这段文字反映出刘交与西汉开国者刘邦关系的特殊性，第一，在血亲关系上，刘交是刘邦的同父弟，是很亲近的血缘关系。第二，刘交在灭秦战争中立有军功，始终跟随刘邦南北征战。在刘邦登上帝位后，刘交仍作为汉高祖的心腹重臣，为其出谋划策。骨血相连的兄弟关系，共同出生入死的患难经历，这两层关系使刘邦对刘交格外信任，并委以重任。刘邦封刘交为楚王，楚地经济富庶，战略上、地理上地位重要，刘交被分封楚元王，使刘氏宗族的这一支有了当时最显赫的开端：

---

① （东汉）班固：《汉书》，第1921页。

高后时，以元王子郢客为宗正，封上邳侯，元王立二十三年薨，太子辟非先卒，文帝乃以宗正上邳侯，郢客嗣，是为夷王，申公为博士，失官，随郢客归，复以为中大夫，立四年薨，子戊嗣，文帝尊宠元王，子生，爵比皇子，景帝即位，以亲亲封元王宠子五人，子礼为平陆侯，富为休侯，岁为沈犹侯，执为宛朐侯，调为棘乐侯。（《汉书·楚元王传》）

吕后、文帝、景帝等执政者对刘交的后代都给予了特殊优待：吕后任命元王子嗣刘郢客为宗正；文帝给予楚元王"子生，爵比皇子"的待遇；景帝给元王的五个儿子封侯。然而，物极必反，中央朝廷给予刘交及其后代的特别优越感，使后来的继任者有更高的、不符合礼制的僭越想法与行为，导致了宗族走向衰败。在楚王刘戊时，楚国被"削东海郡"，七国之乱后，景帝不计前嫌封刘礼为楚文王，但楚的地位已不似先前尊崇。宣帝时，最后一任楚王刘延寿，由于阴谋欲立广陵王胥被发现而自杀，"国除，入汉为彭城郡"，使历经几代皇帝恩宠的楚国最终被中央废除。

楚元王刘交的宗族以荣耀始，以国除而没落。楚的藩国被废除，楚元王留在藩国的后代因广陵王的案件受到惩处而一蹶不振。然而祸福相依，在宣帝废除楚藩国时，楚元王的另一后裔支脉在京师正在获得发展。

楚元王刘交这一宗族，在由盛而衰的过程中，有一支脉离开楚地到达京师，重获新生。刘富是楚元王的第四个儿子，以"亲亲"原因，被景帝分封为"休侯"。刘富是在"七国之乱"时被迫离开京师的。刘富反对楚王刘戊发动叛乱，"休侯使人谏王，王曰，'季父不吾与，我起先取季父矣'。休侯惧，乃与母太夫人奔京师"。[1] 刘富以叔父的身份劝谏楚王刘戊不要谋反不但没有成功反而受到威胁，于是被迫离开楚国逃到京师，没有参与楚王发动的叛乱。在汉景帝惩处七国之乱罪人时，休侯刘富受到楚王刘戊的

---

① （东汉）班固：《汉书》，第 1924 页。

株连被免侯。后来，汉景帝了解到刘富"数谏戊"的立场，重新为刘富封侯，"乃更封为红侯"。对刘富家族而言更重要的变化是借助亲属关系，获得了留居京师的机会，"……太夫人与窦太后有亲，惩山东之寇，求留京师，诏许之。富子辟彊等四人供养，仕于朝"。① 定居京师，同时刘富的四个儿子在中央任职，这两件事对刘富家族意义重大，使得刘富家族在离开楚藩国后得以自立门户，获得相对独立，免于受到楚王的管理与约束。刘富家族虽然源于楚藩国，但在获得在京师的居住权和朝廷公职后，在身份认同上刘富家族区别于楚藩国家族，成为源于楚元王但又区别于楚藩国家族的另一支脉。

刘富家族虽然在汉景帝时正式移居京师，但真正获得发展是在昭、宣帝时两次特殊的历史机缘。第一次机缘是在昭帝即位后，大将军霍光辅佐幼帝，有人向霍光讲述避灾保身的道理，"将军不见诸吕之事乎？处伊尹、周公之位，摄政擅权，而背周室，不与共职，是以天下不信，卒至于灭亡。今将军当盛位，帝春秋富，宜纳宗室，又多与大臣共事，反诸吕道，如是则可以免患"。② 霍光最终采纳了这个建议，要取信于天下人，交接、重用宗室，于是霍光看中了当时待诏丞相府的刘辟彊子刘德，并听从建议，拜德父辟彊为光禄大夫，守长乐卫尉，后徙为宗正。刘德在昭帝初被任命为宗正丞，后徙为大鸿胪丞，迁太中大夫，后复为宗正，先后参与了刘泽诏狱、上官氏、盖主等案件的处理。

刘富家族在京师获得发展的第二次历史机缘是汉宣帝在民间被迎立为帝。昭帝驾崩后，仅当了二十七天皇帝的昌邑王刘贺被霍光等人免去帝位，霍光等人决定从民间迎立宣帝，而迎接当时尚在民间的宣帝继位的，正是时任宗正的刘德，奉命迎立宣帝与其宗室的身份，使得刘德及其家族在宣帝时受到特殊礼遇，"与立宣帝，以定策赐爵关内侯，地节中，以亲亲行谨厚封为阳城侯。子

---

① （东汉）班固：《汉书》，第 1925 页。
② （东汉）班固：《汉书》，第 1926 页。

安民为郎中右曹，宗家以德得官宿卫者二十余人"。①

楚元王刘交的楚国势力由盛极而衰亡，而刘富一支由地方楚国移居京师，并从刘辟彊、刘德两代人开始，仕途上飞黄腾达，开始由衰而渐盛的发展势头。刘德的儿子安民在其死后嗣阳城侯，而刘向历仕宣、元、成三朝，刘歆也在哀、平帝时担任重要官职。

二 楚元王家族儒道兼修的文化特点

汉初，刘邦在各地分封的同姓诸侯国中，从其文化特点而言，可分为擅长辞赋文学创作与专注于学术研究两种类型。如梁孝王文学集团，聚集了羊胜、公孙诡等文士，擅长辞赋创作，具有集团性特征。类似的文学集团还有淮南王文学集团，《汉书·艺文志》记载了淮南王和他门客的作品有：《淮南王赋》八十二篇，《淮南王群臣赋》四十四篇，另有一部《淮南鸿烈集》传世。专注于学术研究的文化集团，典型的有河间献王刘德的学术集团，热衷于古文献的搜集与研究，与河间献王学术集团相比，楚元王刘交的藩国文化特征主要集中在对《诗》学的研究上。

这个文化集团的突出特点是热衷于《诗》的研究，聚集了汉初最有名的《诗经》学的学者，产生了汉代解说《诗经》的四个重要派别之一——鲁诗，并有最早的解《诗》成果。

楚元王刘交在秦朝未亡时，就喜好读书，"好书，多材艺，少时尝与鲁穆生、白生、申公俱受诗于浮丘伯。伯者，孙卿门人也。及秦焚书，各别去"。②刘交少年时的同学好友也都是喜爱《诗经》的好学之士，如后来在汉朝成名的鲁穆生、白生、申公，他们曾结伴拜浮丘伯为师学习《诗经》，而浮丘伯是大儒荀子的门人。秦的焚书使这个团体的学习活动中断了。

刘邦立国并任命刘交为楚元王后，这个学习《诗经》的团体得以散而复聚。"元王即至楚，以穆生、白生、申公为中大夫。高后时，浮丘伯在长安，元王遣子郢客与申公俱卒业。文帝时，闻

---

① （东汉）班固：《汉书》，第 1927 页。
② （东汉）班固：《汉书》，第 1921 页。

申公为诗最精，以为博士。元王好诗，诸子皆读诗，申公始为诗传，号鲁诗，元王亦次之诗传，号曰《元王诗》，世或有之。"① 穆生、白生、申公获任楚国的中大夫，之后在吕后时，楚元王派遣申公与自己的儿子郢客到长安跟随浮丘伯继续学习《诗经》，并完成了学业，"俱卒业"。楚元王刘交对《诗经》的学习有着极为浓厚的兴趣，因此，楚地聚集了《诗经》学的一流学者，取得了丰硕成果。首先，学者申公在秦朝时曾与年少的刘交一同向浮丘伯学《诗》，在吕后时期，申公受楚元王派遣继续跟从浮丘伯完成学业，到了汉文帝时，已经号称申公"为诗最精"，因此在汉文帝时被立为《诗经》博士。其次，在楚地浓厚的《诗经》学习氛围中，产生了两部解《诗》之作，一部是申公的诗传，称为"鲁诗"，另一部是楚元王的诗传，号称"元王诗"，这也是汉朝较早的两部诗传。

由于楚元王本人喜好《诗经》，在楚地聚集了优秀的研究《诗经》学者，给予他们学习机会和很高的礼遇，"初，元王敬礼申公等，穆生不耆酒，元王每置酒，常为穆生设醴"。② 这为《诗》学在楚地的发展创造了极好的条件，使焚书之后的《诗》学首先在楚地得以延续发展，汉代有名的《诗》学流派"鲁学"，就是在楚地率先形成的。因此，楚地成为当时《诗》学研究中心，而这种热衷《诗》学研究成为楚元王家族的一个重要传统，"遗传"给了刘交的后代们，"元王好诗，诸子皆读诗"，③ 而刘向、刘歆对《诗经》的研究与谙熟正是延续了楚元王家族的好《诗》传统。

同时，楚元王家族还有明显的道家文化特征。休侯刘富在移居京师后，几代人在行为处事中表现出一贯的谨慎，具有道家思想的特征。如刘辟彊"清静少欲，常以书自娱，不肯仕"。不积极进取仕途，以"清静少欲"作为行为准则；刘德更继承了父亲的谨

---

① （东汉）班固：《汉书》，第 1922 页。
② （东汉）班固：《汉书》，第 1923 页。
③ （东汉）班固：《汉书》，第 1922 页。

慎处世风格,"妻死,大将军光欲以女妻之,德不敢取,畏盛满也"。① 娶霍光女为妻,对刘德仕途的好处不言而喻,而刘德却拒绝了这个会带给自己好处的机会,担心因福而得祸,看来道家思想中祸福相依、相互转化的思想对刘德影响很深,"(刘德)家产过百万,则以振昆弟宾客食饮,曰:'富,民之怨也'"。② 刘德这一疏财举动,也是这种道家祸福相依思想的结果;刘向在为人处事上继承了父祖的这一风格,"向为人简易无威仪,廉靖乐道,不交接世俗"。③ 在学术积累上,刘德与刘向对道家学说都有专门的研究。刘德"修黄老术,有智略。少时数言事。召见甘泉宫,武帝谓之千里驹。……德常持《老子》知足之计"。④ 刘向父亲刘德修习黄老术,"德常持《老子》知足之计",不仅研习"黄老术",更以"《老子》知足之计"作为处世指南,家学中对《老子》研读与重视引导了刘向对道家学问的兴趣。《汉书·艺文志》"诸子道家类"载录"刘向《说老子》四篇",既然班固将刘向这部书归为"诸子道家类",《说老子》应该是刘向对道家思想的研究类著作。家学中《诗经》研究传统,也对刘向起了潜移默化的影响。

从文献记载中我们看不到楚元王喜好辞赋的记录,然而我们不难发现刘富家族移居京师后,从刘辟彊至刘德、刘向及刘歆,连续四代都擅长辞赋的创作。《汉书·艺文志》载录"宗正刘辟彊赋八篇",刘辟彊是楚元王后裔移居京师的第二代,他本人"以好读诗,能属文。武帝时,以宗室子随二千石论议,冠诸宗室"。⑤ 看来他不仅读诗善文,更能言善辩。他的儿子刘德,富于才智,曾被汉武帝誉为"千里驹",《汉书·艺文志》载录"阳成侯刘德赋九篇",看来他也擅长辞赋创作。而刘向的辞赋创作爱好、才能与其家族喜好赋的文化传统密不可分,同时刘向儿子刘歆更因为辞

---

① (东汉)班固:《汉书》,第 1927 页。
② (东汉)班固:《汉书》,第 1928 页。
③ (东汉)班固:《汉书》,第 1963 页。
④ (东汉)班固:《汉书》,第 1927 页。
⑤ (东汉)班固:《汉书》,第 1926 页。

赋才能为汉成帝器重，"左右常荐光禄大夫刘向少子歆，通达有奇异材，上召见歆，诵读诗赋，甚说之"。① 从这些文献中，我们总结出楚元王移居京师的这一支脉擅长文学创作，富有文学素养，尤其擅长辞赋创作，这一家族的刘辟疆、刘向、刘歆都曾因为这一才能得到皇帝的赏识。

综上，刘向所属的楚元王家族家学特色鲜明，对刘向带来的学术影响主要体现于三方面：《诗经》学传统，即元王诗与鲁诗；以黄老之学为立身行事准则；辞赋创作传统。刘向仕途的起点是荫任郎官，不是通过通经课试的入仕途径，因而，刘向学问从起点就超越了专守一经、不及其余的今文官学学风。以上是刘向家族的盛衰变迁与家族文化传统的背景，这些因素作为一种"遗传基因"，对刘向的思想、学术积累、行为风格、心态特征等方面都有深刻的影响（这将在下文详细论及）。

第二节　刘向在汉宣帝时期的际遇与学术积累

汉宣帝地节二年（前68），十二岁的刘向凭借父亲宗正刘德身份地位被任为辇郎，初入仕途。黄龙元年（前49），汉宣帝去世，刘向三十一岁。这期间共十九年，是刘向学术积累的重要时期，父亲刘德在当时名高位重，是被图画于麒麟阁的功臣，汉宣帝对刘向也颇为赏识。

一　刘向家族与汉宣帝特殊关系

汉昭帝元凤二年，② 此时刘德仕途通畅，在霍光的提拔下，刘德由宗正丞最后升迁到"宗正"的职位，而这正是刘向出生后的第一年。四年后，时任宗正的刘德奉命迎立宣帝即位，并得到宣帝特殊礼遇，汉宣帝对刘德家族的恩宠也惠及刘向，地节二年，

---

① （东汉）班固：《汉书》，第4019页。
② 钱穆：《汉刘向、歆父子年谱》，台湾商务印书馆1987年版，第1页。后引本书皆出自此版本。

十二岁的刘向"以父德任为辇郎",这正是刘向踏上政治舞台的第一步。

在汉宣帝统治期间,刘向处于青少年时期,在任辇郎八年后(神爵二年)刘向满二十岁,"以行修饬",被汉宣帝升为谏大夫。刘向的文学才能使宣帝对刘向格外青睐,"宣帝循武帝故事,招选名儒俊材置左右,更生以通达能属文辞,与王褒、张子乔等并进对,献赋颂凡数十篇"。①刘向在这个时期仕途本来很顺利,然而此后不久,刘向因向皇帝进献"秘书"遭牢狱之灾。汉宣帝"复兴神迁方术之士"之时,刘向献上了私藏的《枕中鸿宝苑秘书》,并主动请缨为汉宣帝铸黄金,结果因为铸黄金未果而下狱,但很快得到赦免。五凤三年刘向受到汉宣帝指派"待诏受《穀梁》",四年后,与诸儒讲论五经同异于石渠阁,并以此为契机,"复拜为郎中、给事黄门,迁散骑谏大夫给事中",②仕途又开始顺畅。

这就是刘向在宣帝朝的仕宦轨迹,从刘向出生到十二岁踏上仕途,刘向家族处于上升期,受到宣帝的特殊恩宠与提拔,而从刘向十二岁至三十一岁的青少年时期,也正是宣帝中兴的政治时期,从小小的辇郎到最终担任"散骑谏大夫给事中"的官职,虽然刘向曾有过"下狱"的经历,但总体上,刘向感受到的是"君臣遇合"给他带来的信任感。

刘向仕途上的平稳上升以及曾经的险而不危,是有多方面原因的。第一,父亲刘德的威望地位及汉宣帝对宗室的亲近,汉宣帝即位后,在本始三年赐刘德"爵关内侯,并食邑",五年后,封刘德为"阳城侯",刘德成为楚元王后裔迁到京师后被封侯的第二人。有这样的家庭背景,刘向得到宣帝的重视是自然的。第二,刘向擅长赋颂创作,喜好读方术书,这些个人才能与宣帝私人喜好的巧合,使宣帝对刘向才能格外赏识并给予提拔。宣帝把刘向看作"俊才","奇其才",并给了刘向一些亲近自己的机会,"招

---

① (东汉)班固:《汉书》,第 1928 页。
② (东汉)班固:《汉书》,第 1929 页。

选名儒俊材置左右"，刘向得以献纳赋颂。宣帝对刘向铸黄金一案并未深究，"更生兄阳城侯安民上书，入国户半，赎更生罪，上亦奇其材，得踰冬减死论"，[①]并且很快给了刘向很好的职位升迁的机会，使其待诏受《穀梁》，参加石渠会议的讨论，最后官位节节上升。刘向先以"名儒俊材置左右"，后升迁为给事黄门、散骑谏大夫给事中，这些职位都是方便接近皇帝的，如给事中，"给事中亦加官，所加或大夫、博士、议郎，掌顾问应对，位次中常侍"。[②]宣帝格外重视《穀梁》，正是他的努力，使西汉的《穀梁》学由衰转兴，被立为官方博士。汉宣帝把为《穀梁》争博士这样一件重要事项让刘向参与进来，显示了汉宣帝对刘向的器重与信任。

这时期刘向仕途虽有波澜，但并未因此影响个人仕途发展。汉宣帝对刘向才能赏识，对其过错不深究，委以重用，并赐加官，使其得以亲近皇帝。从中不难体会刘向的知遇之感。刘向这个时期的文字材料流传不多，但从他的人生经历可看出"君臣遇合"的难能可贵。

二　刘向于汉宣帝时期学术积累特点

刘向任职于汉宣帝的十九年中，汉宣帝带来政治向上的中兴局面，汉宣帝本人对辞赋、奇异术的喜好，父亲刘德被汉宣帝重用带来的家族荣誉，都有利于刘向的仕途发展，同时也对刘向的学术积累与文学创作产生很深的影响。刘向青少年时期正处于汉宣帝执政期，初入仕途，又因汉宣帝对自己才能的喜爱得以接近皇帝，汉宣帝政治上的观念与个人文化上的喜好，对刘向都起到很强的影响甚至引导作用，如汉宣帝为完成自己未来为《穀梁》立博士官的谋划，选择年轻好学的刘向从事《穀梁》的研习。

（一）汉宣帝时期的学术趋势与其本人文化趣味

阴阳学说在宣帝时期获得发展。宣帝统治时期号为"中兴"，宣帝十八岁登上帝位前，一直流落民间。从其用人及施政措施看，

---

① （东汉）班固：《汉书》，第1929页。
② （东汉）班固：《汉书》，第739页。

宣帝是个有为、务实的帝王，霍光去世后，宣帝得以放开手脚治理国政，重用魏相、邴吉。这个时期，阴阳学说开始明显介入政治实践的层面，这是从昭、宣之际帝位的传递过程中开始的微妙的变化。霍光对眭孟阴阳灾异说法极为反感，果断予以压制，但在昌邑王被废后，霍光态度有所改变，原因在于阴阳学者夏侯胜依据《洪范传》判断将有臣下谋叛，劝谏昌邑王不要离开皇宫，霍光在得知此事后开始重视经术士。

汉宣帝继帝位后，"征孟子为郎"，对判处死刑的罪臣眭孟的儿子进行厚待，无异于对眭孟的平反，释放了阴阳灾异学说发展的信号，宣帝对眭孟后代的态度，助长了这种学说的发展，为以阴阳学说释经的儒家学者直接参与政治提供了契机。汉宣帝时，大臣们开始用阴阳学说解释、指导现实政治。张敞在奏疏《为霍氏上封事》中，把灾异现象与霍光专制联系起来，"……夫周公七年耳，而大将军二十岁。海内之命，断于掌握。方其隆时，感动天地。侵破阴阳，月朓日食，昼明宵光，地大震裂，火生地中。天文失度。妖祥变怪，不可胜记，皆阴类盛长臣下颛制之所生也。……"① 宣帝时大臣杨恽，成为汉代历史上第一个因为"日食之咎"被杀的大臣，魏相也看重阴阳学说，魏相奏疏中采择《易阴阳》及《明堂月令》奏之，"……天地变化，必由阴阳，阴阳之分，以日为记，日冬夏至，则八风之序立，万物之性成，各有常职，不得相干，……愿陛下选明经通知阴阳者四人，各主一时，时至明言所职，以和阴阳，天下幸甚"。② 这是我们能看到的最早在正式奏折中向皇帝建议按照"阴阳"学说来实施行政方针，建议任用官员时，把"明经通知阴阳者"作为具体的选拔标准，把懂得"阴阳学说"作为选官重要条件，与昭帝以前的政治相比，汉宣帝时期阴阳学说开始直接从实践的层面介入政治，兼通阴阳说的儒者，也开始正式登上政治实践的平台。甘露三年，宣帝诏令与《穀梁

① （东汉）班固：《汉书》，第 3217 页。
② （东汉）班固：《汉书》，第 3139—3140 页。

春秋》一起立"大小夏侯《尚书》"博士，这一举动是官方在学术层面支持阴阳学说。在用人上，汉宣帝提拔了以阴阳释经的萧望之，重用了主张按照阴阳学说施政的邴吉，《汉书》记载了邴吉在路上曾经先后遇见群殴横死百姓与逐牛者，邴吉不关心死者之事却询问逐牛事，并对人解释说"……方春少阳用事，未可以热，恐牛行近，用暑故喘，此时气失节，恐有所伤害。三公典调和阴阳，职所当忧，是以问之"。① 认为三公最重要的职分是"调和阴阳"，对阴阳学者的重用显示了汉宣帝对阴阳灾异说的倾心。

在政治上，汉宣帝引领了务实的政治风气，以议论见长的儒臣在政治上没有实权。刘向入仕当年霍光去世，汉宣帝得以彻底独掌皇权，在政治上实行自己的主张。一方面对于官学有所建设，石渠阁讨论五经同异，增立博士官，增博士弟子员属。另一方面在政治实践环节，宣帝重视务实的、精通政务的官员，对于仅有儒学之长的儒生，并不认同他们的政治才能，如博士谏大夫王吉看到汉宣帝政治上的弊端，"是时宣帝颇修武帝故事，宫室车服盛于昭帝。时外戚许、史、王氏贵宠，而上躬亲政事，任用能吏"。② 于是上疏言得失，"去角抵，减乐府，省尚方，明示天下以俭"。③ 宣帝以其迂阔，王吉遂谢病归。蓋宽饶《奏封事》，获罪自刭。汉宣帝看到太子不认可自己的治理策略，在表达自己政治见解的同时，对自己的继承人深感忧虑，"'汉家自有制度，本以霸王道杂之。奈何纯任德教，用周政乎！……'……'淮阳王明察好法，宜为吾子'"。④ 淮阳王喜好研习律法，符合汉宣帝重视实务的政治观点，对一味重视儒者、儒家言论的太子（后来的汉元帝）深为不满，欣赏淮阳王的才能，"奇其才"。

汉宣帝重视"能吏"，重视熟悉汉朝"故事"的施政者。霍光

① （东汉）班固：《汉书》，第 3147 页。
② （东汉）班固：《汉书》，第 3062 页。
③ （东汉）班固：《汉书》，第 3065 页。
④ （东汉）班固：《汉书》，第 277 页。

卒后，汉宣帝先后重用魏相、邴吉为丞相。"诏魏相给事中，皆从其议""相明《易经》，有师法，好观汉故事及便宜章奏，以为古今异制，方今务在奉行故事而已。数条汉兴以来国家便宜行事，及贤臣贾谊、晁错、董仲舒等所言，奏请施行之。"① 邴吉向汉宣帝推荐的人才，也注重实践轻言谈，如他向汉宣帝推荐杜延年的理由是，"西河太守杜延年明于法度，晓国家故事"。② 即实际政务处理中，对于国家法度的熟悉，对以往国家典制及政务处理惯例的熟识。

（二）刘向学术特点的形成

刘向十二岁为辇郎时，正是父亲刘德大为被汉宣帝重用时期，十一功臣像中位居第八，而其自身才华气质也颇为宣帝赏识。到汉宣帝驾崩，刘向约三十二岁。这近二十年时间，正是刘向青少年时期，也是他政治思想形成的关键期。而此期政治，历史号称"中兴"，国力的增强与刘向对汉宣帝的感恩心态，这两个因素，增强了刘向对汉宣帝政治思想的认同与接受。汉宣帝政治上重用能吏、慎用儒臣，务实务、轻虚谈，重汉制、轻古制，这些均对刘向产生了不小的影响。汉宣帝时期于麒麟阁为十一功臣画像，霍光、张安世、韩增、赵充国、魏相、邴吉、杜延年、刘德、梁丘贺、萧望之、苏武，这些功臣皆非凭借儒学闻名，却都具有擅长政治处理的能力，皆有功德，知名当世。"凡十一人，皆有传。"③ 汉宣帝人才观、政治观，深刻影响刘向政治观念的形成。

在皇帝个人喜好上，《汉书·郊祀志》记载汉宣帝"时修武帝故事，讲论六艺群书，博尽奇异之好"。载宣帝热衷祭祀五岳江海及诸神，"车马之出游"，任用"方士"。同时，诏选一批擅长辞赋

① （东汉）班固：《汉书》，第3614页。
② （东汉）班固：《汉书》，第3148页。
③ （东汉）班固：《汉书》，第2469页。

文士，赞颂、描写出行。"是时上颇好神仙"，① 派遣王褒为其寻求"金鸡碧马"，汉宣帝个人喜好，必然引导时代文化风气，这对青少年时期的刘向产生很大影响。

刘向亦好奇异之观，这体现在两件事上，一是刘向熟读《山海经》，并以此书作为解释"文物"发现的依据，"孝宣皇帝时，击磻石于上郡，陷，得石室，其中有反缚盗械人。时臣秀父向为谏议大夫，言此贰负之臣也。诏问何以知之，亦以《山海经》对。……上大惊，朝士由是多奇《山海经》者，文学大儒皆读学以为奇。……"② 这反映了当时人对《山海经》并不重视的态度，司马迁就认为该书"不雅驯"。但刘向对这本书显然并不排斥，熟悉此书，并以此为依据来解释一些古代文物现象，引起一些人对《山海经》的喜爱与阅读。刘向好奇异之观，还体现在他对《枕中鸿宝苑秘书》的痴迷，他深信书中记述的炼制黄金的术法是真实的，并主动向汉宣帝献上了这本书，引发了同样好奇异的汉宣帝的兴趣，"奇其才"，虽此事最后竟让刘向遭牢狱之灾，但从此事上可看出刘向与汉宣帝趣味相投。

汉宣帝本人的学术趣味，直接使刘向的经学研习方向改变：

> 时掖庭令张贺尝事戾太子，……以私钱供给教书。……受《诗》于东海澓中翁，高材好学，然亦喜游侠，斗鸡走马，具知间里奸邪，吏治得失。（《汉书·宣帝纪》）
>
> 秋七月，光奏议曰："……孝武皇帝曾孙病已，有诏掖庭养视，至今年十八，师受《诗》、《论语》、《孝经》，操行节俭……"（《汉书·宣帝纪》）
>
> 于是上因尊《公羊》家，诏太子受《公羊春秋》，由是《公羊》大兴。太子既通，复私问《穀梁》而善之。……宣帝即位，闻卫太子好《穀梁春秋》，以问丞相韦贤、长信少府夏

---

① （东汉）班固：《汉书》，第 2828 页。
② （清）严可均：《全汉文》，第 411 页。

侯胜及侍中乐陵侯史高，皆鲁人也，言穀梁子本鲁学，公羊氏
乃齐学也，宜兴《穀梁》。时千秋为郎，召见，与《公羊》家
并说，上善《穀梁》说，擢千秋为谏大夫给事中，后有过，
左迁平陵令。复求能为《穀梁》者，莫及千秋。上闵其学且
绝，乃以千秋为郎中户将，选郎十人从受。……征江公孙为博
士。刘向以故谏大夫通达待诏，受《穀梁》，欲令助之。（《汉
书·儒林传》）

这些材料说明汉宣帝在流落民间时的学术成长环境，他即位
后，因为听闻卫太子喜爱《穀梁》而下决心为其立博士官。刘向
入郎官之后，原本的经学科目是《易》学，并未学习《穀梁》。汉
宣帝出于扶植《穀梁》立博士官的目的，壮大这支学术力量，诏
命刘向受《穀梁》，"会初立《穀梁春秋》，征更生受《穀梁》，讲
论《五经》于石渠"。[①] 十余年之后，刘向在最终立博士官的石渠
阁辩难中发挥作用。后来刘歆在校书中发现了《左传》，并以此为
依据攻击同为《春秋》学说的《穀梁》，刘向虽然无法反驳其说，
但仍然坚持其《穀梁》学说立场，"歆及向始皆治《易》，宣帝
时，诏向受《穀梁春秋》，十余年，大明习。……歆数以难向，向
不能非间也，然犹自持其《穀梁》义"。[②] 这或许与他受汉宣帝知
遇之恩的情感有关。

在文化趣味上，汉宣帝"博尽奇异"，亦助长了刘向原本就宽
泛的文化趣味。除了"通达能属文辞"颇受宣帝欣赏，让宣帝对
刘向瞩目的，还包括热衷于奇书《山海经》、神仙方术书《枕中鸿
宝苑秘书》的研读。

刘向任辇郎之后，最初正式官学学习的门类为"《易》学"，
如果没有意外发生，刘向将发展为擅长《易》学的官员。然而，
二十二岁向汉宣帝献《枕中鸿宝苑秘书》，主持"尚方铸作事"，

---

① （东汉）班固：《汉书》，第 3618 页。
② （东汉）班固：《汉书》，第 1967 页。

结果因此下狱，"系当死，更生兄阳城侯安民上书，入国户半，赎更生罪……。德上书讼罪，会薨，大鸿胪奏德讼子罪，失大臣体，不宜赐谥置嗣"。① 刘向闯下大祸，以兄长献上"国户半"的代价，才得以平息。也使刘向在学术志趣上因为特殊机遇，由驳杂转向专深。汉宣帝五凤三年，二十五岁的刘向以待诏身份受《穀梁》。

刘向的交游，以受诏研习《穀梁》开始，对象群体变化大，受诏研习《穀梁》之前的同僚，大多是擅长辞赋、文章的文士，这是他待诏金马门时期的同僚，如九江被公、张子侨、华龙、王褒等人。此后，与他交往密切的大多是专心儒学的学者、儒士，如待诏受《穀梁》期间的江公孙、蔡千秋、尹更始等人，石渠阁论《五经》时期，又接触到郎中、给事黄门、散骑谏议大夫萧望之等学者。

这近二十年时间，刘向的学术道路由广涉博观，游心于方术书、奇书、热衷文辞创作，转向专心经学，与大儒经师为伍，渐渐疏离辞赋创作群体。

第三节　刘向在汉元帝、成帝时期仕途沉浮与学术成长

刘向一生历仕汉宣帝、元帝、成帝时期，其仕途历经坎坷。在汉宣帝时期刘向虽然有牢狱之灾，但其学术、仕途轨迹总体是向上的。在汉元帝、成帝时期，刘向的仕途由盛转衰、长期处于被压制的状态。在汉元帝在位的十六年时间里，在刘向学富力强的三十二岁至五十岁的人生阶段，其仕途历程先扬后抑，开始了过山车似的起落模式。汉成帝即位后，刘向原本出现转机的政治命运由于外戚势力的打压再一次发生了转向，他的主要精力被迫投入国家书籍文献的整理与总结的文化事业当中，杜甫《秋兴》"刘向传经心事违"，指出了刘向政治上的无奈，然而，这一经历却促

---

① （东汉）班固：《汉书》，第1929页。

成了刘向在学术上的成就。

一 刘向在汉元帝、成帝时期仕途际遇

刘向在汉元帝即位初期被重用，是与萧望之的器重密不可分的。文献中尽管没有关于萧望之与刘向直接交往的记录，然而，还是有一些历史事件说明萧望之对刘向是比较了解的，并且很可能与其父刘德有较为密切接触。萧望之与刘德都是汉宣帝非常器重的大臣，在宣帝朝，两人都在麒麟阁十一功臣画像中榜上有名，都受到汉宣帝器重，刘德为宗正时，因为预立宣帝事件，先后被赐爵关内侯、阳城侯。而萧望之是太子太傅，后被拜为前将军。另外一个能证明萧望之与刘向在汉宣帝朝可能有交集的是《穀梁春秋》争立博士官事件，萧望之以大儒、太子太傅的身份，评议《公羊》《穀梁》异同，评议的双方阵营各由五人组成，而刘向是汉宣帝亲自选拔的《穀梁》学阵营的，以待诏身份参与了这次重要的辩论，展现了刘向的好学与学问上的博学、专精，萧望之在这次石渠阁辩论中也加深了对刘向的认识，这为后来萧望之辅佐汉元帝时重用刘向打下了基础。

汉元帝即位之后，萧望之成为最重要的辅佐大臣，"（汉宣帝）引外属侍中乐陵侯史高、太子太傅望之、少傅周堪至禁中，拜高为大司马车骑将军，望之为前将军光禄勋，堪为光禄大夫，皆受遗诏辅政，领尚书事。……望之、堪本以师傅见尊重，……望之选白宗室明经达学散骑、谏大夫刘更生给事中，与侍中金敞并拾遗左右。四人同心谋议，劝道上以古制，多所欲匡正，上甚乡纳之"。① 汉元帝初元元年，萧望之推荐刘向，肯定刘向以宗室身份能够明经达学，荐刘向"明经有行"，擢为散骑宗正、给事中。以萧望之为首的政治阵营中还有同心辅政的周堪、张猛等人，对抗当时放纵、弄权的外戚、宦官集团。然而，这个政治团体在短短六七年内，被弘恭、石显宦官集团瓦解了。公元前 47 年，萧望之

---

① （东汉）班固：《汉书》，第 3283 页。

被弘恭、石显宦官集团设计，含恨自杀；四年后，周堪、张猛先被罢免，后重被启用；而三年之后，在宦官集团的阴险陷害下，周堪卒、张猛自杀于公车。在这场政治变局中，公元前47年，为帮助萧望之等人巩固政治地位，刘向因作《使外亲上变事》被免为庶人。四年后，上书汉元帝《条灾异封事》以助堪、猛。公元前40年，刘向在萧望之、周堪、张猛三人陆续离世之后，于绝望之际撰写了八篇文章，"依兴古事，悼己及同类"。是对同道者被迫害的悲愤之作，借古抒情，宣泄无奈、愤慨情绪。

公元前32年，汉成帝即位，随着石显等宦官势力的倒台，刘向重新获得任用，被拜为中郎，领护三辅都水，后迁光禄大夫，最终被任命为中垒校尉。刘向在汉成帝时期积极建言献策，主要体现在四方面。第一，成帝在位期间外戚势力崛起，刘向通过上疏、撰写《洪范五行传论》等不同方式提醒成帝警惕外戚势力，其意见却都未能被皇帝采纳。刘向对汉成帝积极进谏的第二件事是关于陵墓的建造，对汉成帝耗费巨资修建昌陵不成后又改建延陵的做法，上疏劝成帝应重视德行建设，在陵墓建设上应该尚节俭。第三，针对由上而下的奢靡的世风，刘向编撰了《列女传》《说苑》《新序》，屡次上疏言得失。第四，针对特殊的天象、山崩等怪异现象的奏疏，刘向立足于皇权的稳固，提醒成帝要警惕外戚势力。刘向在汉成帝时期是受到外戚势力压制的，他所在意的事情皆不如意，而汉成帝交给他"领校中五经秘书"的工作，虽然并非他在乎的，却使他在文化史上青史留名。

汉成帝时期，刘歆开始进入仕途，因才华出众被汉成帝任命为黄门郎。面对同样强大的许、王外戚集团，曾与宦官集团交手失败的刘向对于政治凶险极为警惕，这种处事态度有刘德的影响，也与他在汉元帝朝的仕途遭遇有关，刘向《诫子歆书》给其子敲响警钟，"谨战战栗栗，乃可必免"。① 刘向此时期处于悲愤、恐惧

---

① （清）严可均：《全汉文》，第379页。

与孤独当中，最初的志同道合者萧望之、张猛、周堪等人都被迫害致死后，仅与冯商等少数人往来。

二 刘向在元帝、成帝时期的学术活动

汉元帝统治期间，刘向除最初受萧望之推荐、任"给事中"数年内上疏、进谏，积极作为之外，绝大多数时间是"遂废十余年"的闲散状态。但是，事物都有两面性，政治上的不幸遭遇与边缘化状态，反而更容易让刘向在学术上有所沉淀。"向为人简易无威仪，廉靖乐道，不交接世俗，专积思于经术，昼诵书传，夜观星宿，或不寐达旦。"① 这个时期他远离"世俗"，将精力投入经术，流连于"诵书传"与"观星宿"。

此期见于文献的刘向奏疏有《使外亲上变事》《条灾异封事》《理甘延寿陈汤疏》等，著录于《汉书·艺文志》"诸子略"道家文献类，有"刘向《说老子》四篇",② 是他对道家文献《老子》的阐释作品，道家思想是他这二十余年的处世哲学，这一作品很可能完成于这一时期。刘向是宗室身份，其家族世代蒙受皇恩，其身份、地位，使其在"免为庶民"后，也无法看淡刘氏皇权的危机，决定其积极用世、政治上不避危难的一面。

《使外亲上变事》《条灾异封事》《理甘延寿陈汤疏》这三篇奏疏，尽管创作时间不同，但在文章主旨上有共通之处：焦点均在于君主的用人问题，涉及君臣关系问题，而这显然与他在汉元帝时期政治上与外戚、宦官集团斗争中的惨败有关。

《使外亲上变事》是刘向虚拟"外亲"口气向汉元帝进谏，当时，萧望之由于外戚、宦官集团的诋毁而被免官，后来被汉元帝重新启用，赐爵"关内侯"，但外戚、宦官集团对萧望之虎视眈眈，萧望之时刻面临被陷害和再次遭遇祸患的危险，刘向为了汉元帝能稳固对萧望之任用的初衷，使萧望之不再次受到陷害，写了这篇奏疏，既然模仿他人口吻，就要符合进谏人身份，需要文

---

① （东汉）班固：《汉书》，第 1963 页。
② （东汉）班固：《汉书》，第 1729 页。

风相对朴实，因而文章相对篇幅简短，论述直白。这篇奏疏核心思想是君主应该任用曾有过错的官员，也就是萧望之等人，这样才能"通贤者之路"，有益国家通向太平，从根源上结束灾异。为了巩固汉元帝重新启用萧望之的决心，文章论述有两个"借助"，一是借助了灾异理论，"臣闻春秋地震，为在位执政太盛也，不为三独夫动，亦已明矣"①，指出春秋时期灾异只会应验在那些执政过于强硬的在位者，而像萧望之、周堪、刘向这样身份的官员不会引起天变。结尾处更是明言"地动殆为恭等"。对于灾异理论文字简洁，没有过多围绕灾异理论本身的阐释。文章论述主体是借助历史增强劝谏说服力，借助汉初以来史事说理：汉高祖时之季布，孝武帝时之倪宽、董仲舒，孝宣帝时之夏侯胜，说明"有过之臣，无免国家，有益天下"。意在劝导汉元帝重新启用暂时被处分的萧望之。整篇文章，以灾异理论、历史为依据，表明刘向对君主阐述用人之道，其中历史论述为主、灾异理论为辅，在灾异问题上笼统言之，没有论证。在历史论据中，详细罗列，列举汉立国以来的"汉朝故事"。这一论述特点在不久后成文的奏疏文《条灾异封事》中有所变化。

刘向五十二岁作《条灾异封事》，写作背景与上一篇文章极其相似，周堪、张猛重被启用，宦官集团虎视眈眈，屡次进谗言，刘向忧虑二人再次倾危，为了巩固汉成帝重新启用周堪、张猛的决心而写了这篇奏疏。刘向为了自身安危，奏疏采用了密封的方式，并嘱托"不宜宣泄"，因而发言大胆直接。这篇奏疏主题仍然强调君主对臣子的任用之道，强调君臣关系"和"与"乖"的利害关系，提醒汉成帝"谗邪"之臣的危害，君主对"谗邪"之臣的应对手段。奏疏末尾提到，"见阴阳不调，窃推《春秋》灾异，以效今事一二"。详细统计《春秋》中灾异类别、出现次数，笼统对应的历史事件，不仅如此，文章还统计了《诗经》中的灾异事

---

①　（东汉）班固：《汉书》，第 1930 页。

件。反推君主用人不当，贤佞混淆导致"天变"，并对国家政治造成巨大破坏力。

在按历史顺序论证灾异福祥与君臣和睦与否关系时，从虞舜依次论证了周文、周公、幽、厉、鲁隐公之后，到《春秋》记载的二百四十二年的历史。"夫遵衰周之轨迹，循诗人之所刺。"将舜、周文王以来至春秋时期君臣关系以"和"否为标准，划分为三个时期：（1）舜、周文王、武王、周公时，君臣和睦，天降祥瑞，《诗》经学赞许、歌颂。（2）幽厉之际，朝廷不合，天降灾异，《诗》经书反映、批判众小，感慨君子，哀叹灾异。（3）春秋 242 年，君臣不和、天下大乱，各类灾异出现的次数以及相应的人祸，《春秋》经书反映情况。每个历史阶段的祥或灾的现象，都是依据《诗》《春秋》内容准确引述的，而天意、圣人君子之意也是从经文中推导得到。

春秋之前历史的文献依据《诗经》，春秋时代文献依据围绕《春秋》的各类经传说记类文献。战国、汉初历史未见提及。《条灾异封事》以君臣和睦与否为线索，排列历史上君臣和睦与否与福瑞灾异、国家治乱联系。涉及历史段落，都是为了分析当朝君臣状况做铺垫。在回溯历史时，以《诗经》《春秋》作为记录史实、灾异、治乱的依据。最后，提出用人办法，以《易》作为理论指导。

刘向奏疏中整理出一条虞舜至春秋时期君臣关系的天变简史，文献依据是《诗》《春秋》，刘向做的工作：摘录相关文献，梳理时间顺序，做分类分析，做每类灾异的数量统计，分析每类灾异对应的君臣关系。刘向用实证的态度充实灾异论，论据是历史人物与事件，论据来源是经典文献，使灾异论中的"今事"有系统依据，并具体地经典化了。《诗》《春秋》既言历史亦言天命，对现实指导、说理更有力量。

从历史中找依据论证现实问题，是刘向所擅长的，这在刘向的《理甘延寿陈汤疏》中也有体现。对于假托诏命却斩杀郅支单于立下奇功的甘延寿、陈汤赏罚问题，石显、匡衡都已经发表了定罪的意见，而此时已经失势多年的刘向却发表了应该重赏的异议，需要非常强有力的说理能力，刘向的议论还是将经、史结合，达到了赦免二人罪过、进行封赏的效果。刘向有把经学看成史料来源的意识，在《理甘延寿陈汤疏》中，列举周方叔、吉甫为宣王出征的事迹，就是来源于《诗》，同时引用了相关诗句。另外，刘向对于西汉立国以来的掌故、史事熟谙，尤其关于旧臣往事信手拈来，比如汉武帝时的李广利出征，活跃于昭帝、宣帝时期的常惠、郑吉事迹，都很好融入自己论述中。

汉成帝时期刘向的奏疏文与斗争对象紧密相关，借天象、山崩等异变上疏，矛头指向外戚等势力，如《日食对》《洪范五行传论》等。河平三年，刘向开始"领校中五经秘书"，除了对于书籍文献整理成就巨大。在按部就班完成成帝诏命过程中，也按照斗争的需要，创造性地编撰了《列女传》《说苑》《新序》来表现一家之言。

河平元年日食，汉成帝诏刘向等人问对，刘向将灾异解说与《尚书》《易》《诗》联系更加紧密，"上于是采刘向、谷永之言以报"。[1] 刘向《日食对》，"四月交于五月，月同孝惠，日同孝昭。东井，京师地，且既，其占恐害继嗣"。[2] 对天象、灾异对应更具体、细致，对文献记录中孝惠、孝昭时天变有准确细致了解，并了解天变发生位置，对应的人间政治指向、地点及事件。

刘向的奏疏文中阴阳灾异理论，与之前夏侯胜阴阳理论相比，与经学联系更紧密，更注重以史实做论据，更富有感染力与说服力。

---

① （清）严可均：《全汉文》，第82页。
② （清）严可均：《全汉文》，第318页。

第 二 章

刘歆特殊际遇与其学术地位

刘歆历仕汉成帝、哀帝、平帝及王莽新朝时期，成帝、哀帝时期刘歆职位低微，没有明显的政治影响力，主要参与了国家文献整理工作，在学术上的成长环境是得天独厚的，形成了独特的学术观。在平帝及王莽新朝时期，刘歆因为与王莽的关系，仕途飞黄腾达，并成为推行文化、政治、经济、学术等领域改革的重要成员之一。

王莽篡权间接使官学今文经势力无法继续维护其垄断的学术话语权，使古文经、民间经学意外获得发展转机，刘歆也偶然借力，改变原本边缘化的政治、学术地位，成为政坛、文坛的核心人物，使他有机会推行他的学术主张，在两汉之际形成的学术影响力举足轻重。

第一节　刘歆的学术成长与其得天独厚的学习环境

刘歆的学术成长有两个重要阶段，第一个阶段是在他入仕之前，第二个阶段是他跟随父亲刘向参与校书活动期间。

刘歆在汉成帝即位初就已经凭借其文学才华成名，并且获得了汉成帝的召见：

> 通达有奇异才。上召见歆，诵读诗赋。（《汉书·元后传》）

少以通诗书，能属文召见成帝，待诏宦者署，为黄门郎。（《汉书·楚元王传》）

歆及向始皆治《易》。（《汉书·楚元王传》）

刘歆为汉成帝所赏识待诏宦者署、任命为黄门郎时大约为汉成帝建始元年，到河平三年受诏与父刘向领校秘书，刘歆入仕之初已经掌握的知识有以下几方面。第一，经学类知识的掌握，即《诗》《书》《易》等。第二，作赋及属文。这些才能在汉成帝看来，"通达""奇异"，刘歆凭此才能获得"待诏宦者署，为黄门郎"的职务。"少以通诗书"，可见《诗》《书》的学问，应该在刘歆入仕之前就已经开始研习，其家学应该起到重要作用。楚元王家族的鲁诗传承源远流长，刘向也对《诗》学颇为精通。"歆及向始皆治《易》"，这个"始"，可以理解为刘向、刘歆入仕之始，也就是说《易》学均为二人初入郎官系统后完成的，"所以梁丘父子皆出身郎官，又在郎官之中教授《易》学，……郎官系统中本来就有经学授受活动，比如梁丘父子的入说侍中。由于郎官系统中可以传授博士系统之外的经学，因此，郎官经学反而能够择善而从，兼收并蓄，保持了通儒之学的传统"。[1] 以上为校书前刘歆的学术趣味。刘歆"能属文""诵读诗赋"的才能颇有家学传统，刘歆父亲刘向、祖父刘德均擅长作赋。并且，扬雄在汉成帝时期，已经从蜀地到京师发展，被任命为黄门郎，刘歆、扬雄此时已经相识，在对经学看法上、对赋的创作上，应该有所交流。

刘歆在刘向开始校书活动不久就参与了这项工作，"河平中，受诏与父向领校秘书，讲六艺传记"。[2] 而完成"领校"任务的标志是《七略》的完成，即汉哀帝建平元年（前6）前后，受诏"复领《五经》，卒父前业，著《七略》"。如果将因刘向去世而中断的校书阶段忽略，刘歆参与校书活动的时间约为二十年。刘歆

---

① 徐兴无：《刘向评传》，南京大学出版社 2009 年版，第 96 页。

② （东汉）班固：《汉书》，第 1967 页。

校书期间的职位是待诏宦者署，为黄门郎，这种官职状态一直持续到汉哀帝建平元年，是刘歆仕途生涯中最为波澜不惊的二十年，从仕途升迁角度，这种状况意味着停滞，然而，对于一个心向学术的青年来说，是一种学术成长的偏得。黄门郎职位低微，不易卷入大的政治争斗中，这使刘歆能心无旁骛，专心于经传等典籍的整理、研读。然而，这里值得细究的问题是，这成就刘歆博学至关重要的二十年的学业积累期，刘歆的"学习"环境是极为特殊的，而这种特殊性，是造就一种新的学术思想的土壤。

校书带来工作环境、"学习"环境的变化，这主要体现在两方面。一是刘歆阅读视野大为拓展，接触书籍范围扩大。在汉成帝时期，社会上显然有一种对官学经书怀疑的思潮，同时对于古文经充满了想象与好奇。汉成帝诏令刘向总领校书工作，"以书颇散亡"（《艺文志》），随着工程浩大的文献整理工作的展开，一座书籍宝藏赫然出现在众多整理者面前，这带给他们巨大的震撼。这批文献虽然错乱不已，但这些参与的工作人员有条不紊，在细致、漫长整理过程中，他们的视野发生了变化，除了以往熟知的官学今文经，他们见识了丰富的诸子文献，带有神秘色彩的古文经，等等，随之而来的是思想观念变化了，尤其对官学看法。王国维认为"新学问源于新发现"，相信新的发现带来的信息会带动新学问的诞生，汉成帝时期的典籍文献整理也具有"新发现"意义，因为这些文献从汉武帝"独尊儒术"以来，一直处于不流通的状态，没有人能说清楚皇家藏书中都有哪些类文献，敞开在刘歆面前的书籍宝库是让人眼界大开的。

刘歆所处学术环境的变化也表现在师承上，他接触到学有专长的专家，促进他学术进步。校书约二十年时间，对刘歆影响巨大的有两个团体，即黄门郎同僚与校书同僚，王莽、扬雄是与刘歆同样供职黄门郎的同僚，而尹咸等人是刘歆校书中的同僚。校书对他的学术思想的影响主要体现在三方面。第一，刘歆接触并了解到太常博士、太史等外廷藏书的版本状况。知识面拓宽了，思考问题更深刻了，而对目前官学的弱点、走向有了思考，对官学版本怀疑。对诸子内容看法改变，对诗赋看法，都有实实在在的具体文献资料掌握做支撑。接触、获得如此全面、珍稀的文献信息，是学者在校书之前所无法想象的。刘歆在校书过程中，这些"外书"给刘歆以学术视野的拓展，产生直观的、感性的冲击。第二，刘歆通过文献整理，认识到民间经学中有优于官学的地方，从而对民间经学刮目相看，并充满好奇与期望，认为它们能弥补官学的不足，这为他之后充分挖掘民间经学价值做了良好铺垫。第三，校书使刘歆知识面更宽，知识结构体系更全面、宏观，有利于更全面学术体系的建立。

刘歆这二十年留下的文字材料主要与校书工作有关，他主要做了以下具体工作：从事校书中自己分工部分，如配合父亲刘向完成《列女传》工作，为每一位传主撰写《列女颂》。刘向去世后，刘歆继续进行《山海经》等书校理工作，"侍中奉车都尉光禄大夫臣秀领校秘书言校秘书太常属臣望：所校《山海经》凡三十二篇，今定为一十八篇，已定"。① 这是刘歆撰写的《上山海经表》，说明他在汉哀帝建平四年完成了《山海经》的校理工作。之后，刘歆完成汉哀帝诏命的文献整理的收尾工作，完成《七略》撰写。刘歆为完成《七略》需要重新回顾校书成果，思考文献类别之间的关系与学术系统。这种反思使他的学术思想更加成熟。

刘歆校书中形成的最突出的学术观念是发现了古文经不同于博士官学的价值，从而促使他在汉哀帝时期为古文经争立博士官，撰写了《移书让太常博士》，抨击了今文经学的弊端，揭示了古文经的价值。对于一些祭祀礼制方面问题，刘歆留下了奏疏类文字：《孝武、孝宣庙不宜毁》《惠景及太上皇寝园议》《功显君丧服议》等。更加强调"经"对其他学术门类的准则地位，强调"经"是政治生活中判断是非的依据。其中强调了"经"对政治生活的指

---

① （清）严可均：《全汉文》，第410页。

导意义，如刘歆批驳甘忠可"更受命"理论是从经学理论立场出发，认为其理论不符合五经原则，因而不可施行。

刘歆治学范围宽，"无所不究"，在诸多学术领域中，最为世人所瞩目的是他对古文经的推崇以及对《三统历谱》的撰写。刘歆在文献整理过程中发现了自己的新的学术兴趣，即在文本上区别于官方经学的古文经，主要包括对《逸礼》《古文尚书》《左传》《周官》等古文的兴趣，对《毛诗》区别于官学的解经观点与研究方法也倍加重视。他正式开始了《左传》的学习，从尹咸、翟方进学习。另外，刘歆受到刘向《五纪论》的启发，开始了《三统历谱》的酝酿：

> 至孝成世，刘向总六历，列是非，作《五纪论》。向子歆究其微眇，作《三统历》及《谱》。以说《春秋》，推法密要。（《汉书·律历志》）

经历过校书之后的刘歆学术观念上处处透露出新意，如对官学、古文看法，以及对知识结构等问题的看法。

第二节　王莽势力膨胀背景下刘歆政治、学术地位变化

刘歆一生的荣辱与仕宦得失很有戏剧性，其每一次命运转折几乎都与王莽有直接关系，他们在汉成帝时期都任职于黄门郎，是两人建立亲密关系的开始。

一　刘歆仕宦沉浮与王莽的关系

汉哀帝即位伊始，刘歆完成《七略》，标志着"卒父前业"，即完成了汉成帝时校书的初定计划。之后，刘歆的仕途经历了大的起伏，这与他的政治、学术影响力有非常大的关系。刘歆经历的汉哀帝、汉平帝、孺子婴、王莽新朝，王莽政治势力越来越大。

王莽对刘歆是信任的，王莽得势后，给刘歆带来的是仕途由逆境走向通畅，这增强了刘歆本人对当时政治和学术的影响力。

汉哀帝初即位，在王莽举荐下，刘歆任侍中太中大夫，迁骑都尉，奉车光禄大夫，获得哀帝"亲近"，完成了汉成帝时期开始的文献整理的收尾工作，在政治上，刘歆在庙制改革中的提议得到哀帝认可。在把握皇朝舆论导向时，斥《天官历》《包元太平经》不合五经。刘歆在汉哀帝时期遭受的厄运，是由于争立博士官事件威胁到在朝者利益，因此刘歆被迫离开京师。《移书让太常博士》一针见血指出经学文本存在的诸多问题，博士官学存在琐碎、破坏大义、抱残守缺等丑陋学风，这惹恼了以师丹为首的大臣，奏刘歆"改乱旧章，非毁先帝所立"。多亏了哀帝为刘歆开脱："歆欲广道术，亦何以为非毁哉？"① 才得以脱难，但刘歆已经无法与太常博士的势力共存于京师。刘歆为避免进一步遭受不测，"求出补吏"，建平二年至元寿二年大约四五年时间，刘歆先被任命为河内太守，却因为宗室身份不宜典守三河，之后出任五原、涿郡太守数年，以病免官，起家复为安定属国都尉。这是汉哀帝时期刘歆仕途上的低谷期，之后随着王莽得势，刘歆获得机会参与了此后的政治、经济、文化等方面的改革。

汉平帝及孺子婴时期，王莽得势，重用刘歆，刘歆成为时代礼制文化改革的重要谋划者。汉哀帝元寿二年，随着哀帝驾崩，王莽借着王政君势力掌握朝廷大权，在王莽助力下，刘歆仕途开始飞黄腾达，先被提拔为右曹太中大夫，迁中垒校尉；次年迁羲和（原大司农），"（大司农）属官有太仓、均属、平准、都内、籍田五令丞，斡官、铁市两长丞。……王莽改大司农曰羲和。后更为纳言"。② 之后，为太中大夫行太常事；再三年后进爵红休侯。王莽在此期间迎合社会思潮，进行了一系列的改革，尤其在礼制、官学制度方面进行了频繁的改革，在这些事件中，刘歆发挥了重

---

① （东汉）班固：《汉书》，第 1972 页。
② （东汉）班固：《汉书》，第 731 页。

要作用。刘歆被任为中垒校尉期间，负责典文章；被任命为羲和期间，进行教化方面的改革，治明堂、辟雍。王莽篡位的始建国元年，刘歆被任命为国师、嘉新公，"以太傅左辅王舜为太师，……少阿羲和刘歆为国师，嘉新公，……是为四辅，位上公。……凡十一公"。① 任职十四年，一直到地皇四年，刘歆因谋划除掉王莽的事情败露而自杀。

二 刘歆与西汉末期政治、文化改革

刘歆对西汉末期的政治、文化改革的影响，主要发生于学术与礼制领域。

汉平帝时期非常重视民间学者的学术，召集各地学有专长的学者会集于京城，汇聚他们的学术，由此掌握了各地民间经学的发展状况：

> 五年……征天下通知逸经、古记、天文、历算、钟律、小学、史篇、方术、《本草》及以《五经》、《论语》、《孝经》、《尔雅》教授者，在所为驾一封轺传，遣诣京师。至者数千人。（《汉书·平帝纪》）
>
> 征天下通知钟律者百余人，使羲和刘歆等典领条奏，言之最详。（《汉书·律历志》）
>
> ……刘歆典文章，……歆子棻……皆以材能幸于莽。（《汉书·王莽传》）

由此可见，当时官方发起的汇聚学术的范围是很大的，既包括经学的各个分支，同时也涵盖逸经、古记、天文、历算、钟律、小学、史篇、方术、《本草》等各个方面，目的在于汇聚民间的智慧。刘歆在律历等方面作为汇总者，这在前期文献整理的基础上，进一步增强了刘歆对天下学术整体性的掌握，也为他的学术研究

---

① （东汉）班固：《汉书》，第4100页。

打下了坚实的基础，正是在此基础上，刘歆编撰了《三统历谱》。

古文经的价值在汉成帝下诏整理皇家藏书时就已经被一些有识之士所重视，如汉成帝以及尹更始、翟方进等学者，民间学者张霸伪造《古文尚书》，可见当时学术氛围充分认可古文经的价值，应该为古文经立官学博士，并非只是刘歆等个别学者的看法。由于触犯到势力强大的太常博士们的利益，立古文博士的举动在汉哀帝之初，遭到以师丹为首反对派的阻拦。汉平帝即位，王莽已经牢牢掌握左右皇权的力量，这一政治上的变局，使得建立新博士官的被动局面得以逆转，"平帝时，又立《左氏春秋》、《毛诗》、《逸礼》、古文《尚书》，所以罔罗遗失，兼而存之，是在其中矣"。① 刘歆在汉哀帝时期所规划的为古文经争立官学博士的蓝图在汉平帝时期得以实现。

刘歆首先将已发现的古文经尽可能立为博士官，除了汉平帝时期立为博士官的古文经《古文尚书》《毛诗》《左传》等，到了新朝时期，刘歆将文献整理过程中发现的六篇《周官》也立为博士，② "孔氏有《古文尚书》，……王莽时，诸学皆立。刘歆为国师，璜、恽等皆贵显"。③ 古文经学的研习者，恰逢立古文经博士这一特殊的机遇，形成一批学术新贵，如这里提到《古文尚书》的研习者"璜、恽"。而这新增的古文经科目，必然刺激古文经的研习者增多。

刘歆被任为中垒校尉，负责典文章；之后被任命为羲和，进行教化方面的改革，"班教化，禁淫祀，放郑声"。在婚礼等礼制方面制定新的制度，引导社会推崇"礼"：

二月，置羲和官，秩二千石。外史闾师，秩六百石。班教

---

① （东汉）班固：《汉书》，第 3621 页。

② （东汉）班固《汉书·艺文志》"《周官经》六篇"注曰："王莽时刘歆置博士。"

③ （东汉）班固：《汉书》，第 3607 页。

化，禁淫祀，放郑声。(《汉书·平帝纪》)

诏光禄大夫刘歆等杂定婚礼，四辅公卿大夫博士郎吏家属，皆以礼娶亲迎，立轺并马。(《汉书·平帝纪》)

王莽为自己的政治前途铺路，极力积攒政治舆论的资本，"秋，王恽等八人使行风俗还，诈为郡国造歌谣、颂功德，凡三万言"。① 王恽伪造的从民意角度创作的歌谣，歌颂王莽德行、政绩，此外，王莽的重要手段之一就是迎合学术思潮的方向，以周代礼制为改革方向，在有恢复周代礼制象征意义的政治建筑、教育建筑等方面进行建设：

太后留歆为右曹太中大夫，迁中垒校尉羲和京兆尹，使治明堂、辟雍。(《汉书·楚元王传》)

莽奏起明堂辟雍灵台，为学者筑舍万区，作市常满仓，制度甚盛，立乐经。益博士员经各五人。(《汉书·王莽传》)

歆治明堂辟雍，封红休侯，典儒林史卜之官，考定律历，著《三统历谱》。……及王莽篡位，歆为国师。(《汉书·楚元王传》)

诏羲和刘歆等四人治明堂辟雍，……太仆王恽等八人使行风俗，……皆封为列侯。(《汉书·平帝纪》)

可见刘歆对于王莽的明堂、辟雍等建设，是源于周代礼制的建筑思想，具有加强皇权威严的意义，刘歆起到了重要谋划作用。

王莽将汉元帝以来反反复复的郊庙改革彻底实施，是其获得政治声誉的又一重要手段，王莽屡次就郊庙改革问题上疏，如王莽《奏复长安南北郊》《奏改郊祀礼》等，而王莽郊庙改革的设计与谋划者，正是刘歆。这一改革对增强皇权威严具有重要意义，"王

① (东汉) 班固：《汉书》，第4076页。

莽所构建的元始仪，彻底改造了以分布广泛的神祠为主体的国家祭祀形态，强调南郊的惟一的神圣性。这就消解了地方神祠与国家命运的关联，否定了祭祀对象与特定地理位置的联系。……就祭祀制度内部的演化而言，郊祀制度不再强调诸神的神圣性，而强调君主与天的联系，以及这种联系的唯一与权威"。① 当然，作为王莽政治集团的重要成员，刘歆也为王莽获得特殊政治利益需求服务，从经典角度出发制造其接近皇权的舆论，"九月，莽母功显君死，……太后诏议其服。少阿羲和刘歆与博士诸儒七十八人皆曰……"② 在这场为王莽接近皇权破除障碍进行的造势活动中，学者们的动机是复杂的。从个人的政治归属方面来说，王莽、刘歆、扬雄三人都曾在汉成帝时期任职黄门郎，虽然之后三人仕途轨迹不同，但王莽的得势确实给刘歆、扬雄仕途都带来了机遇。扬雄在新朝做了《剧秦美新》歌颂王莽，既有出于对王莽赏识的感恩心态，也有对王莽恢复古制、古学的支持。刘歆政治地位的提升，王莽在其中起到了决定性的作用，因而刘歆成为王莽的帮手，甚至发出违心之论，也是情势使然了。刘歆在这一阶段政治主张是复古礼制，如杂定婚礼、建立明堂辟雍、典儒林史卜以及考定律历等工作。

第三节　刘歆的交游及其学术特征

刘歆是西汉中后期非常重要的学者，特殊的历史机遇使刘歆在两汉之际学术领域影响巨大，成为两汉之际学术演变过程中关键性人物。刘歆担任国师等重要的职位，推动古文经最终立为博士官，在古文经的传承中，起到了承上启下的作用。刘歆的交游对象，大都是两汉之际重要的学者，是重要的经学传承者。刘歆原

---

① 田天：《秦汉国家祭祀史稿》，生活·读书·新知三联书店 2015 年版，第 257 页。后引本书皆出自此版本。

② （东汉）班固：《汉书》，第 4090 页。

本无法撼动太常博士系统的风气，两汉时期，学风不仅是学术风气本身的反映，也是政治的附庸，涉及政治集团的利益，汉哀帝时期太常博士的政治集团势力形成由来已久，不可能容纳古文经为代表的新势力来"分一杯羹"。而王莽篡权造成太常博士对学术垄断形势被打破，使刘歆意外获得机会，走到政治、学术中心，使新的学风、文风在两汉之际产生较为普遍的影响。刘歆对学术承上启下的作用，与他的交游群体范围有密切关系。以下从师承、门徒、同僚关系等几个方面考察刘歆的学术影响力及其形成原因。

第一，师承。

刘歆入仕之后隶属于郎官系统，有过学习《易》的经历，之后，在随其父整理图书期间，有机会接触古文经的经师，向尹咸、翟方进学习《左传》：

> 及歆校秘书，见古文《春秋左氏传》，歆大好之。时丞相史尹咸以能治《左氏》，与歆共校经传。歆略从咸及丞相翟方进受，质问大义。（《汉书·楚元王传》）

刘歆于河平年间参与皇家图书文献整理过程中，接触到《左传》，产生兴趣，并向一同校书的同僚尹咸、时任丞相的翟方进学习《左传》。《左传》文本对于一般的士大夫是难得一见的文献，而这门学问起初也只在私学间传授。刘歆问学于尹咸、翟方进，也间接对尹更始治经学方法有所了解和传承，如尹更始治《穀梁》同时兼治《左传》，这种不排斥异己学经的态度，明显区别于《公羊传》等今文经师的做法，再有，尹更始用章句体例传授《左传》，这也对刘歆治《左传》产生影响。最初的章句之学，可能并不烦琐，景帝时，"宽为梁孝王将军距吴楚，号丁将军，作《易说》三万言，训故举大谊而已，今《小章句》是也。……"①

---

① （东汉）班固：《汉书》，第3597—3598页。

"小"章句的说法，暗示丁宽的《易说》的章句体例，在行文特征上是较为简明的解说，"举大谊"而已。

刘歆在校书期间接触到了《左传》，对其产生浓厚兴趣，并问学于尹咸、翟方进，尹咸、翟方进的《左传》学师承尹更始，而尹更始与刘向关系密切，是汉宣帝时一起争立《穀梁传》的学者。

第二，同僚关系。

在刘歆入仕为黄门郎时期，与刘歆有较深入的学术交流的同僚，有当时同为郎官的王莽、扬雄。王莽也学习《左传》，以贾护为师，"哀帝时待诏为郎，授苍梧陈钦子佚，以《左氏》授王莽"，① 而贾护是尹更始弟子胡常的学生。可见王莽与刘歆关系的亲密，一方面是二人曾同在黄门郎官任职；另一方面二人在学术追求上有共同的趣尚，都对当时并不被立为官学的《左传》感兴趣，在业余时间专门学习了这门经学。并且，二人在《左传》师承上，都可追溯至尹更始，在古文经问题上确实有较多的共识。

在刘歆校书时期，除刘氏父子之外，一同参加校书的官员见于文献记载的，尚有十余人可考②：任宏、尹咸、李柱国、杜参、班斿、房凤、王龚、臣望、刘伋、富参等，与刘歆关系密切的同僚还有谒者陈农、房凤、范俊、桓谭、苏竟、王莽、扬雄等。"平帝世，竟以明《易》为博士，讲《书》祭酒。善图纬，能百家之言。……王莽时，与刘歆等共典校书。光武时，竟与歆兄子龚书……"③ 刘歆《移书》在争取同盟时纠合房凤，房凤还是尹更始的《左传》学传人。桓谭《新论·述策》论及刘邦白登山之围中陈平奇策，"刘子骏闻吾言，乃立称善焉"。④ 说明刘歆与桓谭有比较密切的关系，并且二人都欣赏扬雄才能，都与扬雄有过交集。刘歆黄门同僚王莽、扬雄，学术后进桓谭、翟方进都是西汉后期

---

① （东汉）班固：《汉书》，第 3620 页。
② 王承略、杨锦先：《刘向校书同僚学行考论》，《文献》1998 年第 3 期。
③ （南朝宋）范晔：《后汉书》，中华书局 1995 年版，第 1041 页。
④ 朱谦之校辑：《新辑本桓谭新论》，中华书局 2011 年版，第 60 页。后引本书皆出自此版本。

学术上有影响力的学者。

第三，门人弟子。

隗嚣、李守都曾为刘歆门人，而刘歆之子刘棻因谶纬获罪的案件中，涉案的有众多刘歆门人：

> 李守，李通父，初事刘歆，好星历谶记，为王莽宗卿师。
> （刘棻获罪，流放幽州。）辞连国师公歆子……棻，棻弟……泳，……及歆门人……丁隆等，牵引公卿党亲列侯以下，死者数百人。（《汉书·王莽传》）

刘歆不仅是为《左传》设立博士官的倡导者，也成为《左传》传播的中心人物，现存文献可以考察出曾跟从刘歆学习的学者有：郑兴及其门人、贾徽、孔奋等人，这些人主要向刘歆学习《左传》：

> 而刘歆从尹咸及翟方进受。由是言左氏者本之贾护刘歆。（《汉书·儒林传》）
> 兴少学《公羊春秋》，晚著《左氏传》，……（郑兴）将门人从刘歆讲正大义。歆美兴才，使撰条例章句训诂，及校《三统历》。（《后汉书·郑兴传》）
> 兴从博士金子岩为《左氏春秋》。（《东观记》）
> 逵父徽从刘歆受《左氏春秋》，兼习《国语》、《周官》，又受《古文尚书》于涂恽，学《毛诗》于谢曼卿，作《左氏条例》二十一篇。逵悉传父业。弱冠，能诵《左氏传》及五经本文。以大夏侯尚书教授。虽为古学，兼通五家穀梁之说。（《后汉书·贾逵传》）
> 奋少从刘歆受《春秋左氏传》。……弟奇博通经典，作《春秋左氏删》。奋晚有子嘉，作《左氏说》。（《后汉书·孔奋传》）

　　贾护和刘歆是西汉后期《左传》传承的核心人物，郑兴、贾徽、孔奋等人均为东汉初年重要的学者，他们与刘歆的师承关系，决定了刘歆推崇古文经、主张通诸子之学等学术主张在东汉初年得到很好的传承。刘歆是在两汉之际经学传承中起到承上启下作用的重要人物。

第 三 章

·+·+·+·+·+·+·+·+·

刘向刘歆学术代际特征

第一节 刘向学术成长、著述所带有的时代色彩

刘向在汉宣帝、元帝在位期间，从十二岁至五十二岁正是其学术思想由萌芽、成长至定型的关键期，这四十年的学术成长与特点，带有浓厚的时代印记，是区别于即将在汉成帝、哀帝时期登上历史舞台的刘歆、扬雄、王莽等人的，弄清刘向的学术成长及其学术特点，有利于了解从汉哀帝至王莽新朝期间的学术转型。

一 刘向在汉宣帝、元帝时期学术上的时代色彩

刘向在生存哲学上是以道家思想为指导的，在政治思想、学术观念上是以儒家为主的，这个儒家思想是与汉初不同的一种新的儒家思想，融合了阴阳学等其他诸子学说，从汉宣帝在位的二十年到汉元帝在位的另一个二十年，刘向的学术兴趣与关注领域有很大的转折。

第一，汉宣帝在位时期，刘向从十二岁的少年成长为三十二岁的青年，他的家学与汉宣帝对他的学术方向产生了决定性的影响。

刘向家族擅长《诗经》研习，喜爱辞赋创作，以道家哲学指导人生，这些特点在刘向身上均有所体现。就刘向的私人爱好而言，往往带有搜奇猎异的色彩，他喜爱《山海经》《枕中鸿宝苑秘书》这样的奇书，喜爱辞赋的创作。他最初研习的经学是《易》经，却因为汉宣帝欲立《穀梁春秋》的想法转攻春秋学。汉宣帝

在酝酿将《穀梁春秋》立博士官的过程中，曾花费心力去选取《穀梁春秋》的经师和后备人才，汉宣帝明白，自己选来学习《穀梁春秋》的经生，是将来争取《穀梁春秋》博士官的当事人，因而选人是非常谨慎的，而刘向就是在这样的背景下被汉宣帝选中的。五凤三年，刘向以"待诏"身份受《穀梁春秋》，和他一起接受《穀梁春秋》学习的还有之前汉宣帝挑选的十个"郎官"，经过十余年的学习，他在甘露元年参加了争立《穀梁春秋》博士官的石渠阁会议，属于拥护《穀梁春秋》这一阵营的。和刘向并肩争辩的还有《穀梁》议郎尹更始、待诏周庆、丁姓，《穀梁》家中郎王亥，而主持此事的就是《五经》名儒太子太傅萧望之。刘向在汉宣帝在位十余年时间里，处于《穀梁春秋》的学习阶段，他所接触和共同接受学业的经师，都不是太常博士系统的背景，均为博士官系统之外的经师，在学术观念与学术视野上要比太常博士经师经学更开阔，如尹更始就兼习《穀梁春秋》与《左氏春秋》，尹更始、周庆、丁姓的师承上溯至鲁国荣广，而荣广是兼通《诗》《春秋》的通儒，在准备立《穀梁春秋》博士官的十余年时间里，刘向与尹更始、周庆、丁姓这些学者相处，耳濡目染，使刘向的学术视野更开阔。

第二，汉元帝在位期间，从刘向留下的几篇奏疏可以看出，刘向的经学阐释方向和官学博士阐释"通经致用"方向一致，《诗》《春秋》等经学研习内容往往与现实问题相关，对现实政治有实际指导意义。经学与阴阳灾异理论融合，经史结合，注重实际的天象观察。特别要指出的是，刘向的经学研习又呈现出自己的特色。此时刘向学术、政治思想的思路：从经学书籍中观察历史，从历史中观察详细、系统的"天变"，再与灾异理论结合。这与之后完成的《洪范五行传论》思路一致（《洪范五行传论》体系庞大、逻辑清晰、资料丰富），即把经书当史书，加上《易》的应用，把董仲舒以来天人感应思想向前推进了。刘向不拘泥于经书，不像今文家一味强调复古，其侧重点在当下，把历史当作现实政治的参考。

刘向对于政治话语中越来越普遍的阴阳灾异理论研习，呈现出与经学典籍更具体的融合，这种融合可以用灾异理论的实证化来概括。这一特征，在刘向《条灾异封事》中体现最为明显。刘向奏疏的思路是从灾异角度谈君主对臣子任免的重要性，从阴阳灾异角度谈政治，在当时是颇为普遍的，翼奉、匡衡、京房等人的奏疏均走这一路线。刘向的特点在于从经书中找阴阳灾异曾经应验的例证，再以经学话语解释阴阳灾异现象与政治的发展方向关系。此奏疏的二分之一篇幅在于梳理舜至春秋时期与君臣关系密切的祥瑞灾异历史，而这些例证主要来自《诗》《春秋》。此期的奏疏文，都带有强烈的灾异理论色彩。把灾异祥瑞看成天命表现，并以灾异作为皇帝用人得当与否标志，此期刘向在奏疏中经史结合，灾异学说与儒学儒术紧密结合，努力进行阴阳灾异与经学的融合。

第三，刘向有很强的以史为鉴意识。在他的奏疏文、阴阳灾异理论阐释中，都擅长罗列历史人物、事件增强说理。《使外亲上变事》列举了汉高祖、汉武帝以及汉宣帝时期的君臣事迹，《条灾异封事》罗列的是《诗》《春秋》中反映的史实。刘向在周堪、张猛被迫害之后，写下了《疾谗》、《摘要》、《救危》及《世颂》，"凡八篇，依兴古事，悼己及同类也"。这八篇文章虽没有保留下来，但应该是借助历史事件以抒情的作品，因为这里提到作品主题是"悼"，也就是抒发自己与同道者不幸的遭遇。刘向曾续补司马迁的《史记》，"《史记》所书，年止汉武，太初以后，阙而不录。其后刘向、向子歆及诸好事者，若冯商、卫衡、扬雄、史岑、梁审、肆仁、晋冯、段肃、金丹、冯衍、韦融、萧奋、刘恂等相次撰续，迄于哀、平间，犹名《史记》"。① 刘向的奏疏文、抒情文、经学阐释均善于借用历史，他的《新序》中也有侧重记录西

---

① （唐）刘知己：《史通》，辽宁教育出版社1997年版，第98页。

汉史事的部分，说明他学术思想中注重史学，尤其是汉代历史，有从历史中总结规律，指导当下政治的思想。

第四，刘向对天象有着实际观察，"专积思于经术，昼诵书传，夜观星宿，或不寐达旦"。将经术上、历史上的灾异记载与实际的天象、灾异考察相结合。尽管刘向关注汉元帝时期的君主用人问题，在解决这一问题时，他的理论依然来源于经学思想、阴阳灾异理论，这与同时代其他学者是一致的。刘向的特点在于用历史知识与实际天象考察来充实、完善他所掌握的经学思想与灾异理论，由于时代局限，抛开他理论的正确与否，从他的历史验证与实际考察的路数来说，是超越于他的同时代人的。

刘向处世哲学是以道家思想为主的，《说老子》很可能成于此时。刘向父亲刘德"修黄、老术"，"常持《老子》知足之计"，不肯娶霍光之女为妻，家产过百万就会"散财"，畏惧招致祸患，这种道家式生活哲学对刘向的影响不言而喻。与皇室宗室追求奢靡生活对比，或许正是因为刘德家族对黄老之学的信仰，以贵静、贵守的黄老之学持家，能看淡个人仕宦得失，决定其恬淡无争、超然的一面，才使得其家族相对稳定长久。刘向在《诫子歆书》中，极力强调黄老之学的处世规则：

> 董生有云："吊者在门，贺者在闾。"言有忧则恐惧敬事，敬事则必有善功而福至也。又曰："贺者在门，吊者在闾。"言受福则骄奢，骄奢则祸至，故吊随而来，齐顷公之始，藉霸者之余威，轻侮诸侯，亏跌蹇之容，故被鞍之祸，遁服而亡。所谓贺者在门，吊者在闾也，兵败师破，入皆吊之，恐惧自新，百姓爱之。诸侯皆归其所夺邑，所谓吊者在门，贺者在闾。今若年少，得黄门侍郎，要显处也。新拜皆谢贵人叩头，谨战战栗栗，乃可必免。（严可均《全汉文》）

刘向引用董仲舒具有祸福相依特点的言论，阐述其在指导日常生活方面的重要性，劝诫刘歆入仕之初，言行要谨慎。而刘向本人在汉元帝之初政治上接二连三受挫，也把精力从政治、世俗交往转向学术。刘向在这个时期，奏疏偏于从经书中选取历史材料进行说理，有实证的意识。对灾异解释，萧望之零星不系统；谷永偏于灾异细节联系；刘向奏疏中所体现的经学与灾异学说、历史史实取证的表现特点，是对董仲舒天人感应理论的进一步发展；夏侯胜、翼奉等奏疏中体现的阴阳灾异理论，还没有与经学系统连接，限于理论本身，具有神秘玄虚特点。阴阳灾异学说对刘向而言是时代新兴事物，细究刘向的家学并没有这样治学传统，或许因为刘向青少年时期对学术好奇尚异的本性，使他在学术道路上对富有神秘色彩的阴阳灾异学说好学深究，这种政治思路，是在汉宣帝时期政治哲学基础上的新异之变。

二 刘向校书期间著述所带有的政治上的"致用"特点

建始元年（前32）汉成帝即位，刘向迎来了他仕途生涯的重要转机，被召令为"中郎"，并"领护三辅都水"，由于政敌的打压，赋闲十余年的刘向终于获得了在政治上可以重新出发的机会，受到压抑十余年的政治热情再度被点燃，他屡次向汉成帝出谋划策，"数奏封事"，被升任为光禄大夫。但此时，宗室势力受到以王凤为首的外戚势力的压制，刘向与刘歆的才华与能力尽管让汉成帝十分欣赏，但在王凤等外戚势力的干涉下，父子二人的升迁与任命均受到打压，"上数欲用向为九卿，辄不为王氏居位者及丞相御史所持，故终不迁"。① 而刘歆亦因王凤的压制，仅任"黄门郎"。河平三年（前26），汉成帝诏命"光禄大夫刘向校中秘书"，刘向此时五十四岁，校书的工作一直持续到他七十二岁（绥和元年）去世时还未完成。刘向校书工作进行了十八年，校书之外，刘向留下了他一生中最为丰富的编撰、创作成果，这些著述按照其内容大体分为四类。一是奏疏类，《极谏用外戚封事》《谏营昌

---

① （东汉）班固：《汉书》，第1966页。

陵疏》《复上奏灾异》《对成帝甘泉泰畤问》《说成帝定礼乐》《日食对》等。二是直接与校书相关的，每总结完一书，都会写总结性《书录》，另有将这些文字集合的《别录》，《隋书·经籍志》有著录。三是《说苑》《新序》《列女传》。四是《洪范五行传论》。这四类著述均显示了刘向对政治、学术的深入观察与独特观点。

第一，刘向奏疏中敏锐的政治危机感与政治主张。

汉成帝时期，作为宗室的刘向及各地诸侯王，一直处于外戚势力的压制下。同时，皇权亦为外戚把持，处于危机四伏的状态。刘向小心谨慎，但当他看到威胁皇权安危的原则性问题时，他又能积极进言，以宗室身份、受历代皇恩而图报的心态来要求自己，在维护皇权的"保卫战"中不曾退缩。虽然身处繁忙的校书工作，但是针对不同时期朝廷面临的问题，他总能积极进言，心系朝廷利害得失，这个时期刘向学术、政治活动交织在一起。针对具体政治问题，及时奏疏，针对实际解决政治上的"燃眉之急"：《极谏用外戚封事》是阐明外戚势力对皇权的威胁；《谏营昌陵疏》《复上奏灾异》提醒汉成帝着眼国家长治久安、注意自律；《对成帝甘泉泰畤问》《说成帝定礼乐》是刘向对郊庙改革的态度、对礼制的看法。

刘向对郊庙改革态度反映出其宗"汉制"的思想，认为应该维护汉制，不必泥古。郊庙改革的声音兴起于汉元帝时期，刘向正处于被免为庶人时期。汉成帝初期，郊庙改革继续推进，汉成帝先后罢甘泉雍五畤及陈宝祠，汉成帝询问刘向对郊庙改革态度，刘向《对成帝甘泉泰畤问》明确表达对郊庙改制的反对，认为被废的是"国之神宝旧畤"，而甘泉汾阴雍五畤在初立就有天的感应。之后，在汉武帝、汉宣帝时期，这些郊祀场所皆有神祇感应。另外，刘向认为这些祭祀绝大多数来源于汉"祖宗所立"，属于神祇旧位，出于对祖宗的尊重，不应该随意废弃。"陈宝祠"虽非汉祖宗所立，但从秦文公初立，至今七百余年历史。在西汉历代祭祀中，福祥不断，并详细列举了不同时期的福祥次数。刘向在郊庙的废立原则上持以下观点。（1）是否为天命所佑，是否出现"福祥"。这是典型天人感应思想。（2）以汉制为尚，即遵循汉初以来祖宗之制，"汉宗庙之礼，不得擅议，皆祖宗之君与贤臣所共定"。①（3）"古今异制，经无明文，至尊至重，难以疑说正也。"反对将古制强加于汉制之上。刘向对郊庙改革态度，与外戚许嘉等人观点一致，此为汉宣帝时典型思想。刘向以经学系统阐释天命灾异。以天命灾异为纲，反对今文家们的郊庙改革，即汉元帝、成帝之时，禹贡、韦玄成、翼奉等人欲取古制以代汉制的改革方向。《对成帝甘泉泰畤问》中，刘向的阐释系统趋于深、细，留意历史上每一条福祥灾异之迹，不仅能细致说出"天应"状貌，也能具体说出福祥的次数，列举陈宝祠的福祥，"高祖时五来，文帝二十六来，武帝七十五来，宣帝二十五来，初元元年以来亦二十来"。这反映了刘向学术观察的角度、重点，把《春秋》看成历史上记录天人感应事件的书籍，"推《春秋》灾异"，目的是了解天意，了解君主对灾异反应，以及与此相关联的政治事件，最终"以效今事一二"。解说灾异理论来源于《易》学、董仲舒《春秋》学。

刘向对庙制改革"复古说"是坚决抵制的。汉代政治制度沿袭秦制而来，如重视狱吏的任用，不恤民情，是不重德的制度，元帝、成帝时期的复古思潮中核心思想是，应该以周代礼制来修正、替换当下制度，才会天下大治。刘向对于以古代礼制为标准替代现实政治的做法极为排斥。建始元年，汉成帝根据匡衡的建议改革祭祀制度，"作长安南北郊，罢甘泉汾阴祠"。刘向《对成帝甘泉泰畤问》对这种以先秦礼制改革汉代宗庙制度的做法表示了批评，"汉宗庙之礼，不得擅议。皆祖宗之君与贤臣所共定，古今异制，经无明文，至尊至重，难以疑说正也"。认为古今制度不

---

① （东汉）班固：《汉书》，第1258页。

同，不必拘泥于古。而且对于汉初以来形成的汉廷制度，极为尊重、维护，认为汉"祖宗之君与贤臣"所定下的"汉宗庙之礼，不得擅议"，而且，汉制与周制的差异，不能作为改革汉庙制的依据，因为"古今异制"。

刘向晚年对礼制提倡与推崇。在刘向临终之年，他开始旗帜鲜明地提出将礼制建设作为当时政治要点。绥和元年，刘向上奏疏《说成帝定礼乐》中，对于礼制推崇的态度坚定而果断：

> 宜兴辟雍，设庠序，陈礼乐，隆雅颂之声，盛揖让之容，以风化天下。如此而不治者，未之有也。或曰，不能具礼。礼以养人为本，如有过差，是过而养人也。刑罚之过，或至死伤。今之刑，非皋陶之法也，而有司请定法，削则削，笔则笔，救时务也。至于礼乐，则曰不敢，是敢于杀人不敢于养人也。为其俎豆、管弦之间小不备，因是绝而不为，是去小不备而就大不备，或莫甚焉。夫教化之比于刑法，刑法轻，是舍所重而急所轻也。且教化，所恃以为治也，刑法所以助治也。今废所恃而独立其所助，非所以致太平也。自京师有悖逆不顺之子孙，至于陷大辟受刑戮者不绝，繇不习五常之道也。夫承千岁之衰周，继暴秦之余敝，民渐渍恶俗，贪饕险诐，不闲义理，不示以大化，而独驱以刑罚，终已不改。故曰："导之以礼乐，而民和睦。"初，叔孙通将制定礼仪，见非于齐、鲁之士，然卒为汉儒宗，业垂后嗣，斯成法也。（《汉书·礼乐志》）

这篇奏疏是刘向在经历了汉成帝二十余年的政治实践之后的政治总结，也是校书工作接近尾声时，校书中接触到的大量古籍给予他的启发下做出的总结。在这篇奏疏中，刘向把以礼制改良政治思想进一步深化，不仅限于对官制的简单改革，而是倡导将礼制推广，即"风化天下"，并深入人们日常生活，"宜兴辟雍，设庠序，陈礼乐，隆雅颂之声，盛揖让之容"。同时，刘向揭露了当时反对礼制、主张刑罚者的残暴与无用，认为与"刑法"治民截然相对立的"礼乐教化"才是真正"致太平"的通途。刘向得出结论，当时社会"刑戮者不绝"是因为人们不重视"五常之道"，因而主张以礼制中的"义理"风化天下，来抵制"恶俗"。刘向这封临终前的奏疏，宣告了他找到的解决政治时弊的方案，即以古代礼制改革政治、实行教化。不是以古代礼制替代当下的政治制度，而是"兴辟雍，设庠序"，以周代礼乐制度的实行来示范天下。

在西汉元成二帝以来强劲的复古思潮中，刘向通过校书工作的启发，逐渐接受西周礼制对现实政治的意义。他发现了先秦礼制思想的现实意义，并以此作为改良当下政治的一剂良药。然而，刘向对于礼制的推崇与倡导，是区别于韦玄成、匡衡等今文经学家的。以韦玄成为代表的政治改革者，可称为"复古派"，以复古为旗帜，以去除鄙陋秦制为号召，大刀阔斧地对汉廷郊庙制度、官爵制度、宫室制度等方方面面汉制进行改革，甚至"替换"，力求纠正当时的经济奢靡、世俗风气败坏等各种问题，倡民德、民本。刘向对提倡"复古"的官员们极为排斥，认为这些人撼动汉初祖宗之制。他本人是极为维护汉初以来确立的"祖宗之制"，即"汉制"，而对于"古制"，只能作为"汉制"的补充和改良剂。他对于建立汉初之制的贾谊、董仲舒等大臣们极为称颂，如称叔孙通为"汉儒宗"。刘向这一"以汉制为体、礼制为辅"的政治观，使当时的学者们在狂热的"复古"思潮下，对于复古的真正目的以及"复古"的程度有启发性的思考。

第二，刘向《别录》中的政治关怀。

文献整理对刘向有多方面的触动，刘向对历史兴衰、政治治乱注意观察，文献整理工作让他接触到更多的诸子类、历史类文献，让他站到更高的起点来观察。对青少年时期就喜好"博涉"的刘向而言，整理文献所接触的书籍范围大大满足其阅读欲望。尤其是汉武帝"罢黜百家"以来，不易为一般读书人所见到的六国诸子书、《国语》、司马迁《史记》等文献资料对刘向触动最大，为其提供了观察历史兴衰、政治治乱的更为充分的文献，补充了对战国以及汉初历史细节的了解。

校书中受历史、政治触发而形成的思考，使刘向在"天人感应"学术话语中加入了客观的历史观察。在对《荀子》等文献所做的"叙录"中，刘向对荀子、管子等人的政治境遇感到惋惜，有一种强烈的设身处地为之思考的情绪。叙录类文字是刘向对文献整理之后做的总结，是对"天人感应"理论中历史史实部分的深入与细化，弥补了"天人感应"理论中对历史事件、人物点到为止、未予深入的缺憾。《战国策书录》《管子书录》《晏子叙录》《孙卿书录》《韩非子书录》《列子书录》等不仅是对某本书、某个历史人物的评价，更涉及对历史、现实、政治、用人、政治策略等问题的看法。

首先，刘向的这些叙录专注于思考历史，突出了"王道""教化"的历史作用与实用价值。刘向强调政治治国准则纲领，以"道德礼义"为"纲纪"，而具体落实方式强调"教"与"化"。《战国策书录》认为，西周政治太平的原因是"纲纪"明了，即"崇道德、隆礼义"。"教"与"化"深入人心，"设辟雍、泮宫庠序之教，陈礼乐弦歌移风之化"。因此，刘向认为，尽管紧承西周之后春秋"礼崩乐坏"，然而，凭借"强力"崛起的"五伯"，尚能"尊事周室"。"五伯"之后君虽无德，臣（郑之子产，晋之叔向，齐之晏婴）尚有义，"犹以义相支持，歌说以相感，聘觐以相交"，"天子之命，犹有所行，令享之国，犹有所耻"。刘向将其归功于"周之流化"的强大影响力。刘向将"礼义"的彻底衰微，归结为春秋之后辅国众贤的纷纷离世。慨叹孔子以"匹夫"之力，仅能化"七十二人"而已，且皆不为时君重视，因此"王道"不兴。刘向撰写叙录时，一直在思考如何将周的强大教化感召力再现于汉。

在对战国历史的反思中，注重从反面阐发"不遵王道"的政局世道。"道德大废，上下失序""捐礼让而贵战争，弃仁义而用诈谲。"(《战国策书录》) 上与下的秩序，维系标准由原来的"宗法"尊卑变成了"取强"。而"胜者为右，兵革不休，诈伪并起"(《战国策书录》) 循环相因结果是秦始皇"并有天下"。之后，依然不施"王德"，"化道"浅薄，终于十四年后"天下大溃"。

其次，刘向叙录中着重总结君与臣各自的职责与本分。思考"贤臣"的价值应该体现在哪里，战国虽有"高才秀士"，然而"王道"不行，此时"贤臣"价值应该体现在"扶急持倾""救急势"，或"转危为安，运亡为存"。

《管子书录》中突出了管子的才能与贡献，突出他对国家内政、外交的贡献。管子对内引导齐国走向"富国强兵"，甚至在管子死后齐国仍然在"遵其政"情况下保持国力，常强于诸侯；管子对外致力于维护国家尊严与声誉，刘向列举了管子在外交上的一系列贡献：

> (讨伐楚国时) 责包茅不入贡于周室，……令燕修召公之政，……柯之会，桓公背曹沫之盟，管仲因而信之，诸侯归之，……聘于周，不敢受上卿之命，以让高国，……《春秋》书之，褒贤也。(《战国策书录》)

这一系列的外交举措、言行，都突出管子"能臣"的地位，最后以"富国安民""道约言要""晓合经文"肯定管子其人的能力与贡献，肯定此书的价值。《晏子叙录》中突出晏子在辅君益民、尽忠极谏等方面的价值，在晏子"道齐国"的引领下，齐国得以国家和睦、富强，"君得以正行"，"百姓得以附亲"。外交事务上，晏子"使诸侯，莫能诎其辞"，展现了晏子的外交才能。《孙卿书录》中刘向关注荀子的境遇命运，哀叹其"不遇"，深深惋惜荀子不能为君主所用，认为其有辅佐君主称王之才。刘向认为荀子文章中所陈述的"王道"是可以效法、容易实行的，"其书比于王道，可以为法"。并梳理同道，认为孟子、孙卿、董仲舒都在追求"王道"上是一致的。

《别录》中也着眼于"君道"，突出君主用人方面的重要性。《孙卿书录》《韩非子书录》等都突出了君主用人得失，认为君主才能之一在于治国应善于"求人任贤"。

最后，刘向认识到诸子学价值，注重思考其学术源流，如认为《韩非子》的思想源于道家，"喜刑名法术之学，而归其本于黄老"，赞其政治观点。对战国策士群体，首先将杂乱无序的策士篇章整理为一书，并在《战国策书录》中对纵横策士能力、价值肯定，肯定他们在战国时期对历史局势的重要作用。将《列子》旨义归为道家，"其学本于黄帝老子，号曰道家。道家者，秉要执本，清虚无为，及其治身接物，务崇不竞，合于六经"。① 将《邓析》归于刑名之学，认为其"好刑名"。

第三，刘向还以编撰历史人物、事件形式来发表自己的政治见解，即《说苑》《新序》《列女传》的编撰。

刘向借校书中发现的众多资料，撰写文章，发表政治见解。对于汉帝国长治久安，进行了有长远眼光的政治、学术探索。他关注良性君臣关系的建立，致力于为君臣日常本职与修养建立规范，关注君主在面对灾异时如何反省、如何表现。出于这样的思考，他撰写了《说苑》《新序》《列女传》。

这三部书宣扬古代礼制中理想状态下的君、臣、后妃等类人物的道德规范、言行标准，而这言行是与非的标准就在于是否合乎"礼制"，这里宣传的是君臣、男女各守其礼，就可以达到政治秩序的稳定。刘向对这三部书在"礼制"的具体侧重、接受群体上有较为清晰的分工。《说苑》《新序》的编撰理念中，推崇先秦时期圣君、贤臣的修身、为政中体现的人文精神。而《列女传》突

---

① （清）严可均：《全汉文》，第 385 页。

出了古代女性对于礼制的尊崇。这三部书的完成很大程度得益于刘向校书提供的史料、文献，同类性质史料的大量累积，即君臣事迹、后妃等女子事迹的成规模的材料，是这三部书得以完成的前提。

刘向的学术视野还包括对更为宏观的天人关系理论的思考与探索，《洪范五行传论》是他对天人感应理论的阐发。刘向在五十四岁时，即河平三年，完成了《洪范五行传论》，"向见《尚书·洪范》，箕子为武王陈五行阴阳休咎之应。向乃集合上古以来历春秋、六国至秦汉福祥灾异之记，推迹行事，连传祸福，著其占验，比类相从，各有条目，凡十一篇，号曰《洪范五行传论》，奏之。天子心知向忠精，故为凤兄弟起此论也"。① 编撰这篇传论出自多种考量，有天人关系的理论探索，有理论与历史实际关系的考证，也有对当时政治上外戚干预皇权问题的警惕。

"孝武时，夏侯始昌……其传与刘向同，唯刘歆传独异。"② 在河平三年撰《洪范五行传论》之前，刘向对于夏侯氏的"五行"之学已经专研很深，同时对《尚书》五行等理论有深入的思考。"至孝成世，刘向总六历，列是非，作《五纪论》……"③ "刘氏《洪范论》发明《大传》，著天人之应。"④ 刘向六十八岁《复上奏灾异》将天文、灾异福祥等结合到一起论述。刘向对于天道运行规律、王朝更迭规律问题已经有持续的观察与思考，天道运作规律怎样？天命如何支配王朝更替？出于这样考虑，他撰写了律历学方面的总结之作《五纪论》，经学与阴阳灾异学相融合的《洪范五行传论》。《洪范五行传论》的完成，标志着刘向已经形成了成熟、系统的历史观、政治观、宇宙观，理论系统融合历史行事、祸福兴亡、灾异福祥为一体，继承了董仲舒以阴阳解说《春秋》

---

① （东汉）班固：《汉书》，第 1950 页。
② （东汉）班固：《汉书》，第 1353 页。
③ （东汉）班固：《汉书》，第 919 页。
④ （东汉）班固：《汉书》，第 1972—1973 页。

天人感应理论，阐发《尚书》五行理论。

第二节　刘歆在两汉之际学术传承中的作用

刘歆对民间学术的汲取和认可在当时起到了较大的影响作用，对原本太常博士系统内积累下来的学风，刘向、刘歆都有过批评，如反对狭隘的、自我封闭的风气等。向着一种新的学术风气转变，即接受古文经、接受民间经学以及对于诸子学问的博学。在汉制改革、王朝走向等问题的处理上，变得更加富有弹性，一方面仍然向经书中寻找周代的典范；另一方面在具体问题处理上又能结合汉代具体情况做权衡变化。在学术、政治是非衡量标准上也发生变化，不再一味强调"古制"，而是追问是否合"经义"。刘歆融通今古文经，坚持"经学"至上、通融的学术观。

第一，刘歆对《左传》传习的影响。刘歆早年习《易》，在河平年间参与皇家书籍整理过程中，接触到已经在部分学者间私授传承的《左传》：

> 汝南尹更始翁君本自事千秋，……自元康中始讲，至甘露元年，积十余岁，皆明习。乃召《五经》名儒太子太傅萧望之等大议殿中，平《公羊》、《穀梁》同异，各以经处是非。时，《公羊》博士严彭祖、侍郎申輓、伊推、宋显，《穀梁》议郎尹更始、待诏刘向、周庆、丁姓并论。……尹更始为谏大夫、长乐户将，又受《左氏传》，取其变理合者以为章句，传子咸及翟方进、琅邪房凤。（《汉书·儒林传》）
>
> 谊为《左氏传》训故，授赵人贯公，为河间献王博士，子长卿为荡阴令，授清河张禹长子。禹与萧望之同时为御史，数为望之言《左氏》，望之善之，上书数以称说。……授尹更始，更始传子咸及翟方进、胡常。常授黎阳贾护季君，哀帝时待诏为郎，授苍梧陈钦子佚，以《左氏》授王莽，至将军。

而刘歆从尹咸及翟方进受。由是言《左氏》者本之贾护、刘歆。(《汉书·儒林传》)

刘歆校书接触到《左传》之前,专治《穀梁传》的尹更始同时传承了当时并未被立为官学的《左传》学,并且按照官学博士传经的流行的章句体例解读《左传》,并传授给尹咸、翟方进、房凤、胡常等人。

尹咸作为丞相史,因为"治《左氏》"的学术特长,获得了"校经传"的资格,翟方进已经为丞相。二人同为尹更始的《左传》学传人,都成为刘歆学习《左传》的老师。而同样师从尹更始的房凤与刘歆关系亲近,成为刘歆争取立古文经、向太常博士发难时的同盟。

《穀梁传》是在宣帝精心扶植多年、做了充分准备的前提下才得以确立。被立为博士官学后,其经学学风与之前设立的其他各家博士官学不同。萧望之受尹更始老师张禹影响接受《左传》学,而汉宣帝时期为争立《穀梁传》同一派的学者尹更始、刘向对于《左传》也兼习,至少说明治《穀梁传》学者有兼习《左传》的风气。《穀梁传》处于民间学术时,无论其见解如何高明,官学公羊学者们都可以无视这些见解,高高在上地凭借公羊学的文献教学传授、解释干预政治。然而,为《穀梁传》争立博士官,会对当时官学独尊地位的《公羊传》权威形成挑战,打破了《公羊传》垄断地位,给太常博士们带来了危机感,从而会使太常博士阻挠《春秋》学新支派博士官学的设立。

汉宣帝正是预料到太常博士们对新增《穀梁传》的阻挠与敌意,因而花了十余年时间,精心选择学者去学习、充实《穀梁传》的研习,在准备充分后,才创造机会,让同样阐发《春秋》的公羊派学者和穀梁派学者进行论辩,最后,通过石渠阁经学会议,《穀梁传》最终才被成功推到博士官学的位置上。由此可见,皇帝虽地位尊贵,但涉及太常博士集团利益,争取经学话语权也是颇为艰难的。

汉哀帝、刘歆显然低估了太常博士们的抵制新立博士的决心。因而，在未做充分准备的前提下，贸然挑战太常博士集团，最后遭遇"争立"的失败。这是古文经《古文尚书》《逸礼》《左传》以及《毛诗》官学之争遭遇失败的主要原因。

刘歆在两汉之交对于古文经的传承，具有承上启下的意义。在研习方式上进行了完善。同时，对于研习经学的风气有引领之功，如研习经学不死守章句的博学观念。反对官学中烦琐的、抱残守缺的学风，符合民间学术兴起的趋势，主张今文经之外兼重古文经，博通经学之外的诸子等学问。刘歆重视民间学术，重视古文经与诸子学说，认为可以补充官学之不足。

刘歆成为当时学术的引领者，吸引大量优秀学者拜师求教。郑兴"少学《公羊春秋》，晚著《左氏传》"。[①] 贾徽"从刘歆受《左氏春秋》，兼习《国语》、《周官》，又受《古文尚书》于涂恽，学《毛诗》于谢曼卿"，[②] 贾逵更继承了父亲这种研习经学的博通特征，"弱冠，能诵《左氏传》及五经本文。以大夏侯尚书教授。虽为古学，兼通五家穀梁之说"。[③] 而这些直接或间接受到刘歆影响的学者均成为东汉初年的大儒，对当时的学术走向有重要的影响作用。

第二，刘歆在汉平帝、王莽新朝时期，对古文经的博士官学建设举足轻重。同时把一批古文经研习者扶植到博士官学系统中。这两方面的举措，都加快了古文经传播速度、扩大了古文经传播范围：

> 平帝时，又立《左氏春秋》、《毛诗》、《逸礼》、古文《尚书》，所以罔罗遗失，兼而存之，是在其中矣。(《汉书·

---

① （南朝宋）范晔：《后汉书》，第 817 页。
② （南朝宋）范晔：《后汉书》，第 828 页。
③ （南朝宋）范晔：《后汉书》，第 828 页。

儒林传赞》）

孔氏有古文尚书，……王莽时，诸学皆立。刘歆为国师，璜、恽等皆贵显。（《汉书·儒林传》）

《周官经》六篇。班固自注曰："王莽时刘歆置博士。"（《汉书·艺文志》）

《周礼废兴》引马融语谓歆"末年乃知其周公致太平之迹，迹具在斯。奈遭天下仓卒，兵戈并起。"故其立《周礼》必在末年。又必在兵戈之起之前。故志之于此。（刘汝霖《汉晋学术编年》）

从汉平帝即位，至王莽地皇元年，短短二十余年时间，官学博士格局发生重大变化，《左氏春秋》、《毛诗》、《逸礼》、古文《尚书》，这些之前被太常博士们排斥的古文经及民间学术被立为博士官，和《公羊》《穀梁》等一样被立为博士官学，而且，最初校书中未被重视的《周官经》，之后因为刘歆发现了其特殊价值，"周公致太平之迹，迹具在斯"，也可以没有阻力得以顺利立博士官。打破了十四经学博士垄断天下学术、无视古文经及民间学术的现象。许多原本研习古文经的学者，获得了飞黄腾达的机遇，"刘歆为国师，璜、恽等皆贵显"。这里提到的璜、恽，还有传授《左氏传》的博士金子岩、传授《毛诗》的谢曼卿等研习古文经学者，都是直接受益者。刘歆对古文经的态度，得到了已经得势的王莽支持，突然的政治变局使刘歆获得了学术主张得以实现的机会。

第三，刘歆《七略》中批评习经者终生"守一艺"狭隘陋习，批评"安其所习，毁所不见"的"自蔽"现象。从郑兴、贾徽等这些刘歆的追随者看，他们的研习范围、师承与研习经学体例已经与之前太常博士系统的学风有了明显的转向。

东汉初年学者治经的方式变化：解经之作崇尚简洁，将原本解经烦琐的章句体解经作品进行删减；郑兴向刘歆学习《左传》"大义"，体例有条例、章句、传诂等。郑兴这种做法打破了今文经固守师法家法的习气，如郑兴曾从博士金子岩学《左传》，之后，又率门人再投刘歆学习《左传》，这一转投多位经师的做法，在当时并未遭到非议，这与西汉师法家法之前的森严形成对比，比如孟喜在《易》学上违背了田王孙的路径，受到世人的非议，皇帝因为他不尊师法还不肯让他任博士，"喜好自称誉，得《易》家候阴阳灾变书，诈言师田生且死时枕喜膝，独传喜，诸儒以此耀之。同门梁丘贺疏通证明之，曰：'田生绝于施雠手中，时喜归东海，安得此事？'又蜀人赵宾好小数书，后为《易》，饰《易》文，……云受孟喜，喜为名之。后宾死，莫能持其说。喜因不肯仞，以此不见信。喜举孝廉为郎，曲台署长，病免，为丞相掾。博士缺，众人荐喜。上闻喜改师法，遂不用喜"。① 博士在传授时，只传一经便可，对于其他的经学即使毫无建树也并不影响其博士地位。而博士弟子在学习经学时也往往只"守一艺"，只关注是否能通过课试，是功利化、程式化的经学学风。而跟从刘歆的学者兼习多种经书已经比较常见，如郑兴、贾逵等人，这也区别太常博士学风，代表新的追求"通"而"博"的学风方向。

"通"而"博"的学风至少包含两个方向。一是对知识涉猎的范围，应该兼通一经的多家学说，以及对五经的兼通。二是对知识输出的要求，能够将所学恰当应用于文章创作之中，应用于政治活动中。刘向盛赞贾谊、董仲舒，"贾谊言三代与秦治乱之意，其论甚美，通达国体，虽古之伊、管未能远过也"。② 刘歆则推崇不同，正如徐兴无所言"刘向注重儒学的外王之用，而刘歆则着意儒学的内在统绪，并且，其评价标准强调师友渊源，带有经学的色彩，显然受到了博士经学的风气影响，更不能体会刘向话中所包含的身世之慨"。③ 可谓慧眼独具，确实既着眼经学对政治作用，又着眼学术源流系统：

---

① （东汉）班固：《汉书》，第 3599 页。
② （东汉）班固：《汉书》，第 1737 页。
③ 徐兴无：《刘向评传》，第 175 页。

> 平帝世，竟以明《易》为博士，讲《书》祭酒。善图纬，能百家之言。（《后汉书·苏竟传》）

> 雄少而好学，不为章句，训诂通而已，博览无所不见。……顾尝好辞赋。（《汉书·扬雄传》）

> （桓谭）博学多通，遍习《五经》，皆诂训大义，不为章句。能文章，尤好古学，数从刘歆、扬雄辨析疑异。……喜非毁俗儒。……（《汉书·桓谭传》）

> （冯）衍幼有奇才，年九岁，能诵《诗》，至二十而博通群书。（《汉书·冯衍传》）

> 母师氏，能通经学百家之言。（《后汉书·崔骃传》）

> （王充）受业太学，师事扶风班彪。好博览而不守章句。……后归乡里。（《后汉书·王充传》）

苏竟在汉平帝时，入博士官，并且兼通多门经学，习诸子百家之学说。扬雄、桓谭不为章句之学，一是因为看不惯博士系统内部的学风，二是并不打算通过课试的方式进入仕途。他们往往兼学多门经学，喜好"古学"，反对"俗儒"。他们推崇的"通博"学风，正是当时博士官学系统中所缺乏的。进入东汉，这一崇尚"通"的风气更为流行，冯衍的"博通"、母师氏的"能通"、王充的"博览"，均在当时传为美谈，可见刘氏父子针对今文经学学风的批判、对通博学风的提倡在两汉之间颇具影响力。从这些材料可看到，两汉之交，尚"通博"的经学之士同时重视诸子学的学习，好古学、轻章句、训诂重大义，是当时许多博览、博通之士的共同特点。刘歆身边围绕一群对古学颇有兴趣的志同道合者，如"好古学"的扬雄、桓谭等人，他们都是以博学为特点：

> ……杼其义旨，损益其文句，而以上书奏记，或兴论立说、结连篇章者，文人鸿儒也。……故夫能说一经者为儒生，博览古今者为通人，采掇传书以上书奏记者为文人，能精思著

文连结篇章者为鸿儒……（《论衡·超奇篇》）

　　儒生不如通人。通人积文十笥以上，圣人之言，贤者之语，上自黄帝，下至秦、汉，治国肥家之术，刺世讥俗之言，备矣。使人通明博见，其为可荣，非徒缣布丝绵也。萧何入秦，收拾文书，汉所以能制九州者，文书之力也。……百家之言，古今行事，其为奇异，非徒都邑大市也。……法令之家，不见行事，议罪不可审。章句之生，不览古今，论事不实。……（《论衡·别通篇》）

　　或以说一经为是，何须博览？夫孔子之门，讲习五经，五经皆习，庶几之才也。颜渊曰："博我以文。"才智高者，能为博矣。颜渊之曰博者，岂徒一经哉？我不能博五经，又不能博众事，守信一学，不好广观，无温故知新之明，而有守愚不览之暗，其谓一经是者，其宜也。……夫一经之说，犹日明也；助以传书，犹窗牖也。百家之言，令人晓明，非徒窗牖之开，日光之照也。是故日光照室内，道术明胸中。（《论衡·别通篇》）

　　王充对各类学经之士进行了区分，儒生、通人、文人、鸿儒，其中，儒生不如通人，更无法与文人鸿儒相提并论，可见对于儒生的鄙视，王充所指的儒生是博士系统中"守一经"的博士弟子的概括，在儒生之上还有一类"通人"，虽不专治经书，但知识面广博，类似萧何这样的人物，认为"文书""百家之言"各有其价值，博学者也应涉猎这类知识，认为熟习"文书"有"制九州"之用，可以从诸子中学到"六艺"的内容，诸子学问有古今行事。把仅仅习"法令"官吏和仅仅习"章句"儒生对比，认为都不足取法。推崇鸿儒，推崇善于撰写文章的儒者，追求"杼其义旨，损益其文句"，赞扬儒者"兴论立说、结连篇章"，肯定奏疏文倚重经典。这里王充提倡"博五经"、览古今、习"百家之言"，是对刘歆反对章句狭隘、追求通博学风的思想继承。另外，王充又肯定"博览古今"的通人，善写"奏记"的文人，这是着眼于政治实际的人才观，对刘歆的人才观又有所突破。

从以上文献可看出，刘歆被推尊为国师，处于政坛、学坛领袖地位，对于学风的引领作用确实颇为明显。首先，刘歆为王莽集聚民间学术，有机会全面地接触、了解民间学术、民间学者，对民间学术有较为具体的了解与总结。刘歆为汇集上来的民间学术成果、在朝学术成果做总结，如《七略》《三统历谱》等汇总性质著作的完成。这些成果高屋建瓴，具有集大成、顶层设计的特点。刘歆和刘向总领皇家文献整理工作，对当时学术资源有全面、宏观的掌握，在刘歆提议与努力下，一批古文经被立为博士官学，刘歆成为古文经学习者仰慕和"取经"的对象，尤其对《左传》的传承，郑兴、贾徽、孔奋等东汉初年著名儒者都师从刘歆学习过《左传》。刘歆是两汉之交《左传》学的两大传授源头之一，"言《左氏》者本之贾护、刘歆"。① 刘歆对东汉初年学术走向产生了不可低估的影响。

第三节　刘向刘歆对郊庙改革的态度

刘向刘歆对"汉制"态度，区别于韦玄成、匡衡等今文经出身的官员。

刘向最推崇的本朝大儒是贾谊、董仲舒、叔孙通等人，认可他们提出或落实的汉制建议。"刘向注重儒家外王之用，……反对醇儒生的郊议与庙议。……在理论上，他们还特别注重以儒家经典中的宗法世系补充五德循环的天道秩序。刘向从《左传》中找到刘氏的世系依据。"② 刘向刘歆父子对于汉制的立场是区别于韦玄成、匡衡等人的复古立场的。

西汉郊庙制度改革的议论，虽最终达成目的，但期间反反复

---

① （东汉）班固：《汉书》，第 3620 页。
② 徐兴无：《刘向评传》，第 175 页。

复。汉元帝永光四年（前40）庙制改革开始被提起，这一时期是刘向政治上最无力的"遂废十余年"时期。《汉书·韦贤传》详细记载了西汉郊庙制度改革的始末，贡禹提出"古者天子七庙，今孝惠、孝景亲尽，宜毁。及郡国庙不应古礼，宜正定"。之后，太上皇、孝惠皇帝寝庙园在永光五年被毁：

> "祭不欲数，数则渎，渎则不敬。"宜复古礼，四时祭于庙，诸寝园日月间祀皆可勿复修。上亦不改也。（《汉书·韦贤传》）

汉哀帝时期，孔光、何武《奏请议毁庙》提出"五庙迭毁"。郊祀改革，汉成帝建始元年匡衡提出正南北郊，取消淫祀，认为"合于古帝王"：

> 大司马车骑将军许嘉等八人以为所从来久远，宜如故。右将军王商、博士师丹、议郎翟方进等五十人以为……违俗复古，循圣制，定天位，如礼便。（《汉书·郊祀志》）
> 同年十二月，用匡衡议，作长安南北郊，罢甘泉汾阴祠。……罢甘泉泰畤作南郊日，"大风坏甘泉竹宫，折拔畤中树木十围以上百余。天子异之，以问刘向"。（《汉书·郊祀志》）

庙制改革，是对皇室利益的挑战，发起者要有强有力的理论依据，贡禹借口"古礼"；韦玄成等四十四人奏议引用了《礼》，强调"古之正礼"，以"合于古帝王"为旗号。韦玄成、匡衡等人提出郊庙制度改革，往往结伴示众，如"丞相玄成、御史大夫郑弘、太子太傅严彭祖、少府欧阳地余、谏大夫尹更始等七十人皆曰""玄成等四十四人奏议"。西汉的郊祀改革中，匡衡的支持者与反对者数量对比悬殊，如支持匡衡郊庙制度改革的有右将军王商、博士师丹、议郎翟方进等五十人，而反对改革维护汉制的仅有

"许嘉等八人"。

以今文经出身的贡禹、韦玄成、匡衡等人所代表改革阵营，其改革逻辑是汉朝郊庙制度沿袭自秦、汉武帝时期，有很多弊端，不合古礼制，应该以古制替代当时汉制。但实际上，这批改革提倡者真正目的是解决国家经济危机等问题，注重民本德治，也取得一定效果，如汉成帝建始二年，匡衡、张谭上疏请罢不应礼之祠，"罢侯神方士、本草待诏归家"。得到了皇帝的回应。

然而，刘向、许嘉、平当等人的立场、观点，是维护汉朝廷既有郊庙制度。刘向因"被废"并没有机会和这些复古改革者直接辩论，而是在一些改革提议已经落实之后，回答汉成帝询问的《对成帝甘泉泰畤问》中表达出来的。刘向被废为庶人的十余年，对郊庙改革无发言权。一旦获得天子问询，刘向除了痛快表达意见，更诅咒式地评价了主张郊庙改革的儒者，"《易大传》曰'污神者殃及三世'。恐其咎不独止禹等"。① 诅咒了汉元帝时庙制改革的发起者贡禹及汉成帝时郊祀改革发起者匡衡等人。

刘向对郊祀、宗庙改革均持坚决反对立场，他的理论武器是"天人感应"，以此来对抗韦玄成、匡衡等人的"古制"理论。刘向认为：甘泉、汾阴及雍五畤始立之时，有"神祇感应"，武宣之世，均呈现"神光"。而陈宝祠，自秦文公至今七百余岁，汉世以来，屡呈"福祥"，刘向详细描述"福祥"，并准确列举出祥瑞在高祖、文帝、武帝、宣帝、元帝初元元年以来各个时期出现的次数，以事实证明汉的皇家祭祀得到了天意的回馈，从逻辑上，刘向反对郊祀改革的论据是应"天命"的事实罗列，这显然比韦玄成等改革派们推举的回归"古制""古礼"更具说服力，这是刘向区别于许嘉等人的地方，他找到了理论依据。当然，刘向论辩的另一依据，就是汉故事，即西汉立国以来形成的制度，这些旧有的制度在刘向看来是有其合理性的，是以"旧制"作为当下政事

---

① （东汉）班固：《汉书》，第1259页。

是非判断的标准。之后，刘向表达了两个观点，是与匡衡等名为复古、实为改革的儒者们的不同意见："祖宗所立神祇旧位，诚未易动"；"汉宗庙之礼，不得擅议，皆祖宗之君与贤臣所共定。古今异制，经无明文，至尊至重，难以疑说正也"。在刘向看来，匡衡等大臣们是不可以议论汉代的郊庙制度的，强调"祖宗"定下的规矩，是与"贤臣"慎重决定的，不可以轻易议论。再有，对于匡衡们一再强调的改革郊庙制度的理论，刘向给予驳斥，即"古今异制"，古制不一定比汉制更适合当下，汉制可以不同于古制。刘向也指出了匡衡们的理论破绽，即"经无明文""难以疑说正也"，六经经文中没有明确的文字支持郊庙改革，儒者们改革的理论算是"疑说"而已，在刘向看来有附会、发挥的成分，不能代表经文本身。这里刘向态度立场是鲜明的，强调"尊汉"，遵循"汉祖宗"定下制度，强调维护既有郊庙制度，认为"古今异制"是正常的现象，不必一定要据古改正。

这种思想与汉宣帝"汉家自有制度"，何其相似？刘向这种思想正是汉宣帝时期典型政治思想。而这一思想也与汉宣帝时期的老臣如许嘉等人一致。"大司马车骑将军许嘉等八人以为所从来久远，宜如故。"[1] 许嘉是汉宣帝许皇后从弟，为中常侍。元帝继位，许嘉迁右将军，至建始三年免。平当《上书请复太上皇寝庙园》与刘向持同样观点，代表汉宣帝时代的政治精神。

其次，刘氏父子对汉旧制的立场是不同的。

刘向在郊庙改革问题上，维护汉初以来形成的"汉制""故事"的立场是坚定的。除了这个"维护者"的立场，刘向还表现出对当时汉制进一步发展的"建设者"的立场。刘向在临终之年提出将礼制建设作为当时政治要点，在《说成帝定礼乐》中，对于礼制推崇的态度坚定而果断，体现了刘向晚年对礼制的提倡与推崇。

辟雍是《礼记·王制》中提出的带有礼制、教化特征的建筑，

---

[1]　（东汉）班固：《汉书》，第1254页。

可以强化皇家威严。班固《白虎通·辟雍》："天子立辟雍何？所以行礼乐宣德化也。辟者，璧也。象璧圆又以法天，于雍水侧，象教化流行也。"① 国家的教化、仁德的强调通过辟雍、庠序普及开来，通过温和的方式形成秩序与风气。同时，刘向对反对者提出的"不能具礼"发表不同见解，认为古礼制内容不完整，不妨碍这些项目的建设与落实，也不影响"辟雍""庠序"在当下发挥"风化"作用。那些经书中说不清楚的"俎豆、管弦之间小不备"，不影响这些项目发挥"教化"之用。刘向盛赞叔孙通制定汉仪的功绩，盛赞其"汉儒宗"的地位。

刘向认可、主张将古制、古礼中仍能有益于当下的部分拿来应用，但与韦玄成、匡衡等人的改革派、复古派的做法并不相同，虽然都强调"古为今用"，取资于古制，但是韦玄成等复古派的做法，着眼于对汉旧制的"破坏""变更"，将当下郊庙制度、法制、后宫制度等变更为简单易行的古制，从而消除当下奢靡、败坏的社会风气和劳民伤财等不良风气，其实质是改革立汉以来形成的汉制。这些复古改革派与刘向相同的观点是，并不在意"古制"原本到底什么样子，都是为了解决当下问题而寻求"古制"，不同的是，复古派主张以古制变更汉制，刘向主张以古制完善汉制。刘向强调古为今用，是在不破坏立汉以来形成的"汉制""故事"前提下，取资"古制"对当下的"汉制"完善、丰富，着眼于建设，而非"纠正"与"破坏"。如对于郊庙制度，刘向反对复古派毁弃既有祭祀建筑与仪式。对于"定礼乐"的建议，是在不破坏现有制度基础上的补充，是维护立汉以来叔孙通、贾谊、董仲舒等开创的汉制基础上的完善，这是刘向政治思想中区别于改革派的最主要部分。

最后，刘歆虽最终帮助王莽实现了郊庙制度的改革，但在顾及、维护既有汉制，不轻言"毁弃"既有宗庙这点上，是受到刘向影响。

---

① （清）陈立疏证：《白虎通疏证》，中华书局 1994 年版，第 259 页。

汉哀帝时期，皇家庙制改革重新被提起，这次毁庙的对象是汉武帝、汉惠帝、汉景帝及太上皇的庙。汉哀帝初即位，丞相孔光、大司空何武奏请讨论"宗庙迭毁"，以光禄勋彭宣、詹事满昌、博士左咸等五十三人，皆以为，"继祖宗以下，五庙而迭毁。……孝武皇帝虽有功烈，亲尽宜毁"。面对声势浩大的毁庙改革，刘歆联合太仆王舜力排众议，先后提出《孝武、孝宣庙不宜毁》《惠景及太上皇寝园议》，并最终得到哀帝认可。

《孝武庙不毁议》中，首先纵论汉武帝丰功伟业，把汉武帝功业放在历史长河中陈述，彰显其伟大，继而强调这成为汉宣帝立武帝为"武世宗"的原因，既强调了孝武庙为世宗庙是汉宣帝以来的旧制，又强调了汉宣帝此举的依据充分。这种论述思路与刘向思路相似，并且加强了汉制形成的依据。论及礼制时，刘歆依次引用了《礼记·王制》《春秋穀梁传》《春秋左氏传》《诗经》等，从经学中寻求依据认为孝武帝庙不当毁。刘歆不拘泥于用经书中的古礼去更正现实政治，他既据经而论又兼及人情，认为"圣人于其祖，出于情矣，礼无所不顺，故无毁庙"。他认为贡禹以来的迭毁之议的实施，失去"礼意"，即礼制"亲亲"精神。刘歆与刘向、贡禹等改革家相比，在议论上不拘泥。从具体经书中的理论出发，绝不含混，无论古文经、今文经的引用，都找到具体的语句。同时，刘歆能实事求是分析具体对象，并且兼顾既成事实的汉故事的做法：

> 　　歆、舜此奏，已引《春秋左氏传》，然据《礼记王制》及《春秋穀梁传》而言七庙，引周公毋逸举殷三宗，亦用今文之说。……刘向治穀梁春秋，与公羊家廷辩，然其奏书封事亦屡引公羊为说。前人本非有今古分家之见。(钱穆《刘向歆父子年谱》)

钱穆先生此处指出汉人对于今古文经的派别意识并不强，并没有因为研习了某一经，就排斥不同意见的经学类别，至少刘向刘歆在奏疏中是今古文经并用的。徐兴无先生看到了刘歆在宗庙改革问题上的变通性，认为刘歆的郊庙改革意见具有兼综博采的特点。刘歆将《左传》与《穀梁传》同时引用，在引用经典时没有博士经学的门派限制。徐先生敏锐地捕捉到刘歆的郊庙改革主张同时具备了"尊尊之义"、"亲亲之义"与"人情味"，既反对简单地迭毁也不赞成停祀废园，为自圆其说，他这样解释庙制与宗制，"刘歆坚持天子七庙，如此便保证了汉武帝当前的亲庙地位。他又主张宗为变数，不在庙制常数。所以宗的地位可以根据帝王生前的政治功绩来确定，……刘歆又认为毁庙背情。……（平帝时）刘歆承王莽之意毁皇考之庙，虽是强权之举，但却彻底完成了国家宗庙制度的构建，君统在国家宗庙里占据了主导地位"。① 刘歆的郊庙制度改革深受其父刘向影响，尽量不做既有汉制的毁弃者。从汉元帝时期开始的关于郊庙改革的讨论最终得以落实，"谨与太师光、大司徒宫、羲和歆八十九人议……"② 这个提议发生在元始五年，王莽、刘歆等人提议将南北两郊之祀扩大为东西南北西南五郊之祀，"王莽、刘歆的郊祀方案虽说是对匡衡南北郊方案的恢复，……突出了汉家累积数代，'必世而后仁'的道德依据，真正在祀典上实现了《礼记》和《孝经》中所描绘的以祖宗配祀天与上帝的周代祭祀形式。……刘歆以博士经学之外的《周礼》作为经典依据，更加强调了汉制对周制的继承"。③ 此奏疏中的依据仍是综合古今文经的，综合了《礼记》《孝经》与并非博士官学的《周礼》找到了最终郊祀改革的依据，这是校书给刘歆带来的开阔视野。刘向刘歆的郊庙思想，区别于主流经学家以复古替代今制解决现实问题方式，强调汉家自有制度，在"古制与今制"关系上强调古是今的辅助，古制对今制起完善而非替代作用。刘氏父子以汉制建设者而非毁弃者的姿态出现。

---

① 徐兴无：《刘向评传》，第180页。
② （东汉）班固：《汉书》，第178页。
③ 徐兴无：《刘向评传》，第179页。

第 四 章

博士官制度改革引发的
政治、学术新趋向

第一节 博士官制度改革引发的儒士政治地位变化

发生在汉成帝时期的图书整理与总结活动，就其成果及其实际意义而言，是对汉武帝时期博士官学改革之后形成的畸形官学形态的纠偏，汉武帝时期的博士官制度改革也引起了西汉官员任用、政治思想等问题的转变。

一 博士官制度改革引发儒学群体政治地位变化

最迟在秦时已经存在的博士官，其规模及其在现实政治中发挥的作用在汉武帝时期发生转折性变化，汉武帝对博士制度改革的举措，成为此后汉代学术思想、政治思想发展变化的起点：

> 博士，秦官，掌通古今，秩比六百石，员多至数十人。武帝建元五年初置五经博士，宣帝黄龙元年稍增员十二人。（《汉书·百官公卿表》）
>
> （文、景两朝）诸子传说犹广立于学官，为置博士。（《汉书·楚元王传》）
>
> 武帝初置博士，取学通行修、博识多艺、晓古文《尔雅》、能属文章者为之。（见《太平御览》卷236引卫宏《汉旧仪》）

孝文皇帝欲广游学之路，《论语》、《孝经》、《孟子》、《尔雅》皆置博士。后罢传记博士，独立《五经》而已。（赵岐《孟子题辞》）

卓然罢黜百家，表章六经。（《汉书·武帝纪赞》）

这几条文献反映了博士官在秦及西汉初年的状况。秦朝所立博士们的学术背景是多元的，有六艺之学、诸子之学以及方术技艺等。《史记·秦始皇本纪》记载了秦始皇三十四年，博士七十人为秦始皇祝寿的事件。汉文帝、景帝两朝立博士方式与秦朝相类似，博士官掌握学术也是多元的，上面引文中提到的汉文帝、景帝时期的"诸子传说"，就印证了这一事实，《汉旧仪》称文帝时博士员数有七十余人。①

汉武帝时期对博士官改革幅度前所未有，建元元年，汉武帝诏举贤良，公孙弘、辕固生皆以贤良征为博士。建元五年初置五经博士，"罢黜百家，表章六经"（《汉书·武帝纪赞》），将博士官学变为仅仅掌管六艺经学的学者，而将经学之外的学说门类完全排除于官学门外。元光元年，令贤良对策，"贤良明于古今王事之体"。董仲舒、公孙弘在众多儒者中脱颖而出。

元朔五年，公孙弘封侯拜相。之后，公孙弘上奏汉武帝改革博士弟子制度及待遇的奏疏，获得了汉武帝的批准，开启了博士官学可持续发展的模式：

为博士官置弟子五十人，复其身。……一岁皆辄课，能通一艺以上，补文学掌故缺；其高第可以为郎中，太常籍奏。即有秀才异等，辄以名闻。其不事学若下材，及不能通一艺，辄罢之，而请诸能称者。臣谨案诏书律令下者，明天人分际，通古今之谊，文章尔雅，训辞深厚，恩施甚美。小吏浅闻，弗能

---

① 徐兴无：《刘向评传》，第86页。

究宣，亡以明布谕下。以治礼掌故以文学礼义为官，迁留滞。请选择其秩比二百石以上及吏百石通一艺以上补左右内史、大行卒史，比百石以下补郡太守卒史，皆各二人，边郡一人。先用诵多者，不足，择掌故以补中二千石属，文学掌故补郡属，备员。请著功令。它如律令。（《汉书·儒林传》）

这篇奏疏的获批，对汉代的学术、政治走向均产生了根本性的影响。第一，建议为博士官置弟子五十人，为博士设员，强化、扩大了博士官教育功能。秦博士职责为"掌通古今"，至于汉初，"及至孝景，不任儒，窦太后又好黄老术，故诸博士具官待问，未有进者"。[1] 而公孙弘的奏疏中建议设立的博士弟子员，可以让博士的学说得以传承，经学的影响得以扩大。第二，为汉代官吏系统选拔人才开启了新的途径。新制度以相应的利益诱导优秀的儒生加入博士弟子员的行列，加入经学研习的队伍中来。"古者政教未洽，不备其礼，请因旧官而兴焉。为博士官置弟子五十人，复其身。"[2] 博士弟子获得了极高的优待，可以免除赋税（一说免除徭役），同时设计了弟子们的来源及选拔制度。第三，增强了博士潜在的政治地位，使博士官教育系统与政治选官系统建立直接关系。汉初选官延续了秦以吏为师的做法，公孙弘奏疏中对于博士官学系统内儒士的学业、仕途的规划，使儒学之士通向官吏的路径更通畅了，他们成为汉朝的后备官吏人才。"以治礼掌故以文学礼义为官，迁留滞。请选择其秩比二百石以上及吏百石通一艺以上补左右内史、大行卒史。"[3]

五经博士设立，带有强烈排他色彩。儒家经典的六艺之学，以经为纲，按经设博士官。儒家学者原本传播六艺，汉武帝采纳公孙弘的奏疏，将通经的博士弟子员纳入官吏选拔的系统，给予经济、

---

[1] （东汉）班固：《汉书》，第 3592 页。
[2] （东汉）班固：《汉书》，第 3594 页。
[3] （东汉）班固：《汉书》，第 3594 页。

政治上的优待，因而这群人成为此政治举措最大受益群体，而其他原本与儒学并存的诸子，尽管原本为博士官守，但此时，被边缘化了。

从人员任用机遇来说，博士官系统内的儒士，从汉武帝之前"具官待问"的状态，到建立制度后获得通畅的入仕途径；博士弟子员们来自下层较多，如匡衡等人，他们有序进入官吏系统中。统治者们从儒家王道、教化角度看儒生处理"诏书律令"的意义，认为研习经学出身的官吏更具优势，正如公孙弘在上奏的公文中所说，"明天人分际，通古今之谊，文章尔雅，训辞深厚，恩施甚美"。① 肯定儒生通览古今，胜于学习律历出身官吏的"浅闻"。"自此以来，公卿大夫士吏彬彬多文学之士矣。"② 他们由"五经"官学系统中胜出，进入仕途。汉元帝、成帝之后官吏更多儒家思想色彩，因而，"六艺"被看作"王教之典籍，先圣所以明天道、正人伦、致至治之成法也"。③ 在理论上、制度上，六艺之学必然对时下政治起引领作用，最明显的变化之一，是汉初道家思想引领的政治模式让位于儒家思想指导的政治模式。官吏的任用由原本的"以吏为师"转向"多文学之士"。

博士官制度改革带来汉王朝官吏人才结构的替换，并非一蹴而就。文帝、景帝时期，博士们仅仅"具官待问，未有进者"。汉武帝"独尊儒术"之后，确实有一批儒生成为最初的官禄受益者，"公孙弘习文法吏事，缘饰以儒术，为汉武丞相。以宽为廷尉奏谳掾，以古法义决疑狱，遂见重。以议封禅贡谀，为汉武御史大夫。张汤为廷尉，决大狱，欲傅古义，乃请博士弟子治《尚书》、《春秋》，补廷尉史，平亭疑法。武帝又使董仲舒弟子吕步舒，治淮南狱，以《春秋》谊颛断于外。……昭宣以下，儒术所以见尊，亦自吏事。"④

---

① （东汉）班固：《汉书》，第3594页。
② （东汉）班固：《汉书》，第3596页。
③ （东汉）班固：《汉书》，第3589页。
④ 钱穆：《秦汉史》，生活·读书·新知三联书店2006年版，第208页。后引本书皆出此版本。

上面提及的公孙弘、倪宽、吕步舒毕竟是儒生群体中的少数。汉昭帝时期召开了盐铁会议，会议的参与者中有一个特殊的儒士群体——贤良、文学们，龙文玲《盐铁会议对昭宣时期社会转型的影响》把他们称为"未宦士人"，认为"参加会议的贤良均由三辅、太常选拔而来，文学则来自各个郡国。尽管他们来源不同，但都是修习儒学之士"。① 让贤良、文学们参加盐铁会议，说明统治阶层对这一群体的重视，但他们又是"未宦士人"，说明他们的政治地位并不高。儒生们获得大量入仕机会，是在汉元帝即位以后，"且昭宣以下，不仅丞相御史大夫重职，乃为儒生也。即庶僚下位，亦多名儒。而其出身则往往从郎吏始"。② 喜好儒学的汉元帝即位，重用儒者。这使得儒者议论政治与学术的身份发生变化，他们获得了更高的议论平台，他们的身份由原来的贤良、文学们发展到朝中担任更多更重要的职位。专研经学的儒生在经学思潮驱动中，如鱼得水，获得入仕机会增多。

随着汉帝国主流官吏出身的变化，政治主流话语趋于经学化。社会对文法居官的官吏质疑声起，而兴起兼习经学的风气。

汉昭帝时期发生了一件事，京兆尹隽不疑下令逮捕自称卫太子者，称"昔蒯聩违命出奔，辄距而不纳，《春秋》是之。卫太子得罪先帝，亡不自死，今来自诣，此已为罪人矣"。③ 汉昭帝及霍光赞赏，"公卿当用经术，明于大义"。这种引用经书大义机智处理政务的做法，被称为"经术"，受到了充分认可。之后，汉宣帝时京兆尹张敞、御史大夫萧望之，皆以《春秋》辅政，为人所折服，"其后汉廷议政论事，往往攀援经义以自坚。而经术遂益为朝廷所重。……而公卿彬彬，多向文学矣"。④ 依据经书议论政事蔚然成风。

---

①　龙文玲：《西汉昭宣时期社会转型与文学演进研究》，线装书局 2020 年版，第92 页。后引本书皆出此版本。

②　钱穆：《秦汉史》，第 211 页。

③　（东汉）班固：《汉书》，第 3037 页。

④　钱穆：《秦汉史》，第 209 页。

二 活跃于长安的"齐学"群体及其西汉中后期的复古改制思潮

帝王的学术喜好倾向往往影响学术风气，汉元帝朝儒士奏疏数量、篇幅均超过汉宣帝朝，就与两位帝王对儒学、儒士的态度有关。汉元帝还身为太子时，曾与汉宣帝进行了关于儒士的讨论，汉宣帝认为治国之术应该以"霸王道杂之"，而太子认为其"持刑太深，宜用儒生"，表明了汉宣帝、元帝两代皇帝在政治上任用儒士的差异。宣帝时期的大儒，在仕途机遇上，与元帝朝有明显对比，此期仕途不畅的儒者，往往在元帝时占据高位。如翼奉、王吉等儒士。汉宣帝时，皇帝身边聚拢起治齐学的学者大多来自齐地，如王吉、贡禹、萧望之等人，但这些学者并不受汉宣帝重用，现有文献中可找出原因有二。第一，《汉书·儒林传》提及的，"宣帝即位，闻卫太子好《穀梁春秋》，以问丞相韦贤、长信少府夏侯胜及侍中乐陵侯史高，皆鲁人也，言穀梁子本鲁学，公羊氏乃齐学也，宜兴《穀梁》"。[①] 齐地的公羊学者遭到鲁地穀梁学者的排斥，受到波及的，是其他齐地的学者。第二，汉宣帝是政治上重实际的帝王，"外儒内法"的议论，强调的也是学说对政治的实用性。因而，即使任用儒者，也倾向于任用具有理政能力的学者。王吉、贡禹都是宣帝时期的大儒，都曾积极进言却不受重视，然而在元帝即位后被征召。宣帝时，王吉《上宣帝疏言得失》提出"去角抵，减乐府，省尚方，明示天下以俭。……民见俭则归本，本立而末成"。[②] 却被汉宣帝视为"迂阔"，不予重视，王吉最后"谢病归琅邪"。贡禹是宣帝时博士，先为谏大夫，"数虚己问以政事"，后官职历经光禄大夫、长信少府、御史大夫，至三公之位。

总之，汉宣帝在用人策略上重实干能力、轻仅以议论见长的儒士，汉元帝更重视儒士议论，因而绝大多数仅仅好议论、不善时政的齐学儒士在两朝境遇颇为不同，例如，贡禹、王吉由遭冷遇

---

① （东汉）班固：《汉书》，第 3618 页。
② （东汉）班固：《汉书》，第 3065 页。

到获优待。

汉宣帝时不受重用的贡禹与王吉，在汉元帝即位初就受到征召，显示儒士这一群体仕途上的机遇前所未有。这以对研习"齐学"儒士的重用最具有代表性，上面提到的贡禹与王吉，都是《齐论》的传承人，继之而起的齐地儒者还有翼奉、萧望之、匡衡等。这些儒士还有一个共同点，一般通过太常博士系统入仕，并且之后有过任博士官的经历，最后能居仕途高位。如翼奉、匡衡都在元帝时为博士；萧望之是汉宣帝时御史大夫，元帝时为光禄勋，匡衡于元帝时先后任光禄勋、御史大夫、丞相，二人都获得封侯。并且，翼奉、萧望之、匡衡同为齐地《齐诗》创始人后仓的三大弟子。此一经学分支的治学特点是，重视经的实用性，重视经学对现实的干预：

> （翼奉）治《齐诗》，与萧望之、匡衡同师。三人经术皆明，衡为后进，望之施之政事，而奉惇学不仕，好律历阴阳之占。[1]
>
> （萧望之）家世以田为业，至望之，好学，治《齐诗》，事同县后仓且十年。以令诣太常受业，复事同学博士白奇，又从夏侯胜问《论语》《礼服》。京师诸儒称述焉。……望之遂见废，不得相。为太傅，以《论语》《礼服》授皇太子。……四人同心谋议，劝道上以古制，多所欲匡正，上甚乡纳之。[2]

一般治公羊学学者在政治上有极强的适应性，能够把所学迅速转化为现实生活中的实用哲学。[3] 刘跃进先生《释"齐气"》一文中，对于"齐学"学风有深透的分析，认为"'齐学'不主故常，

---

① （东汉）班固：《汉书》，第 3167 页。
② （东汉）班固：《汉书》，第 3271 页。
③ 刘跃进：《秦汉文学论丛》，凤凰出版社 2008 年版，第 511 页。引用蒋庆《公羊学引论》"公羊学大师有董仲舒、公孙弘等人，他们的传授不仅仅局限于学者范围，而是迅速地转化为现实生活中的实用哲学"。

追求贯通风气",① 翼奉、贡禹、匡衡等人作为齐学学风的代表，在汉元帝、成帝时期的政坛、文坛上独树一帜，产生了深刻的影响，并在朝廷形成一定势力。齐学学者在汉元帝、成帝时期仕途通畅，太常博士职位上常常出现齐学学者。在汉哀帝时，来自齐地的师丹地位尊崇，与刘歆同时反对古文经设立。

萧望之逐渐获得汉宣帝赏识与任用并非依靠其儒者身份，"初，宣帝不甚从儒术，任用法律，而中书宦者用事。……论议常独持故事，不从望之等。……身为儒宗，有辅佐之能，近古社稷臣也"。② 萧望之由于出色的理政能力最后获得了汉宣帝的器重，任太子太傅。由萧望之的经历可知，齐学背景出身的官员，在汉宣帝、元帝时期的政治舞台上，是以改革者面目出现，与其政见相左者，是政治上的议论常依从"故事"的"中书宦者"。

翼奉、贡禹等齐地大儒是在汉元帝朝才开始受到重视。他们在政治改革上勇于建言献策，往往也格外受到皇帝器重。汉元帝对贡禹荣宠非凡，称"今未得久闻生之奇论也"。而贡禹"数言得失，书数十上"。③ 匡衡"数上书陈便宜，及朝廷有政议，傅经以对，言多法义"。④ "六经"官学博士制度的设立，使得饱读经书的士人渐渐成为国家管理体系的"新鲜血液"，正如上面所列举的这些具有齐学特点的学者们，用经学思维方式替代沿袭秦制的思维方式，进入主流政治。这种思维鲜明地体现在对汉制的发难上，如郊庙制度、官爵制度、刑律制度等，他们的潜在问题是，汉作为一个新"朝代"的独特制度、文化是什么？汉高祖刘邦立国之初，百废待兴，就朝廷的官职、礼仪、刑法等各项制度建设而言，主要任用萧何、曹参、叔孙通等人，这些人大都有在秦为官吏经历，萧、曹皆为秦官吏，叔孙通为秦博士，因而由他们草创的各

---

① 刘跃进：《秦汉文学论丛》，第 513 页。

② （东汉）班固：《汉书》，第 3284、3292 页。

③ 《汉书·艺文志》将贡禹列为《齐诗》派，其奏疏中大量引用《论语》《诗经》。

④ （东汉）班固：《汉书》，第 3341 页。

项制度，有很多因袭秦制。如叔孙通制礼仪、定仪法，而汉高祖、文帝、景帝等宗庙祭祀礼乐，"大氐皆因秦旧事也。"① 在刑法建制上，（刘邦）三章之法不足以御奸，"于是相国萧何捃摭秦法，取其宜于时者，作律九章"。② 这些制度往往在沿袭秦制基础上，根据具体时势而有所调整，再加上汉初实行黄老无为而治的政治思想，注重百姓休养生息，因此这些制度在实行中，并未遇到阻力。

汉昭帝、宣帝时期，对汉武帝政绩的反思，成为批评汉制之风的导火线。较早呼吁国家大政应该改变汉武帝路线的是杜延年。盐铁会议的召开是国家政策转向的标志性事件。汉昭帝始元五年杜延年见"国家承武帝奢侈师旅之后"，数为大将军光言，"年岁比不登，流民未尽还，宜修孝文时政，示以俭约宽和，顺民心，说民意，年岁宜应"。"光纳其言，举贤良，议罢酒榷盐铁，皆自延年发之。"③ 始元六年，开盐铁会议。"所谓盐铁议者，起始元中，征文学、贤良，问以治乱。皆对：愿罢郡国盐、铁、酒榷、均输，务本抑末，勿与天下争利，然后教化可兴。"④ 昭帝始元六年，"秋七月，罢榷酤官，从贤良、文学之议也。武帝之末，海内虚耗，户口减半。霍光知时务之要，……稍复文景之业焉"。⑤ 盐铁会议中儒者对经济政策的提议被采纳，而其主要观点，是批评汉武帝以来的经济政策，肯定汉文帝、景帝时期的政策。

汉宣帝时期下诏尊孝武庙为世宗，而长信少府夏侯胜批评汉武帝政绩云："武帝虽有攘四夷广土斥境之功，然多杀士众，竭民财力，奢泰无度，天下虚耗，百姓流离，物故者过半。蝗虫大起，赤地数千里，或人民相食，畜积至今未复。亡德泽于民，不宜为

① （东汉）班固：《汉书》，第 1044 页。
② （东汉）班固：《汉书》，第 1096 页。
③ （东汉）班固：《汉书》，第 2664 页。
④ （东汉）班固：《汉书》，第 2903 页。
⑤ （宋）司马光：《资治通鉴》，中华书局 1997 年版，第 210 页。

立庙乐。"① 夏侯胜对汉武帝的批评是站在"民本"立场的,指责汉武帝"亡德泽于民",批判汉武帝功业的代价是损害了百姓利益,使国家财力过分消耗,"畜积至今未复"。

对汉武帝时期政治、军事等政策的批评声音,一直延续至汉元帝、成帝时期。汉元帝初元元年,贾捐之《弃珠崖议》描写战乱对百姓扰乱,汉元帝最后在衡量了讨伐珠崖利弊之后,放弃了这次战争,对这次战争利弊的衡量是以汉武帝时期用兵政策为参照的。

最初对汉武帝经济、军事政策的批评,渐渐发展为对汉帝国建立以来既有的刑律、礼乐、官制等各种制度的集中发难。贾谊和董仲舒是较早提议确定汉帝国独立的制度,区别于沿袭秦的当下制度。贾谊按照儒家思想提出"改正朔,易服色制度,定官名,兴礼乐",② 并且"草具其事仪法,色尚黄,数用五,为官名,悉更秦之法"。董仲舒提出"更张""更化",只是这种提议在当时没有得到呼应。汉元帝、成帝时期,对既有制度不满、要求改革汉制的呼声渐起,批评主要集中于郊庙制度、刑律制度、后宫制度等几个方面。在刑律制度方面:盖宽饶《奏封事》,指责汉宣帝政治"以法律为《诗》、《书》"。路温舒《上书言宜尚德缓刑》、郑昌《请删定律令疏》均提出刑律改革的必要性。在后宫制度方面,贡禹由武帝奢侈,引起"古者宫室有制"的议论,对汉代宫室制度提出批评,"至高祖孝文孝景皇帝,循古节俭,……后世争为奢侈,……臣愚以为尽如太古难,宜少放古自节焉"。③

汉宣帝、元帝之后的改革派认为,汉制由于承秦制而存在诸多不完善,汉武帝时期兴起奢侈之风,这些都是必须加以改革、进行完善的。

既然汉廷制度的确存在诸多问题,卿大夫们认为制度的改革势

---

① (东汉)班固:《汉书》,第 3156 页。
② (东汉)班固:《汉书》,第 2222 页。
③ (东汉)班固:《汉书》,第 3069 页。

在必行，那么，一个重要问题是，怎么改？依据什么改？贾谊、董仲舒等立国初思想家，认为秦是不合法的政权，从天道上刘邦开国的汉沿袭周，这里出现一个矛盾：实际汉廷制度承袭秦制而来，意识形态对王朝合法性的定位上，弃秦承周。那么，当汉制面临改革时，儒者们的学术理想之一，是能复原经学中关于周制的全貌，并按照周制改革当下制度。当初确立了学理逻辑的儒家指出的方案，是将现实"袭秦制"的汉廷制度调转向周制。

官学"六经"濡染下的士大夫们，很自然地运用了"经学"思维，即以西周礼制为标准衡量当下，他们对汉制的"改"，打着"复古"的旗号，但其另一层目的是维护民生，这一改革群体，主要是汉武帝独尊儒术之后、在政治地位上崛起的今文学家们，其中尤其以来自齐地的学者兼官员群体为代表，如翼奉、贡禹、萧望之、匡衡等人。

王吉与王褒是汉宣帝时期出身不同的谏大夫，王褒以其辞赋文章才华进入仕途，而王吉是当时的大儒，是凭着经学才能入仕，可见在汉宣帝时期，儒者身份在政治上并不比辞赋臣的地位有太多的优越。王吉《上宣帝疏言得失》，倡导礼乐王道，汉宣帝认为这种观点不切实际。然而，汉元帝与宣帝对儒生认识与任用不同，使元成以下政治出现转折。元帝重用儒生，贡禹《奏宜放古自节》提出后宫改革，"古者宫室有制，宫女不过九人，秣马不过八匹"。之后，郊庙制度改革，均以"古制"为旗号。"复古"成为元、成之后的学术思想主导潮流。今文经学家学术思想，以"复古"为旗帜，进行当下政治改革。而真正"古"到底是什么样？其实今文经学家并不深究，这就与民间日益受到重视的古文经学术趣味不同。

第二节 博士官系统中经学阐释的变化

汉武帝实施"独尊儒术"的思想文化政策之后，官学治学的方式方法、态度等问题出现了新的转向。

一 博士官学释经的功利性与致用性趋向

汉武帝以政治干预方式，实现官学制度层面的学术一统。汉武帝措施实现了两个剥离。一是经学与诸子学的剥离。政治体制中享有国家利禄优待的学问仅仅存在于"六艺"之学，原本修习五经的儒生们成为最大受益者，而之前博士官系统中的专习阴阳、墨、法、道等其他诸子的学者被排除于博士官系统之外。二是立为官学经学科目与其他民间经学剥离。博士官经学重在"阐发"而疏于"溯本"。这引导了两个不良的趋势。（1）经学独尊与独承利禄，导致其他诸子学、其他民间经学呈衰微之势。在官学制度层面，被立为官学的经学流派，拥有绝对的话语权，出现了学术垄断，导致经学研究背离了西汉初年求真务实的作风。（2）立于官学的经学，成为唯一受皇权认可的权威学说，当学说受到质疑时，博士官们往往不是虚心接受，而是编造各种理由维护官学的权威性。例如，伏胜传授的《尚书》因为缺失，只残存了二十八篇，另加一篇《泰誓》为二十九篇，一些儒生却要编造《尚书》原本就是二十九篇的原因，"或说《尚书》二十九篇者，法斗四七宿也，四七二十八，其一曰斗矣，故二十九"。① 正是由于博士官们要把原本不完善的五经文本，强说成是完善的，自圆其说过程中累积了越来越多的问题，如存在严重的残缺、偏颇、穿凿、琐碎等问题，"汉代那些成为学官的儒生编造这种神话既是为了把汉朝的统治说成出于天意，也是把孔子和汉皇朝联系在一起，以保持其博士的禄位"。② 博士官为了保住禄位而编造经学谎言的结论可谓一语中的。因而，从学术自身发展的需求上，需要重新定位官学经学与其他诸子学、民间经学的关系。除此之外，博士官们在修习经学过程中，还加强了经学对政治的实用性，也就是加强

① （东汉）王充：《论衡》，第 426 页。

② 曹道衡、刘跃进：《先秦两汉文学史料学》，中华书局 2005 年版，第 61 页。后引本书皆出自此版本。

经学对"吏事"等国家事务的指导意义。

被立为官学之后的"五经"，一个最突出变化，是致用性、实践性的加强。"通经致用"成为武帝后今文经学者的治学方向。

董仲舒的《春秋决狱》，比附《春秋》史事，以《春秋》为思想原则来判决案件。"五经"致用性表现在对具体法律、外交事件的判断与处理上，汉宣帝时，在讨论是否因匈奴内乱举兵问题时，萧望之依据《春秋》大义，认为君子赞赏士匄"不伐丧"，①因而不宜因乱讨伐，应该遣使吊问，是将经义应用在具体问题的分析、解决上。

京房、扬雄等学者的经学研究，其实用性、应用性更强了：

> 京房说灾异则以《易》为本，以六十四卦编排一年四季十二月三十日，进行比附推论，大政小事都可以《易》说之。②

> 从实用的角度看，《太玄》的重要内容就是讲在卦爻所当的时日内，阴阳五行如何变化，人们应效法这种变化而如何行事。③

> 以《春秋》决狱、以《洪范》察时变，以《诗》为谏书，以《禹贡》治河等以经治国的突出事例。④

> 刘向《洪范五行传论》以天道释历史，……西汉以天人感应释史的集大成之作，……论灾异时特别重视人事作用，"见灾异而知天意，因天意而行王道"。……刘向借助灾异而评论时政，试图引起皇帝的觉悟而改善政治。⑤

官学的致用性特征由董仲舒、张敞等人最初的偶然联系，发展

①　（东汉）班固：《汉书》，第 3279 页。

②　边家珍：《汉代经学发展史论》，中国文史出版社 2003 年版，第 120 页。后引本书皆出自此版本。

③　边家珍：《汉代经学发展史论》，第 159 页。

④　邓骏捷：《西汉楚元王家族学术文化传统探论》，《烟台大学学报》2011 年第 1 期。

⑤　边家珍：《汉代经学发展史论》，第 114 页。

到汉元帝、成帝时期，成为学者们较为普遍的治学思路，有将经学与政治之间建立系统的趋势，如京房、谷永、扬雄、刘向等人的经学阐释。今文经学的功利色彩使经学家们在治学过程中，对经学文本是否完整、是否准确并不十分在意，对那些对官学形成威胁的不同学说持排斥的态度。博士官们经学阐释的目的与兴趣主要在于阐释文本，让经文服务于当下政治。

二　章句释经方式的流行

官学体制中博士只掌一经，通经而致仕的弟子员，只需"守"一经就可以顺利通过课试，这种体制使学风渐渐转变，博通六经的学者越来越少，死守一经而不及其他经学门类的专而狭的学风蔓延开来。

汉初解经体例是较为朴素的，重点在于文本本身的疏通，"宽有俊材，初见武帝，语经学。上曰：'吾始以《尚书》为朴学，弗好，及闻宽说，可观。'"① 汉武帝所说的"朴学"，就是汉初治经的主要方式。汉武帝之后，经学的讨论形式越来越注重论辩性，朝廷上常有"廷辩""非难"场合，而老派的解经方式往往在灵活性上很吃亏，汉初的经学阐释较为简约，论辩时需要临场发挥，才能在论辩中勉强应敌，于是，汉宣帝前后，一种更适合临场应变的解经方式流行开来，即章句之学：

> 武帝时，（韩）婴尝与董仲舒论于上前，其人精悍，处事分明，仲舒不能难也。（《汉书·儒林传》）
>
> 瑕丘江公受《穀梁春秋》及《诗》于鲁申公，传子至孙为博士。武帝时，江公与董仲舒并。仲舒通《五经》，能持论，善属文。江公呐于口，上使与仲舒议，不如仲舒。（《汉书·儒林传》）
>
> 乃召《五经》名儒太子太傅萧望之等大议殿中，平《公

---

① （东汉）班固：《汉书》，第3603页。

羊》、《穀梁》同异。各以经处是非。时《公羊》博士严彭祖、侍郎申輓、伊推、宋显，《穀梁》议郎尹更始、待诏刘向、周庆、丁姓并论。《公羊》家多不见从，愿请内（纳）侍郎许广，使者亦并内（纳）《穀梁》家中郎王亥，各五人，议三十余事。望之等十一人各以经谊（义）对，多从《穀梁》。由是《穀梁》之学大盛。（《汉书·儒林传》）

广尽能传其《诗》、《春秋》，高材捷敏，与《公羊》大师眭孟等论，数困之，故好学者颇复受《穀梁》。（《汉书·儒林传》）

汉初经学最初传授方式为解释具体的字词，如果直接用于辩论就显得捉襟见肘，不能及时回击、反驳论敌，从而在廷辩等针锋相对的场合失利，因而朴学被夏侯建视为"为学疏略，难以应敌"，即不能体现临场应变的用场。而今文经在官学传授中，为更好适应廷辩以及官学课试，出现了新的解释体例：

胜从父子建宗长卿，自师事胜及欧阳高，左右采获，又从《五经》诸儒问与《尚书》相出入者，牵引以次章句，具文饰说。胜非之曰："建所谓章句小儒，破碎大道。"建亦非胜为学疏略，难以应敌。建卒自颛门名经。[1]

西汉初期的经学研究风气是朴素而博涉的，如"孝武时，夏侯始昌通《五经》"。[2]夏侯胜治经方式为传统的，即汉初的治学方式，而夏侯建改造治经方式，"左右采获，又从《五经》诸儒问与《尚书》相出入者，牵引以次章句，具文饰说"。目的在于适应新的课试制度。新的治经方式中，学者的态度是考虑解经方式在经学课试中、在廷辩中是否实用，新的治经方式适应了人才选拔方

---

① （东汉）班固：《汉书》，第3159页。
② （东汉）班固：《汉书》，第1353页。

式，更好适应了课试与廷辩，流行开来，《汉书·艺文志》中著录了西汉经学家著述中以章句解经的派别，例如有：

> 《易》学：《章句》施、孟、梁丘氏各二篇。
>
> 《尚书》学：《欧阳章句》三十一卷。大、小夏侯章句各二十九卷。
>
> 《春秋》学：《公羊章句》三十八篇，《穀梁章句》三十三篇。（《汉书·艺文志》）

可见官学中的章句形式经学阐释已经非常普遍，《尚书》欧阳、夏侯派别均有章句，《易》施、孟、梁丘各有章句，《春秋》类有《公羊章句》《穀梁章句》。章句解经方式一般来说用于今文经，然而，也有学者尝试用章句方式解读古文经。《汉书·儒林传》记载尹更始为《左传》做章句并进行教授。

尹更始是专治《穀梁传》的学者，专门为其撰写章句，"又受《左氏传》，取其变理合者以为章句。传子咸及翟方进、琅邪房凤"。[1] 这是用官学治学方式去研习来自民间的古文经，为将其官学化、实用化的做法。"时丞相史尹咸以能治《左氏》，与歆共校经传。歆略从咸及丞相翟方进受，质问大义。初《左氏传》多古字古言，学者传训诂而已，及歆治《左氏》，引传文以解经，转相发明，由是章句义理备焉。歆亦湛靖有谋，父子俱好古。……"[2]尹咸、翟方进、刘歆、刘向皆研习《左传》。尽管尹更始、刘歆用章句体例研习《左传》，但当时民间学术中产生了轻视"章句"的风气，这些学者崇尚博而通的古学，对官学偏狭的学风极为鄙视。"雄少而好学，不为章句，训诂通而已，博览不所不见。"[3]扬雄轻视"章句"，博通古学。与扬雄相比，尹更始古文经建设上更为积

---

① （东汉）班固：《汉书》，第3618页。
② （东汉）班固：《汉书》，第1967页。
③ （东汉）班固：《汉书》，第1950页。

极主动，兼通《穀梁传》与《左传》。

独尊儒术意味着一部分学术被权威化了，并且有利禄的劝诱，那些得不到官学利禄的学术门类就会萎缩。"（夏侯胜）受诏撰《尚书》、《论语说》，赐黄金百斤。年九十卒官，赐冢茔，葬平陵。太后赐钱二百万，为胜素服五日，以报师傅之恩，儒者以为荣。……士病不明经术，经术苟明，其取青紫如俛拾地芥耳。学经不明，不如归耕。"① 夏侯胜作为大儒仕途通畅，从长信少府升迁至太子太傅，极尽习经者之尊宠。夏侯胜认为经术之明可以带来仕途上畅通无阻，说明当时人把读经看成通向仕途的捷径。这使学术发展失衡，战国以来百家学术争鸣的状态随着汉武帝的政治干预，改变为官学一家独大、排斥其他学术门类的畸形发展轨道。官学内容上走向工具化，学术讨论趋向排他与狭隘，尤其排斥古文经文本、方法，解说趋于烦琐、僵化。从西汉中后期官学理想发展状态而言，需要摆正与古文经、其他诸子学、民间学术的关系，汲取其养分，而不是一味地排斥。

三　博士官学阐释中阴阳灾异理论的引入

西汉博士官学在阐释五经的过程中，也在吸收一些诸子的学说融入儒家经典的阐释中，阴阳灾异学说的引入，是其中最突出的例子。

董仲舒已经开始将阴阳学渗透至儒家思想中，《史记·儒林列传》记载了董仲舒的一段言论，"以《春秋》灾异之变推阴阳所以错行，故求雨闭诸阳，纵诸阴，其止雨反是"。② 这是用阴阳学的理论来解释《春秋》的开端，因而阴阳学说并没有因"罢黜百家"而被完全排斥。葛兆光先生在《中国思想史：七世纪前中国的知识、思想与信仰世界》中提到了阴阳学说对于皇权政治来说是一把双刃剑，在武帝时代，君主壮年，君权强势，国家发展处于上升时期，"天命"对帝王显示的是护佑的一面。③

① （东汉）班固：《汉书》，第 3159 页。
② （西汉）司马迁：《史记》，中华书局 2006 年版，第 3128 页。
③ 葛兆光：《中国思想史：七世纪前中国的知识、思想与信仰世界》，复旦大学出版社 1998 年版，第 384 页。

汉昭帝时期，学者眭孟延续了董仲舒的理论，仍然以阴阳理论附着于儒学解说政治。虽然眭孟以"设妖言惑众""大逆不道"的罪名被处死，却没有阻止这一学说的传播。汉宣帝时期，用阴阳学说解说政治开始流行开来。如张敞的《为霍氏上封事》充斥着灾异的罗列，张敞把灾异现象与霍光专制联系起来，所用的正是阴阳灾异学说的理论。魏相也看重阴阳学说，魏相奏疏引用了《易阴阳》及《明堂月令》的说法，向皇帝建议在人才选拔上，把"明经通知阴阳者"作为具体的选拔标准。邴吉在执政上也以阴阳学说作为指导，《邴吉传》记载邴吉认为"三公典调和阴阳，职所当忧，是以问之"。① 认为三公最重要的职分是"调和阴阳"。这些事例都说明阴阳灾异理论在汉宣帝时期的应用。阴阳学说开始直接从实践的层面介入政治，兼通阴阳说的儒者，也开始正式登上政治实践的平台。

汉元帝时期是阴阳灾异学说与儒学结合快速发展时期，汉元帝发诏书，"盖闻安民之道本繇阴阳，……有司勉之，毋犯四时之禁。丞相御史举天下明阴阳灾异者各三人"。② 要求丞相、御史去选拔掌握阴阳灾异的学者为官。齐地的学者翼奉是这个时期以擅长阴阳之占闻名的学者，"（翼奉）治《齐诗》，与萧望之、匡衡同师。三人经术皆明，衡为后进，望之施之政事，而奉惇学不仕，好律历阴阳之占"。③ 虽然翼奉主要研习《齐诗》，但其对阴阳学说显然更为精进，并且多次以阴阳理论进谏汉元帝，"《易》有阴阳，《诗》有五际，《春秋》有灾异，皆列始终，推得失，考天心，以言王道之安危。……臣奉窃学《齐诗》，闻五际之要《十月之交》篇，知日蚀地震之效昭然可明"。④ 把《易》与《春秋》均看作体现"天心"的典籍文献，以王道安危作为内容重点，其主攻的

① （东汉）班固：《汉书》，第3147页。
② （东汉）班固：《汉书》，第284页。
③ （东汉）班固：《汉书》，第3167页。
④ （东汉）班固：《汉书》，第3172页。

《齐诗》也有体现阴阳理论的内容。翼奉奏疏，推演律历阴阳，将阴阳术作为甄别人才的可靠手段，奏疏中详细叙述阴阳术应用于人才选用的具体方法。这种阴阳术在当时儒学学者中刚刚兴起，并且较受欢迎，如平昌侯王临欲从翼奉学其术。昌邑王被废时，夏侯胜也因为阴阳术从而得到霍光的刮目相看。《上书请徙都洛阳》《因灾异应诏上封事》《上封事言邪正》是翼奉这个时期的三篇谏书，谏书内容均是以阴阳灾异理论阐释的。翼奉是齐学儒士中较早在奏疏中运用阴阳理论的。有的文章目的在于阐明理论，如《上封事言邪正》，给汉元帝推演"六情十二律"的知人理论，以理论推演为主，简单以经为验证。有的文章，论述阴阳灾异理论与经典关系，并将其应用到具体政事的建议上，如《因灾异应诏上封事》，先理论上推导经典体现了阴阳灾异，再以《齐诗》、阴阳学解释相融合，详细阐释"阴气盛"原因，最后，将理论对应到具体事件，指出发生灾异原因：汉元帝用人失衡，才人、后宫人员数量过大，外戚干政、宗室被排斥。这篇奏疏篇幅长，重在理论推导，罗列灾异，将灾异祥瑞与经书对应，以利于理论逻辑的推导，又引出阴阳学的依据，引天意以进谏，再简单地以经书为史，作为验证。匡衡与翼奉同师承后仓，其《上疏言治性正家》《上疏言政治得失》也充满了阴阳灾异的理论。

　　汉元帝时擅长阴阳灾异的学者，与翼奉擅长理论推导、对灾异事项所涉不多相比，京房《易》学善言灾异，文章比较短。谷永奏疏，多提及灾异、特殊天象，如日食、星陨等。京房也以明灾异受到汉元帝重视，"以明灾异得幸"。① 京房的奏疏文阴阳灾异理论色彩很浓，充满了阴阳、灾异理论的推演。文章重点在于该理论的建立，涉及的现实问题往往成为理论附庸，显得琐屑无序，不像匡衡等其他齐学儒士把文章重心放在具体问题的解决上。

　　谷永在汉成帝时期比较活跃，"永少为长安小史，后博学经

---

① （东汉）班固：《汉书》，第2671页。

书"。① "永于经书，泛为疏达。……其于天官、《京氏易》最密，故善言灾异，前后所上四十余事，略相反覆，专攻上身与后宫而已。"② 谷永奏疏文出发点，不是着眼制度，而是针对皇帝、后宫，就皇帝微行、不检点的日常修身等方面进谏，将灾异、经书、皇宫具体境况相结合，也反复强调皇帝子嗣延续的问题。这些问题皆为皇帝的隐私问题，谷永借着灾异的理论大胆出入这些领域。

京房、刘向、谷永等人作为掌握阴阳理论的重要学者，阴阳灾异理论已经成为他们政治生活中的重要武器。京房、谷永讽谏皇帝，刘向与弘恭、石显等宦官势力斗争，往往以某时发生的灾异现象为借口，阴阳理论此时变成普遍的应用性政治武器，也因此脱离了学术的轨道。

汉成帝阳朔二年春下诏书，"昔在帝尧，立羲和之官，命以四时之事，令不失其序。故《书》云'黎民于蕃时雍'，明以阴阳为本也。今公卿大夫或不信阴阳，薄而小之，所奏请皆违时政，传以不知，周行天下，而欲望阴阳和调，岂不谬哉！其务顺四时月令"。③ 肯定了阴阳学说理政的合理性。此期还发生了因特殊天象赐死翟方进事件，因为"荧惑守心"的天象而赐死丞相，可见当时人对阴阳理论笃信不疑。成帝朝灾异频繁，针对灾异的诏书格外密集，如《日蚀求言大赦诏》之类的惠民、自省诏书。正是由于对灾异与政治之间关系笃信不疑，汉人文献中对于灾异记录非常详细，令人震惊。④ 发生时间、具体灾异细节、具体帝王所做的补救措施皆原原本本记录下来，以《汉书·成帝纪》为例，这里记录了汉成帝统治期间发生的所有灾异事件，分门别类记录：鸟兽之妖、日食发生了十次，雪灾二次，日月变异二次，星孛二次，

---

① （东汉）班固：《汉书》，第 2559 页。
② （东汉）班固：《汉书》，第 2579 页。
③ （东汉）班固：《汉书》，第 312 页。
④ 日食与季节不符的气温变化等现象，被汉代人看作上天的谴告，视为"异"。

石鸣一次，陨石四次，星陨一次，雹灾一次，天变二次，地震三次，山崩三次，火灾五次，旱灾一次，等等。[1]

这些灾异的发生，当时人认为是上天对汉成帝的警告，在精神层面给予皇权以极大的压力。阴阳理论与当时频繁的灾异，给大臣们进谏的理由与机会，使他们可以没有顾虑地指出皇帝的问题，此期以阴阳灾异理论进谏的奏疏文格外密集。杨兴、驷胜《黄雾对》出现在建始元年，谷永《建始三年举方正对策》《对策毕复言灾异》出现在建始三年，谷永《白虎殿对策》出现在建始四年，刘向《日食对》出现在河平元年，刘向《洪范五行传论》出现在河平三年，张匡《日食对》出现在河平四年，王章《上封事召见对言王凤不可任用》出现于阳朔元年，刘向《极谏用外戚封事》、刘辅《上书谏立赵后》，谷永《日食对》出现于永始元年，谷永《又日食对》《星陨对》《黑龙见东莱对》出现于永始二年，刘向《对成帝甘泉泰畤问》，梅福《上疏言王凤专权》出现于永始三年，谷永《灾异对》，刘向《复上奏灾异》，李寻《说王根》出现于元延元年，李寻《奏记翟方进》，张匡《日蚀对》出现在绥和二年。"汉人通经本以致用，所谓以谓缘饰吏事，而其议论则率本于阴阳及《春秋》，阴阳推天意，《春秋》本人事，一尊天以争，一引古以争。非此不足以折服人主而自申其说，非此亦不足以居位而自安。"[2] 这是出自钱穆《两汉博士家法考》中的一段话，看穿了此期大臣们政治生活中进言的两大法宝：阴阳理论与《春秋》学，前者使自己言论可以借天而言，后者可以借古立论，而这两者都可以让皇帝无话可说。

第三节　博士官学之外的经学发展状况

汉武帝采纳董仲舒"独尊儒术"建议，罢黜百家，为经学设

---

[1]　（宋）徐天麟：《西汉会要》，上海人民出版社 1977 年版，第 304—328 页。

[2]　钱穆：《两汉经学今古文平议》，东大图书有限公司 1983 年版，第 200 页。

立博士官，以经学作为大汉王朝统一思想。之后，官学发展处于调整、完善中，适应不同时期政治形势的需要做出微调，"初，《书》唯有欧阳，《礼》后，《易》杨，《春秋》公羊而已。至孝宣世，复立大小夏侯《尚书》，大小戴《礼》，施、孟、梁丘《易》，《穀梁春秋》。至元帝世，复立《京氏易》。……"① 汉宣帝、元帝时期均对官学博士有所补充。"郡举贤良，对策百余人。……上令助等与大臣辩论，中外相应以义理之文，大臣数诎。"② 官学不同门类对同一问题解释常有互为矛盾处，汉宣帝石渠阁会议主要目的之一就是解决这个问题，汉宣帝甘露三年，"诏诸儒讲《五经》同异，太子太傅萧望之等平奏其议，上亲称制临决焉"。③ "平《公羊》《穀梁》同异，各以经处是非。"④ 尽量去统一官学解经说辞，减少冲突，使得官学的阐释更为权威。在为政治提供思想支持时，今文经缺陷暴露，内部说法不一，常自相矛盾，文本残缺，"至于国家将有大事，若立辟雍封禅巡狩之仪，则幽冥而莫知其原"。⑤ 对现有文献不能完全解释清楚，不能很好为政治服务。这些"完善"动作，除《春秋》学在讨论时采纳了当时处于民间的《穀梁春秋》学之外，其他的经学门类调整，均局限于官学经学内部，对陆陆续续面世的古文经采取忽视态度。同时，古文经却在民间，受到学者们越来越多的采纳与重视。

"《左氏传》曰，郑子臧好聚鹬冠，郑文公恶之，使盗杀之。刘向以为近服妖者也。"⑥ 刘向把《左氏传》当做史料来源。曹道衡先生指出，刘歆争立古文经之前，官学并不排斥古文经，偶尔加以引用，"开始时一些'今文'经学家对'古文经'的出现亦不以为意，甚至多少还加以采择。如《礼》学始于汉初的高堂生，

---

① （东汉）班固：《汉书》，第 3621 页。
② （东汉）班固：《汉书》，第 2775 页。
③ （东汉）班固：《汉书》，第 272 页。
④ （东汉）班固：《汉书》，第 3621 页。
⑤ （东汉）班固：《汉书》，第 1970 页。
⑥ （东汉）班固：《汉书》，第 1366 页。

传至宣帝时的后仓均为今文家，后仓弟子戴德、戴圣和庆普皆传其学，……戴德所选八十五篇，戴圣所选四十九篇，即今本《礼记》，在今本《礼记》中亦采古文家说，如《祭法》的内容，即同于《国语·鲁语》"。① 古文经的价值越来越引起人们重视，尤其是受到郎官系统中经学研习者及皇帝的重视。

《穀梁春秋》在汉宣帝时被立为博士官学，由汉初在野经学发展为博士官学，观察其之前的传授状态，有助于了解西汉民间经学的发展状态。汉宣帝立《穀梁春秋》是酝酿已久的，他应该清楚知道新立博士官所面临的阻力，因而采取加大力量培养《穀梁春秋》学者的方式，等待实力培养到位才开启争立博士官的步骤。"上愍其学且绝，乃以千秋为郎中户将，选郎十人从受。……会千秋病死，征江公孙为博士。刘向以故谏大夫通达待诏，受《穀梁》，欲令助之。江博士复死，乃征周庆、丁姓待诏保宫，使卒授十人。自元康中始讲，至甘露元年，积十余岁，皆明习。乃召《五经》名儒太子太傅萧望之等大议殿中，评《公羊》、《穀梁》同异，各以经处是非。时，《公羊》博士严彭祖、侍郎申輓、伊推、宋显，《穀梁》议郎尹更始、待诏刘向、周庆、丁姓并论。《公羊》家多不见从，愿请内侍郎许广，使者亦并内《穀梁》家中郎王亥，各五人，议三十余事。望之等十一人各以经谊对，多从《穀梁》。"② 汉宣帝在扶持《穀梁》学"积十余岁"过程中，培养了《穀梁》学后备力量，"选郎十人从受"，还包括待诏刘向、《穀梁》家中郎王亥，而教导他们的经师依次为蔡千秋、江博士、周庆、丁姓，而这些《穀梁》学大师正是在没有官禄扶持状况下从事《穀梁》研习的学者代表。

在汉宣帝即位对《穀梁春秋》采取扶持政策之前，虽然没有利禄的益处，但对《穀梁春秋》的传承一直没有间断。依据《汉书·儒林传》，《穀梁春秋》的传承顺序为：申公、瑕丘江公、荣

---

① 曹道衡、刘跃进：《先秦两汉文学史料学》，第66页。
② （东汉）班固：《汉书》，第3618页。

广、皓星公、蔡千秋、周庆、丁姓，其中，（瑕丘江公）"传子至孙为博士"，曾在诸侯国被立为博士，之后，在汉武帝立博士官的关键时期，江公因为辩论不及董仲舒而失去《穀梁春秋》被立为国家层次的博士官机会，随着《公羊春秋》受官学利禄的扶持而流行时，《穀梁春秋》一度衰微。但与此同时，《穀梁春秋》还是会因为一些偶然的因素获得关注并传承下去，如汉武帝太子"私问《穀梁》而善之"，在荣广与眭孟辩论占上风后，引起"好学者颇复受《穀梁》"，其中蔡千秋、周庆、丁姓就属于这些好学者。因而，《穀梁春秋》在汉宣帝未立博士官之前的发展尽管受到冷落，但仍然有一批学者对其保持传承，并常常引起皇族的注意和学界热烈的反响。

和《穀梁春秋》这种传承方式相似，《古文尚书》《左氏春秋》《毛诗》这些在野的经学在未立为博士官的漫长岁月里依然薪火相传，《两汉三国学案》总结了这些经学学者的传承：

> 《古文尚书》传承学者：孔安国、倪宽、都尉朝、庸谭、胡常、徐敖（弟子王璜、塗恽、桑钦）、刘向、孔霸、孔福、孔光。[1]
> 《左传》传承学者：张苍、贾谊、刘公子、贯公、贯长卿、张敞、张禹、尹更始、尹咸、翟方进、胡常、贾护、杜邺、陈钦、刘歆、龚胜、虞俊。[2]
> 《毛诗》传承学者：毛公、贯长卿、解延年、徐敖、陈侠、河间献王刘德。[3]

以上名单是这些古文经在被王莽列为博士官之前的传承情况，

---

[1] （清）唐晏：《两汉三国学案》，中华书局 2008 年版，第 101 页。后引本书皆出自此版本。

[2] （清）唐晏：《两汉三国学案》，第 403 页。

[3] （清）唐晏：《两汉三国学案》，第 213 页。

《毛诗》的传承学者是最少的，始于毛公，终于河间献王刘德，"其学举六艺，立《毛氏诗》、《左氏春秋》博士"。① 刘德在其藩国已经设立《毛诗》博士官。《毛诗》文本稀缺，学问在极少数学者中传承，很可能河间献王刘德得到的《毛诗》是孤本，在刘德的这些藏书最后上交至皇家藏书部门之后，就被束之高阁。因为经文文本稀缺、中央朝廷的忽视，《毛诗》支派传承中断于河间献王刘德，一直到刘向刘歆父子整理皇家藏书之时，才再次为学者所瞩目并获得发展。

与《毛诗》传承不同，《古文尚书》《左传》传承一直没有中断，修习者大都是兼修，学问渊博，并非专攻某一经的偏才。徐敖对于《古文尚书》和《毛诗》都有专门学习，胡常兼修《古文尚书》与《左传》，尹更始兼修《穀梁传》与《左传》，这些传承序列说明，陆续面世的古文经，尽管没有官禄诱惑，其传习者不像博士官学的经师与诸生人才济济，但还是吸引了一批学者对其研习。古文经还时常引起皇帝的注意。"而上方精于《诗》《书》，观古文，诏向领校中《五经》秘书。""今圣上，……且此数家之事，皆先帝所亲论，今上所考视，其古文旧书，皆有征验，外内相应。"② 刘歆在这篇移文中提及的"今圣上"指的是汉哀帝，"先帝"指的是汉成帝，据此，汉成帝曾议论过古文经，这一点在王充《论衡》中亦有提及，"孝成皇帝读百篇《尚书》，博士郎吏莫能晓知，征天下能为《尚书》者"。③ 说明汉成帝看到的百篇《尚书》，是与博士的《尚书》不同的古文经文本，并且将这一版本的经书让博士郎吏来解说，遍寻无果后，还曾有向民间征集古文《尚书》学者的举措。"今上所考视"，是指汉哀帝也对古文经产生兴趣，并有所考论，古文经引起汉成帝、哀帝注意的事实说明，在博士官学"枝繁叶茂"发展之时，处于民间的

---

① （东汉）班固：《汉书》，第 2410 页。
② （东汉）班固：《汉书》，第 1971 页。
③ （东汉）王充：《论衡》，第 311 页。

古文经也是在缓慢发展的，并且由于其思想内容的独特性在吸引一部分有识之士的同时，也成功引起了皇帝的注意，说明汉成帝下诏让刘氏父子整理皇家图书，也是受到民间这股古文经力量的推动。

第 五 章

汉成帝时期国家书籍文献整理

第一节　汉成帝时期国家书籍文献整理缘起

秦始皇时期的焚书坑儒政策对文献、文化传承的破坏力是显而易见的。西汉立国以来，国家层面陆陆续续开展了一些有利于书籍文献搜集、保存的工作，经过汉初以来长时间的积累，到了汉成帝时期，客观上需要官方进行大规模的系统整理与总结。

班固《汉书·艺文志》开篇叙述了西汉立国以来中央王朝藏书的状况，交代了汉成帝时期的大规模国家藏书整理的缘起。突出了秦朝焚书坑儒背景下，国家书籍文献的残缺，以及中央朝廷从立国之初陆陆续续对书籍文献汇聚做的工作，大规模收集书籍文献，为鼓励来自各方面的献书者开方便之门。其中特别提到了两位皇帝对国家藏书做的巨大贡献，一是提到了汉武帝，"迄孝武世，书缺简脱，礼坏乐崩，圣上喟然而称曰：'朕甚闵焉！'于是建藏书之策，置写书之官，下及诸子传说，皆充秘府"。① 肯定了汉武帝为文献书籍的保护做了制度上的建设，汉武帝感慨书籍的残缺，礼乐制度的缺失，于是专门下诏书定制度，强化书籍的保存与补救制度，设立了藏书制度与专门写书的官职。当时收藏与编写的书籍文献，包括不被立于学官的诸子传说，皆列入秘府收

---

① （东汉）班固：《汉书》，第 1701 页。

藏的范围，这对西汉书籍文献藏于官府起到了决定性作用。在汉武帝时期文献收集、保存制度之下，许多政治上的档案、文件也被及时保存到藏书机构中，如汉昭帝时期盐铁会议讨论的文字材料，汉宣帝石渠阁会议讨论《穀梁传》等经学问题的奏疏等，均被保存到秘府等藏书部门。再有乐府机构会保存民间搜集来的民歌、贵族文人创作的歌诗等文献。这样的书籍文献保存制度，在"独尊儒术"的官学改制下，使得经学、儒术被摒弃于官学之外的文献能够汇聚在官方藏书部门，不至于缺失。开篇提到的第二位有功于书籍保存的皇帝是汉成帝，"至成帝时，以书颇散亡，使谒者陈农求遗书于天下。诏光禄大夫刘向校经传、诸子、诗赋，步兵校尉任宏校兵书，太史令尹咸校数术，侍医李柱国校方技"。[1]汉成帝有感于"书颇散亡"，下诏书责成专人对书籍文献进行系统搜集与整理。搜书与整理书籍文献是同时进行的。派专人负责在全国范围内搜求散落于民间的书籍，派学有专长的学者负责整理某一领域的书籍文献。汉成帝的这一举措，是对汉武帝以来秘府藏书的整理与总结，是国家书籍文献的收藏保存到一个阶段后水到渠成的结果。从汉成帝诏书对校理文献的官员的分工，刘向负责经传、诸子、诗赋部分，步兵校尉任宏负责兵书部分，太史令尹咸负责数术部分，侍医李柱国负责方技部分，可以看出在刘向校书开始之前，学术大的分类已经完成，即经传、诸子、诗赋、兵书、数术、方技这个大家熟知的"六分法"，并非创立于刘向刘歆父子。也就是说，汉成帝之前的"秘府"官员对于书籍文献已经有初步的分类，这种六分法在刘向总领的这次校书活动中被沿用了。

其中"兵书"类书籍，与其他经传、诸子、诗赋、数术、方技类文献有所不同，这些文献书籍在汉成帝诏命刘向等人整理之前已经过几次整理，是依次递进完善的过程，"汉兴，张良、韩信

---

① （东汉）班固：《汉书》，第 1701 页。

序次兵法，凡百八十二家，删取要用，定著三十五家。诸吕用事而盗取之。武帝时，军政杨朴捃摭遗逸，纪奏《兵录》，犹未能备。至于孝成，命任宏论次兵书为四种"。① 这里说明了兵书类文献在西汉立国以来经历的三次系统整理情况。第一次，汉初张良、韩信将所有的兵法类文献进行初步整理，清理结果是发现一百八十二家，又对其中有价值部分进一步整理完善，最后整理为三十五家定本。第二次，汉武帝时军政杨朴再一次对兵法类书籍文献整理，"捃摭遗逸"，整理范围比第一次整理有所扩大，包括第一次整理中遗漏的兵法文献，全部纳入考察范围，进行记录，编成了《兵录》，却还是不能做到完备。第三次，就是汉成帝任命步兵校尉任宏进一步完善兵书类文献整理，可见，任宏的整理工作是在前两次整理的基础上进行的，比其他五类的整理要更容易。

综上，汉成帝时期的官藏文献整理，有内在的需要。官藏文献经历了由秦而来文献书籍残缺，到汉武帝时，从"秘府"藏书制度的建立、完善，到汉成帝时期经历了大约一百年，除兵法类文献有过整理之外，其他的官藏书籍文献还需要进行全面的整理。

其次，古文经学兴起，引发了皇帝对博士官掌管的今文经文献之外文献的兴趣，尤其是对古文经的兴趣，因而，人们对国家藏书中的古文经文献是好奇的，另外，寻求散存在民间的经学书籍，也推动了官藏书籍文献的整理。

刘歆为《左传》等古文经争立博士之前，古文经在私学中已然引起瞩目，并引发一部分学者在私下研习古文经，如《左传》虽未被立为官学，但在没有利禄刺激环境下，尹更始将《左传》传授给胡常、尹咸、翟方进、房凤，而刘歆师承尹咸、翟方进。一些大臣在奏疏中引用古文经，如公元前 5 年，谏大夫龚胜等十四人议奏朱博案件的奏疏《朱博傅晏赵玄罪议》，其中有"《春秋》之义，奸以事君，常刑不舍。鲁大夫叔孙侨如欲颛公室，谮其族

---

① （东汉）班固：《汉书》，第 1762—1763 页。

兄季孙行父于晋，晋执囚行父，以乱鲁国，《春秋》重而书之"。①
提到的事件见于《左传·成公十六年》，说明起草这篇奏疏的官员
对《左传》是很熟悉的。

从现有文献看，古文经虽然未立为学官，但其在一些学者心目
中具有极高价值，甚至如汉成帝、哀帝这样的皇帝也对古文经极
为感兴趣：

> 成帝时求其古文者，霸以能为《百两》征，以中书校之，
> 非是。霸辞受父，父有弟子尉氏樊并。时，太中大夫平当、侍
> 御史周敞劝上存之。后樊并谋反，乃黜其书。（《汉书·儒
> 林传》）

> 孝成皇帝读百篇《尚书》，博士郎吏莫能晓知，征天下能
> 为《尚书》者。东海张霸通《左氏春秋》，案百篇序，以《左
> 氏》训诂造作百二篇，具成奏上。成帝出秘《尚书》以考校之，
> 无一字相应者，成帝下霸于吏，吏当霸辜大不谨敬。成帝奇霸之
> 才，赦其辜，亦不灭其经，故百二《尚书》传在民间，……惠、
> 景以至元、成，经书并修。汉朝郁郁，厥语所闻，孰与亡秦？
> （《论衡·佚文篇》）

汉成帝对《古文尚书》极为感兴趣，"孝成皇帝读百篇《尚
书》"，②而博士官们并不能解读这些古文经文本，于是汉成帝向天
下征召这方面的专家，张霸献上的百二篇《尚书》竟然是伪造的，
汉成帝命人以官藏文献进行对比，发现了张霸伪造事实，但最后
还是赦免了他。刘歆在《移书让太常博士》提到"且此数家之事，
皆先帝所亲论"，先帝指的就是汉成帝，说明汉成帝对《左氏春
秋》《毛诗》《逸礼》这些古文经也有了解，下诏任命刘向等人整
理文献，也是防止类似《古文尚书》这种或者藏书于皇家或者散

---

① （清）严可均：《全汉文》，第516页。
② （东汉）王充：《论衡》，第311页。

存于民间的经学类书籍的"散亡"。

汉哀帝对于古文经的态度也是积极的，刘歆打算争立《左氏春秋》《毛诗》《逸礼》《古文尚书》列于学官时，向太常博士说明汉哀帝支持古文经的态度：

> 今圣上德通神明，继统扬业，亦闵文学错乱，学士若兹，虽昭其情，犹依违谦让，乐与士君子同之。故下明诏，试《左氏》可立不，遣近臣奉指衔命，将以辅弱扶微，与二三君子比意同力，冀得废遗。……且此数家之事，皆先帝所亲论，今上所考视，其古文旧书，皆有征验，外内相应，岂苟而已哉！（《汉书·楚元王传》）

这里的"今上"指的就是汉哀帝，说明刘歆争立古文经是得到汉哀帝支持的，"哀帝令歆与《五经》博士讲论其义"。① 因而在刘歆因《移书让太常博士》被弹劾后，汉哀帝极力维护刘歆。

《左氏传》《毛诗》等古文经传在河间献王刘德时期就受到重视，已经设立了诸侯国级别的博士官，《毛诗》的传习者"自谓子夏所传，而河间献王好之，未得立"。② 这里的未立指的是在汉武帝的中央朝廷，而在河间国已经被立为博士，"毛公，赵人也。治《诗》，为河间献王博士，授同国贯长卿。长卿授解延年。延年为阿武令，授徐敖。敖授九江陈侠，为王莽讲学大夫"。③ "谊为《左氏传》训故，授赵人贯公，为河间献王博士。"④ 这里提到的赵人毛公、贯公，分别是执掌《诗》与《左氏传》的博士官，任职于汉景帝时期的河间地区，可见古文经在未被立为中央博士情形下，在民间私下传授的情况。

---

① （东汉）班固：《汉书》，第 1967 页。
② （东汉）班固：《汉书》，第 1708 页。
③ （东汉）班固：《汉书》，第 3614 页。
④ （东汉）班固：《汉书》，第 3620 页。

第二节　文献整理的准备与客观条件

刘向等人进行的官藏文献的整理工作，是中央王朝倾力整理、总结书籍文献的空前之举。在汉成帝之前的文化历史上，为了将官藏文献进行整理，花费二十多年的时间，委派官员大规模从各级官藏文献单位、民间私人手中搜集各类文献，同时委派专门的人才从事不同领域书籍文献的清理与整理，再有专人进行整合、总结，这样大规模的、分工明确的校书活动前所未有。校书活动从汉成帝河平三年到绥和二年，计十八年，再加上汉哀帝初期刘歆重新被诏令完成校书收尾工作的几年，这一空前的皇家校书持续了长达约二十年时间。这一工作除了规模庞大、耗时长，必然有中央朝廷大量的财力人力的支持，以下从校书人才、财力投入与书籍来源方面分析整理活动所需的客观条件。

首先，从校书人才的人员组成来分析。从事校书活动的学者群体，依据王承略、杨锦先《刘向校书同僚学行考论》①，能够具体查考到校书参与者姓名的共有十三人，除刘向刘歆父子外，还有任宏、尹咸、李柱国、班斿、杜参、房凤、王龚、臣望、刘伋、富参、臣叙等人。这些人员，均参与了具体的校书工作，其中，负责经传、诸子、诗赋的刘向，负责兵书的步兵校尉任宏，负责数术类的太史令尹咸，负责方技的侍医李柱国，均为汉成帝直接任命的。当然，这里还应该算上专门负责"求遗书于天下"的陈农，文献的搜求是校书活动的准备工作，是文献整理必不可少的一个环节。文献整理人员必然是老中青相结合的队伍，河平三年接受校书任务的刘向已经五十四岁，而专门负责数术文献的太史令尹咸是尹更始之子，曾在汉宣帝时期与刘向一起争立《穀梁传》，而校书队伍中的刘歆只有二十几岁，依据王承略、杨锦先的

---

① 王承略、杨锦先：《刘向校书同僚学行考论》，第65—77页。

考证文章，刘伋、班斿、杜参、臣望等人也是刘歆的同龄人，"而尤其注重吸收青年学者，象刘伋、刘歆、班斿、杜参、臣望参加校书时，大概都只有二十余岁。……校书挖掘、整理、宣扬了古文经学，深深影响了校书工作者。比如刘向是成帝时言灾异的主要代表人物，晚年亦转而言礼制；他本是《穀梁》学的大师，同时也深通《左氏》之学"。① 刘歆正是在这个时期，问学于一同校书的尹咸，因为尹咸承袭了尹更始的《左传》学，刘歆开始了《左传》学习。耗时二十余年的浩大工程，烦琐的整理环节与具体工作，很显然不是区区十几个人就可以完成的工作，就校雠环节而言，需要分工合作，"一人持本，一人读书，若怨家相对。"② 刘向对校雠这一工作的形象描述，还原了文献整理工作日常场景片段，每一卷书籍都必然经历的校雠环节，起码由两个人配合完成，算上校雠之后的抄写等环节，需要更多的人力投入。

其次，从书籍文献整理所需的财力投入来分析。财力的耗费包括人员薪酬、竹简制作加工、笔墨等耗材购买等。当然，刘向此次受诏校书不同以往，得到皇家财力、人力等方面大量投入，就以书写工具为例，校书中要耗费大量竹简，而竹简的制作本身就要耗费大量人、财与物，"竹简用于书写，除按一定尺寸截取其材，还要经过'杀青'，……陈梦家怀疑，'书写之前，似经过一道用特殊液体涂染的手续'，类似纸书的'染黄'"。③ 书写材料的准备就是浩大的工程。校书学者群体除了重要"校雠"环节，更有之前"异本"等版本的调查、收集、准备，如"谒者陈农"的工作。校雠之后，缮写的工作，从工作效率的考量，应该另有专门缮写的工作者。而这两批人力的投入应该不少，因为工作相对不起眼，不被人提及。但参与者一定是有一定经学基础的读书人。

---

① 王承略、杨锦先：《刘向校书同僚学行考论》，第 78 页。
② （南朝梁）萧统编，（唐）李善注：《文选》注引《别录》，中华书局 1977 年版，第 106 页。
③ 李零：《简帛古书与学术源流》，生活·读书·新知三联书店 2007 年版，第 127 页。

最后，从整理的书籍文献来源来分析。刘向刘歆等人在校书过程中所接触的书籍文献来源是非常广泛的，这得益于皇家的支持与调阅书籍文献的权利，这些文献主要包括以下三部分。

第一，原本藏于内廷的皇家典籍，即所谓的"内有延阁、广内、秘室之府"。① 延阁、广内、秘室指的是具体的藏书地点。此次文献整理的重点，就是内廷藏书，《孙卿书录》云："所校雠中《孙卿子》凡三百二十二篇，以相校，除复重二百九十篇，定著三十二篇，皆以定杀青，简书可缮写。"② 这里的"中《孙卿子》"，指《荀子》文献藏于内廷的部分。

沉睡在皇家藏书部门的珍贵典籍，终于面世，其中有"经学类"中已经为人熟知的部分，即官学博士机构中传授的内容，最能引起整理者好奇的，是"经学类"博士传授系统之外的文献，如未被立于官学博士的古文经。实际当时社会上已经出现对"古文"好奇的舆论，并进而怀疑官学传授的经学并不完整，甚至怀疑其阐释不当，而这正是触动汉成帝整理皇家典籍的原因之一，"孝成皇帝闵学残文缺，稍离其真，乃陈发秘藏，校理旧文，得此三事"。③ "此三事"指的是《左氏春秋》《逸礼》《古文尚书》，整理中新发现的古文还包括《周官》，这一典籍后来在王莽新朝时期也被立为博士官。经学类文献的发现，还包括未被立于官学博士的经学，如《毛诗》《乐》类文献，"刘向校书得《乐记》二十三篇，著于《别录》"。④

皇家藏书中还包括数术、方技、兵书类的实用性文献。社会上不流通的罕见书籍也在此次整理中被发现，如汉武帝时被摒除在官学之外的诸子类文献。被收藏保存于乐府机构中的诗赋类文献。还包括一些零碎的、不为时人所注意的战国时单篇文章，如后来

---

① （清）严可均：《全汉文》，第 420 页。
② （清）严可均：《全汉文》，第 382 页。
③ （东汉）班固：《汉书》，第 1969 页。
④ （清）严可均：《全汉文》，第 390 页。

被刘向整理成书的、与《战国策》相关的众多零碎篇章、散乱材料。后来刘向依据零散文献编撰了《说苑》《新序》等书籍来发表一家之言。再如《山海经》这类具有奇异色彩的文献，原本不为人所重视的材料，也经过了整理。"中书"有很多来自喜好"古文"的河间献王刘德的收藏，其中很多内容已经经过河间地区学者们的整理。

第二，汉成帝时期整理的文献另一来源，是内廷之外的国家藏书，即"外有太常、太史、博士之藏"。①

　　《管子书录》："所校雠中《管子》书三百八十九篇，太中大夫卜圭书二十七篇，臣富参书四十一篇，射声校尉立书十一篇，太史书九十六篇，凡中外书五百六十四篇，以校，除重复四百八十四篇，定著八十六篇。"
　　《晏子书录》："所校中书《晏子》十一篇，臣向谨与长社尉参校雠，太史书五篇，臣向书一篇，参书十三篇，凡中外书三十篇，为八百三十八章，除复重二十二篇，六百三十八章，定著八篇。"
　　《列子书录》："所校中书《列子》五篇，臣向谨与长社尉臣参校雠，太常书三篇，太史书四篇，臣向书六篇，臣参书二篇，内外书凡二十篇，以校，除复重十二篇，定著八篇，中书多，外书少。"

以上材料都提到了文献整理过程中的"中""外"的字样，"中""外"来源的文献对校的情况，有的详细交代了外书的具体来源。刘向校书以"中秘书"的整理为目的，力求整理后的版本完整、真实，也因此汉成帝调动了一切力量，给予支援，为配合中秘书的校雠，外廷收藏有相关书籍的官府机构，包括太史、太

① （清）严可均：《全汉文》，第420页。

常、博士，要为刘向校理中秘书工作提供其官藏书籍。这起到了两个作用：一是为中秘书的整理提供异本；二是借此机会了解中秘书与各官府藏书版本差异，提供比较的版本。

第三，从民间、私人手中收集上来的书籍文献。这部分书籍也贡献于"中秘书"校理。也体现在《别录》的撰写中，主要有官员的私人藏书，如叙录中提到的"太中大夫卜圭书二十七篇，臣富参书四十一篇，射声校尉立书十一篇"（《管子书录》）；"臣向书一篇，参书十三篇"（《晏子书录》）；"臣向书六篇，臣参书二篇"（《列子书录》)，这些在诸子文献校雠中起到重要作用的文献是卜圭、富参、立、向、参等私人藏书中贡献出来的部分。汉成帝有意识地收集民间书籍，"使谒者陈农求遗书于天下"，"博问人间，则有鲁国桓公、赵国贯公、胶东庸生之遗学与此同"。[1] 民间的藏书与民间学者的传授状态在这次校书工作中得到了重视。

这些书籍的存在，是刘歆"讲六艺传记，诸子、诗赋、数术、方技，无所不究"的文献基础，也是最后刘歆"集六艺群书，种别为《七略》"的前提。

第三节　校书工作的整理程序与对官学问题的发现

孙德谦《刘向校雠学纂微》详细论述了这次大规模书籍文献整理的各个环节，并且按照工作顺序列专题详细分析了工作内容，即备众本、订脱误、删复重、条篇目、定书名、谨编次、析内外、待刊改、分部类、辨异同、通学术、叙源流、究得失、撮指意、撰序叙、述疑似、准经义、征史传、辟旧说、增佚文、考师承、纪图卷、存别义。[2] 以上共总结了刘向文献校雠中的二十三个环节，古籍整理工作有较为固定而完善的程序。首先，搜集各种版

---

① （东汉）班固：《汉书》，第 1970 页。
② 孙德谦：《刘向校雠学纂微》，张京华、黄曙辉编《孙德谦著作集》，上海大学出版社 2019 年版。

本、校雠、定本、誊写几个环节是必不可少的。在这个过程中，先依据文献性质的特征将其"独立"归类。其次，以文献作者为整理单位，再对文献进行归类、校勘、定本；将整理完好的作家作品按特定标准分类、排序。最后，在以上工作基础上，刘向撰写《别录》，"每一书已，向辄条其篇目，撮其指意，录而奏之"，①《别录》反映了刘向等人对相关文献的整理成果。此工作的收尾阶段，刘歆编写《七略》。在这一系列的整理书籍文献过程中，进行了校雠、版本鉴别、初步辨伪方面的工作。

校雠工作中，将不同版本的同类文献做细致的比较，对"六艺"类文献对比细致到逐字、逐简，"若怨家相对"，② 最后清晰标出古文经文本与官学文本的差异处：

> 刘向以中《古文易经》校施、孟、梁丘经，或脱去"无咎"、"悔亡"，唯费氏经与古文同。（《汉书·艺文志》）
>
> 以（壁中《古文尚书》）考二十九篇，得多十六篇。……刘向以中古文校欧阳、大小夏侯三家经文，《酒诰》脱简一，《召诰》脱简二。……文字异者七百有余，脱字数十。（《汉书·艺文志》）
>
> 《礼古经》者，出于鲁淹中及孔氏。（与十七）篇文相似，多三十九篇。及《明堂阴阳》、《王史氏记》所见，多天子诸侯卿大夫之制……（《汉书·艺文志》）
>
> 刘向校书，得《乐记》二十三篇，与禹不同，其道寖以益微。（《汉书·艺文志》）
>
> （今文诸家《孝经》）经文皆同，唯孔氏壁中古文为异。"父母生之，续莫大焉"，"故亲生之膝下"，诸家说不安处，古文字读皆异。（《汉书·艺文志》）

---

① （东汉）班固：《汉书》，第 1701 页。

② （清）严可均：《全汉文》，第 392 页。

　　以上内容是刘向刘歆父子校书中的一个重要环节，正是经过如此细致的文献比对工作，刘歆等整理者发现官学问题，以实际校书工作为依据，指出被立于学官的博士经学存在的缺陷，如学残文缺、解说烦琐失当。"六艺略"序的部分反映了刘歆对官学批评，对博士系统《诗经》学做了以下概述，"汉兴，鲁申公为《诗》训故，而齐辕固、燕韩生皆为之传。或取《春秋》，采杂说，咸非其本义。与不得已，鲁最为近之"。① 刘歆怀疑博士官讲授的经学观点，认为齐诗、鲁诗取材于《春秋》或"杂说"，"咸非其本义"，认为其解说不当，不能切合经学原本意义。

　　刘氏父子的学术总结、对今古文经学的基本观点都是基于这一系列整理程序。刘歆在《七略》《移书让太常博士》中对于太常博士系统的学风进行了批评。

---

① （东汉）班固：《汉书》，第 1708 页。

第 六 章

文献整理原则、态度与新学术视野

第一节 "尊经"学术思想原则的确立与贯彻

刘向刘歆文献整理中树立了明确的"尊经"的原则，尤其在刘向《别录》、刘歆《七略》中以具有经学价值作为判断文献价值的依据，而经学之所以被刘氏父子看重，还有现实政治利益的考量，他们肯定那些文献中与经学有关、又对政治有益的部分，文献整理中强调对大义的追求，他们对各类文献价值判断的依据就是经学思想。

刘向《别录》整理、排列各类文献时，标准为是否合乎"六经""经术"，强化了汉武帝"独尊儒术"以来，六经至高无上的思想地位。《别录》中以此为标准，肯定了诸子文献中《管子》《晏子》《孟子》《列子》等符合经学部分的文献价值，经学至上的观念至刘歆之后更为深入人心，启发后世学者以此为标准反思作家、作品价值，如班彪班固父子对司马迁《史记》的评价，就是这种思想对后世影响的例子。而与刘向同时的大臣萧望之奏疏文章中，还没有形成以经学判断所有学术类型价值的模式。

刘歆在对《天官历》《包元太平经》的处理态度上，用是否符合经义来作为判断是非标准：

成帝时，齐人甘忠可诈造《天官历》、《包元太平经》十二

卷，以言汉家逢天地大终，当更受命于天，……中垒校尉刘向
奏忠可假鬼神罔上惑众，下狱治服，……哀帝初立，司隶校尉
解光以明经通灾异得幸，白贺良等，所挟齐人甘忠可书，事下奉
车都尉刘歆，歆以为不合五经，不可施行。（《汉书·楚元王传》）

甘忠可提出的汉家"更受命"，对刘氏皇权稳固性造成威胁，
刘向父子皆采取果断的打击态度，然而，二人所依据不同值得注
意。刘向的依据是"假鬼神罔上惑众"，发表此见解时处于校书初
期，而刘歆的依据是"不合五经，不可施行"，见解发表时间是在
校书后期，可见在校书后期，是否"合经"已然成为权威的政治
是非判断标准。

扬雄把经学作为学术、政治等问题判断的标准更为明晰，《汉
书·扬雄传》记载了扬雄《法言》撰写的原因，"（扬）雄见诸子
各以其知舛驰，大氐诋訾圣人，即为怪迂，析辩诡辞，以挠世事。
虽小辩，终破大道而或众，使溺于所闻而不自知其非也。及太史
公记六国，历楚汉，讫麟止，不与圣人同，是非颇谬于经，故人
时有问雄者，常用法应之，撰以为十三卷，象《论语》，号曰《法
言》"。① 扬雄看到许多议论贬低孔子、儒家的学说，扬雄反对司马
迁《史记》对战国至汉武帝时期历史的评价观点，认为其不符合
儒家思想，"是非颇谬于经"，因而以《法言》来维护经学及孔丘
思想的正统性。扬雄《法言》的创作动机，亦有纠正俗儒、阐发
大道的目的，仍然是以经学为尊的，扬雄对于学术舆论中对圣人、
大道的怪论奇谈深为忧虑，担心颠倒黑白，于是以《法言》来匡
正世俗，其主导思想与刘氏父子的"尊经"暗合。桓谭《新论》
有《正经》篇，关注了古文经典籍的状况，对古文经推崇。并且
桓谭在撰写《新论》时，他的是非标准有意识地向《春秋》趋同。
"桓谭著《新论》，自以为其书与《春秋》褒贬思想一致，他所言

---

① （东汉）班固：《汉书》，第 3580 页。

'前圣后圣，未必相袭。夫圣贤所陈，皆同取道德仁义，以为奇论异文，而俱善可观'，一方面体现了桓谭的自我期许，'拟圣'意识十分强烈；另一方面，也体现了桓谭著作'尚新'的学术目的。"① 班固评价《史记》也是从经学的角度衡量价值："是非颇谬于圣人，论大道则先黄老而后六经，序游侠则退处士而进奸雄，述货殖则崇势利而羞贱贫，此其所蔽也。"② 刘歆以是否合经作为学术、政治问题是非判断的标准，在桓谭、扬雄、班彪等学者间获得了认可，并且这种观点持续影响着后世，如班固《白虎通议》、王充《论衡》等。

《汉志》把诸子类文献定位为"亦《六经》之支与流裔"。认为赋是与《诗经》有密切关系的，"学《诗》之士逸在布衣，而贤人失志之赋作矣"。认为汉代的乐府诗具有"观风俗，知薄厚"的价值，从政治功用的角度来肯定汉乐府诗价值，这与《诗经》的诗教观又是相通的。这样以经为尊、以经为价值衡量标尺的观念，发展到齐梁时期影响了刘勰。刘勰《文心雕龙》的《宗经》篇，明确了文章必须宗法经书，肯定五经价值的同时，认为经书是后代各体文章的源泉，刘勰这一观念，与刘氏父子古籍文献整理中所确立下来的尊经价值观念是一脉相承的，《别录》《七略》就已经以经为尊，《别录》以经学价值衡量诸子的优劣，《七略》在衡量"诸子""诗赋"等文献价值时仍然使用了经学的标尺。

第二节　刘氏父子文献整理的学术态度

刘向刘歆父子在文献整理中，对待文本的态度是严谨客观、实事求是。

以六艺、诸子类文献整理为例，刘向领导的此次工作，对每一

---

① 孙少华：《桓谭的经学思想及其与两汉之际谶纬之关系》，《国学研究》2017 年第 1 期。

② （东汉）班固：《汉书》，第 2738 页。

种文献搜集官、私各种版本，做了不同版本的文字比对等校勘工作。整理者在面对来自民间的经学文本时心态是开放的、包容的，其工作是全面而细致的。

在《易》的整理中，文本校理范围，既包括博士官中的"施、孟、梁丘"三家博士官学的文本，也涵盖未被立为官学的文本"中《古文易经》"与"费氏经"（《汉书·艺文志》六艺略序）。同样，在《尚书》整理中，文本校理的版本范围，既包括博士官学中的"欧阳、大小夏侯"三家官学文本，也包括"中古文（壁中《古文尚书》）"。这些经书文本来源有三个，一是藏于内廷的各种古文经文本；二是当时博士官所保存、传授、研习的官学文本；三是民间经师所掌握的私学文本。

刘向整理文献目的之一，是要还原经书未被焚毁之前的面貌，力求恢复其完整、真实，因而，收罗官私各种文本的目的，是尽可能在所有能找到的多样文本基础上，考察官藏文本的状态，补充、完善官藏文本。整理者在面对来自民间的经学文本时心态是开放的、包容的。

刘向整理文献态度的包容性体现在很多方面，比如，在面对《战国策》原始文献琐碎与复杂状态时，刘向不因其文本载体的破碎而失去耐心。《战国策书录》展现了这些文献的原始状况：

> 所校中《战国策》书，中书余卷，错乱相糅莒。又有国别者八篇，少不足。臣向因国别者，略以时次之；分别不以序者以相补，除复重，得三十三篇。本字多误脱为半字，以"赵"为"肖"，以"齐"为"立"，如此字者多。中书本号或曰《国策》，或曰《国事》，或曰《短长》，或曰《事语》，或曰《长书》，或曰《修书》。臣向以为，战国时游士辅所用之国，为之策谋，宜为《战国策》。其事继《春秋》以后，讫楚、汉之起，二百四十五年间之事，皆定以杀青，书可缮写。

　　刘向看到的这些原始文献，除"国别者八篇"相对完整外，其余二十余篇材料篇名不一，文字错漏百出，它们是零碎的，各自孤立的，"错乱相糅莒"，难以统计出篇数，这些零散篇章文字脱误情况大量存在，篇目名称不一。这些小众文献当时可能并不被外界知晓，因为刘向整理的《战国策》文献完全来自内廷藏书，将这些错误百出的零散资料编为一书的难度是可想而知的，刘向没有因为这些文献知名度不高、整理困难而放弃这批材料，而是慧眼识得它们独特的史料价值，是关于战国纵横家的重要文献，将其整理成书，刘歆在《七略》中，将其归入"六艺略"《春秋》类文献。

　　刘向对来源于民间的文本、对零碎的资料极为珍惜，绝不忽视，体现了开放而包容的态度。在诸子类文献整理中也有体现：

　　　　所校雠中《管子》书三百八十九篇，大中大夫卜圭书二十七篇，臣富参书四十一篇，射声校尉立书十一篇，太史书九十六篇，凡中外书五百六十四篇，以校。（《管子书录》）
　　　　所校中书《晏子》十一篇，臣向谨与长社尉参校雠，太史书五篇，臣向书一篇，臣参书十三篇，凡中外书三十篇，为八百三十八章。（《晏子书录》）
　　　　所校雠中《孙卿书》凡三百二十二篇，以相校，除复重二百九十篇，定著三十二篇，皆以定杀青，简书可缮写。（《孙卿书录》）

　　上面提到的三种诸子文献，只有《孙卿书》文献来源仅仅局限于内廷，说明在私人藏书中没有收集到同类文献，但仅就内廷的《孙卿书》文献版本的多样而言，是很惊人的，重复的篇目竟然高达二百九十篇，最后定本的篇目是三十二篇，而这二百九十篇均与三十二篇进行过比对。而《管子》《晏子》的文本均参照了"中外书"，外书有的来自"太史"，即太史官守的文本，有的来自私人，如"大中大夫卜圭""臣富参""射声校尉立""臣向"，都是一些大臣的私人藏书。

整理者在文献整理中对古代文献持一种珍视态度，还体现在对一些有争议篇章的处理方式上。《晏子书录》说明了收集到的众多篇目的复杂性，除了文本文字上的差异性，在内容思想、风格上也存在矛盾，"外书无有三十六章，中书无有七十一章，中外皆有以相定"。为《晏子春秋》定篇时，将"中外皆有"的章，放在前六篇中，认为是晏子所作，没有疑问。"又有颇不合经术，似非晏子言，疑后世辩士所为者，故亦不敢失，复以为一篇。"将"外书无有"和"中书无有"的部分，放到后两篇中，作为六篇正文的附著部分。其中，"似非晏子言，疑后世辩士所为者"，集中到一篇中，发现这些内容的思想、风格与晏子有较大差异，但出于对古文献的珍视，并没有舍弃而是作为附著，刘向的解释是"不敢遗失""亦不敢失"，即使文本内容"不合经术"，似为后人伪托，并不推荐给汉成帝阅读，也作为附著保存。可见刘向在尊经的整理文献原则之外，另有一条"求全"的原则，珍惜古文献，不轻易舍弃，包容、接纳多元信息的态度再次彰显。这与官学"抱残守缺"学术风气形成强烈反差。

另外，刘向刘歆等人对整理的文献持一种怀疑、辨析的意识，这在经学已经成为时代显学过程中显得难得的清醒。怀疑、辨析意识，与校书的目的和方法有关，而怀疑、辨析意识必然导向征实、多闻阙疑的为学态度。

对文本的字句、篇章追求文本准确性、真实性、完整性，"古文或误以'见'为'典'，以'陶'为'阴'，如此类多"。① 类似这样的辨析文字是贯穿于整个整理工作始终的。对于"六艺略""诸子略"中的文献，在《汉书·艺文志》序言及其诸子书录中，均有说明。

对篇章作者的怀疑与判断，是刘向整理工作的基本任务，如在

---

① （清）严可均：《全汉文》，第 392 页。

《列子书录》中的辨析：

> 而《穆王》《汤问》二篇，迂诞恢诡，非君子之言也。至
> 于《力命》篇一推分命，《杨子》篇唯贵放逸，二义乖背，不
> 似一家之书。

《别录》撰写体例往往包括对以下条目的思考：如作者考辨、姓名籍贯、官职及生平、时代、师承、作品宗旨等，带着思考的、怀疑的考辨态度去落实对各条目的思考。《神农》颜师古注，"刘向《别录》云：'疑李悝及商君所说'"。[1] 是对书籍文献的作者产生怀疑，根据文献的内容思想的分析，得出一个新的判断。严谨的文献整理程序、细致的程序性的体例设置促进了辨析意识的产生。

刘向辨别、考索意识还体现在以下两个方面。一是对文本产生时间的判别，如认为《蹴鞠》并非黄帝的作品，"蹴鞠者，传言黄帝所作，或曰起于战国之时。蹴鞠，兵势也，所以练武士，知有材也。皆因嬉戏而讲习之，今军士无事，得使蹴鞠，有书二十五篇"。[2] 对《蹴鞠》作者为黄帝的说法持谨慎态度，虽然无法确切考知其具体的作者，但推断其为战国时期的作品。二是对文体辨析，如探析"隐书"的文体特征，《隐书》颜师古注引刘向《别录》："隐书者，疑其言以相问，对者以虑思之，可以无不谕。"[3] 征实的学术作风体现于校书工作的细节与较为完善的程序，刘氏父子追求一种踏实、细致的校书，这种风气又影响了当时的学风与文风。

第三节　学术观察的宏观视角与总结风气的扩展

在文献整理的最后阶段，刘歆对所有的文献性质、特点、类

---

① （东汉）班固：《汉书》，第 1743 页。
② （清）严可均：《全汉文》，第 396 页。
③ （东汉）班固：《汉书》，第 1753 页。

别、价值等问题做了总结性收尾工作，即《七略》的撰写。刘氏父子文献整理阶段与总结阶段在思维方式上是不同的，在整理工作的前期阶段，需要对不同版本文献进行比对，对不同学派的比较、判断、阐释，这个视角是横向的，而在最后的总结阶段，刘歆撰写《七略》时，视角更多的是纵向的观察与总结，是对学术源流等问题的宏观把握。

《七略》代表了刘向刘歆等人对经学、经学之外学术门类等问题的基本看法，是对二十余年文献整理工作的总结，可以把《七略》看成体现刘向刘歆学术思想的载体，这一学术思想区别于太常博士官学系统中唯官方经学为尊、轻视其他学术支派的做法，最大区别在于，以经学为纲领，包容民间经学、诸子学等其他学术支流，这一新学术思想是对之前自我封闭、排斥其他门派的官方经学的纠偏。

刘歆的文献整理工作及《七略》的完成，还带来一种宏观的、总结式的思考问题的方式，这种思维方式与司马迁的"究天人之际，通古今之变"遥相呼应。他们思考最多的是天人之间关系问题、皇权合理性问题以及理想治国方式问题，并且在这个框架中关注汉王朝的位置与命运。他们回望历史，结合所掌握的经书、诸子等各种典籍，用一种跨越古今、凌驾天人的角度总结规律、窥测天机，力求将这些规律现象理论化，形成文字，并具有现实指导作用。这种总结的思维方式使他们在诸多领域获得了集大成的成果。"刘氏《洪范论》发明《大传》，著天人之应；《七略》剖判艺文，总百家之绪；《三统历谱》考步日月五星之度。有意其推本之也。"① 班固的这段话肯定了刘氏父子在阴阳五行学说、学术思想、律历学等领域的突出成就。

第一，从宏观角度看，刘氏父子兼顾纵向的学术发展与横向的典籍门类关系，建构起学术系统。从微观角度看，校书中对于每一本书从文本的状况到思想的流变均做了总结。

---

① （东汉）班固：《汉书》，第 1972—1973 页。

　　在刘向为整理后的文献所做的书录中，严可均《全汉文》辑录了十篇，其中的《关尹子书录》《子华子书录》一般被认为是伪作。这些书录的撰写既是对一段整理工作状况的总结，也是对一类学术现象源流的概括、价值的分析。这类总结性文字自有一定"章法"：对比文献整理前后的篇数、名称、存在状况；对文献的撰写者进行生平的考述，对其生活时代状况进行分析；突出作者、文献的时代价值；指明文献对当下的作用与意义。这种总结的思维方式特点在于对文献进行评价时有现实的考量，把作家、作品放置在历史的背景下去考量其价值，也把这种价值对应着当下的问题解决角度去评价。

　　刘歆《七略》体现了为官学建一统的意义，实现理想状态下的学术一统。在原有官学框架下，将原本被排斥在官学之外的学术门类，从学理的角度附着在官学主干上。首先，刘歆将古文经还原排列在"六艺略"中各自位置上，将其与今文经并列。同时，比较了古文经与今文经的异同，考察了民间古文经研习的派别与状况，也与相应的今文经做了对比，如认为《毛诗》在解说上优于官学三家诗。其次，将诸子百家与经学的关系进行重新定位，认为百家生成于王道微弱之后，"合其要归，亦《六经》之支与流裔"。① 认为这些诸子的言论会对六艺形成辅助作用，是六艺之外必须研习的著作，在对其学说有所取舍的前提下，辅助六艺可以让读书人"通万方之略"。再次，将诗与赋这些文学性、娱乐性的文字也从经学意义上给予肯定，认为早期屈原、荀卿辞赋具有古诗之义，而采自民间的歌谣有"观风俗，知薄厚"的意义。其他的兵书、数术、方技略也从古代官学、经学的角度给予其各自的肯定。这样，以经学为尊的学术系统就形成了，刘歆《七略》在学术思想中强调教化功用、学术的政治功能。《七略》的思考方式是贯通而宏观的，对每一文本做横向对比，做纵向思考，"辨章学

---

① （东汉）班固：《汉书》，第 1746 页。

术"弥补了原来官学中缺少的思维方式。

新的经学体系体现出空前的兼容性、融合性，肯定诸子、诗赋的价值，引领一种新的学术趣味，也带来了视野开阔、思想解放。这与汉武帝以来确立的罢黜百家、独尊六艺的排斥型官学系统区别开来，是一种开放的、包容性的学术思想。而这样的学术思想对学风建设也给予了积极的方向。倡导打开官学的壁垒，积极向民间经学汲取有益的成分。刘向刘歆父子图书整理工作，认可诸子等书籍价值，客观上促进了此类书籍对外散布，必然对当时学风产生影响。而刘氏父子好古修史、崇尚"礼乐"，更容易成为学者典范，通经、通儒的追求都引领了一时风尚。

第二，刘向刘歆父子将经书中的具体文献与西汉以来日益流行的阴阳灾异、五行理论结合在一起，编织成自圆其说的阴阳五行理论系统：

> 刘歆以为宓羲氏继天而王，受《河图》，则而画之，八卦是也；禹治洪水，赐《洛书》，法而陈之，《洪范》是也；……昔殷道弛，文王演《周易》，周道散，孔子述《春秋》。则乾坤之阴阳，效《洪范》之咎征，天人之道粲然著矣。（《汉书·五行志》）
>
> 景、武之世，董仲舒治《公羊春秋》，始推阴阳，为儒者宗；宣、元之后，刘向治《穀梁春秋》，数其祸福，传以《洪范》，与仲舒错。至向子歆治《左氏传》，其《春秋》意亦已乖矣；言《五行传》，又颇不同……（《汉书·五行志》）
>
> 孝武时，夏侯始昌通五经，善推《五行传》，以传族子夏侯胜，下及许商，皆以教所贤弟子。其传与刘向同，唯刘歆传独异。（《汉书·五行志》）
>
> 刘向父子以为帝出于《震》，故包羲氏始受木德，其后以母传子，终而复始，自神农、黄帝下历唐虞三代而汉得火焉。故高祖始起，神母夜号，著赤帝之符，旗章遂赤，自得天统矣。（《汉书·郊祀志》）

刘氏父子阴阳五行理论建设还是着眼于汉朝帝王合理性的阐释，参考了之前董仲舒、夏侯氏等学者的学说，重新阐释天人之道，并用来解释汉朝的服色制度。刘向《洪范五行传论》解释了灾异福祥的变化，由原来的就事论事，变为（天人）理论体系建构，并在其中渗入朴素的历史观。刘向对于阴阳灾异理论阐释，要比匡衡、萧望之、谷永等人更为系统化。刘向建立的新的天道观强调了天与历史、政治规律性关系，把这个规律作为现实政治的指导。

第三，在解释关涉王朝命运走向的律历学上自成系统。

刘向《五纪论》将历史的灾异现象与家国兴亡相结合，并融入自己褒贬判断。刘歆的《三统历谱》在逻辑性上比刘向更为严密，然而在思路上仍然继承了父亲刘向的做法，即将人事历史作为论据细密排列在相应的天时之下。刘氏父子的律历学是集大成之作，尽其所能去解释天道、德运、天命之间的规律，虽然免不了其时代局限性。刘歆《三统历》建构的天道观，将原本道家、阴阳家气息浓厚的学说转向儒家话语模式，对天道解释应用、依靠了经学、经典依据，以宗法世系补充天道"五德循环"。

第四节　刘氏父子对官学反思与民间学术价值重新评估

刘向、刘歆父子对官学做了深刻的反思，批评博士官学学风的问题，指出如下三方面问题。

第一，官学存在抱残守缺的问题，这是一种不良的学术态度：

> 往者缀学之士，不思废绝之阙，苟因陋就寡，分文析字，烦言碎辞，学者罢老，且不能究其一艺，信口说而背传记，是末师而非往古。至于国家将有大事，若立辟雍封禅巡狩之仪，则幽冥而莫知其原。犹欲保残守缺，挟恐见破之私意，而亡从善服义之公心。或怀疾妒，不考情实，雷同相从，随声是非，

> 抑此三学，以尚书为不备，谓左氏不传春秋，岂不哀哉！
> （《移书让太常博士》）

《汉书·艺文志》开篇梳理了六艺之学产生之后的传播历史，强调了在这个流传过程中六艺之学遭到的几次大破坏，使六艺之学的传授过程出现几次中断，导致六艺之学从先秦时期就处于不完备的状况。刘歆《移书让太常博士》分析了汉初除去"挟书律"之后、官学尊礼五经的具体情形，也就是说，刘歆强调了在西汉官学设立的初期，经师们的学说与解释就处于一种摸索、拼凑、不完整状态。在这些基础上，刘歆批评了官学学者抱残守缺的狭隘的做法与私心所在。

第二，在解说经学过程中，官学存在"碎义逃难"、"便辞巧说"与"破坏形体"的阐释弊端：

> 后世经传既已乖离，博学者又不思多闻阙疑之义，而务碎义逃难；便辞巧说，破坏形体；说五经之文，至于二三万言。后进弥以驰逐，故幼童而守一艺，白首而后能言；安其所习，毁所不见，终以自蔽。此学者之大患也。（《汉书·艺文志》）

班固在《汉书·艺文志》中的这段文字很可能还原了《七略》中刘歆对官学解经方式的批判，因为这里所批判的"碎义逃难"，也就是《移书让太常博士》所说的"烦言碎辞"，指的是章句的阐释方式中琐碎破坏经文整体思想内容的问题。官学系统的课试及选拔制度中，使一些适合课试与选拔的经学阐释体例格外兴盛，最具有代表性的就是章句体，这种体例有利于学者、官员的廷辩，在回答问难的时候，更有利于临场发挥，更具有实用性。然而其缺陷在于其宗旨已经不执着于经义，在旁征博引经传文献对经文一句一段的解释中，人为割断了经文本身的完整性，而为了使征引文献与被解释经文具有逻辑性，又随意增加了附会的成分。

第三，不端正的学术态度导致了经学阐释中的"弄虚作假"作风，即穿凿附会，违离道本，随意妄说。

"六艺略"序的部分，对博士系统《诗经》学做了以下概述，"汉兴，鲁申公为《诗》训故，而齐辕固、燕韩生皆为之传。或取《春秋》，采杂说，咸非其本义。与不得已，鲁最为近之"。① 刘歆怀疑博士官讲授的经学观点，认为齐诗、鲁诗取材于《春秋》或"杂说"，"咸非其本义"，认为其解说不当，不能切合经学原本意义：

> 然惑者既失精微，而辟者又随时抑扬，违离道本，苟以哗众取宠。后进循之，是以五经乖析，儒学渐衰，此辟儒之患。（《汉书·艺文志》）

刘歆对博士官学学风的批评，是严厉的。认为经师的阐释有失"精微"，甚至一些学者的附会言论是"违离道本"的。归根结底，穿凿与琐碎之病，源于儒生们的"应考"需要，为了在廷辩与课试中胜出，博士官学随意附会、排外的学风，随着博士官学学者队伍的壮大，负面影响也越来越大。

刘歆对博士官学学风批评是与古代学者状态对比的，"古之学者耕且养，三年而通一艺，存其大体，玩经文而已，是故用日少而畜德多，三十而五经立也"。② 认为古代学者更重视经学对学者"畜德"的作用，对经文本身重视"大体"。

刘向刘歆父子也对官学之外的经学与学术做了新的价值评估。首先，他们对古文经的价值给予充分肯定。

文献整理最先开始的工作，是广泛搜求天下书籍文献，"谒者陈农求遗书于天下"，整理工作的开始阶段就体现了对民间文献与民间学术的重视。整理的文献来源是多元的，除了来自内廷，还

---

① （东汉）班固：《汉书》，第 1708 页。
② （东汉）班固：《汉书》，第 1723 页。

有来源于太史、太常、乐府等官府机构的，有来自大臣们的私人藏书，有来自民间经师的藏书。除此之外，对民间经师所传授学说也是重视的，也纳入了与内廷文献对照的重要对象，如《易》学整理中，对来自民间《易》学派别的"费氏易"认真做了记录。

校书过程中对古文经资料极为重视，对"六艺"类仔细逐字逐简比较，"若怨家相对"① 清晰标出、交代古文经文本与官学文本的差异处，是刘向刘歆父子校书中的一个重要环节，是将古文经文本与官学文本进行逐字校雠后结果的总结。《易》《尚书》《孝经》博士官学文本与古文经相比，文字、句子存在差异，而《礼》《乐》的博士文本与古文经甚至有篇目多寡的差异。这些总结突出了古文经文本的优越性：古文经或者在篇数上多于博士官文本，或者在文字上比博士官文本更准确、更完整。另外，对比文本过程中，发现个别民间经师经学传授与古文经一致，"讫于宣、元，有施、孟、梁丘、京氏列于学官，而民间有费、高二家之说，刘向以中《古文易经》校施、孟、梁丘经，或脱去'无咎'、'悔亡'，唯费氏经与古文同"。② 引发人们对民间经学的重视。与残缺的博士官学文本相比，古文经的价值与优越性更加突出：

> 《礼古经》者，出于鲁淹中及孔氏，（与十七）篇文相似，多三十九篇。及《明堂阴阳》、《王史氏记》所见，多天子诸侯卿大夫之制，虽不能备，犹愈仓等推《士礼》而致于天子之说。（《汉书·艺文志》）
>
> 汉兴，田何传之，讫于宣、元，有施、孟、梁丘、京氏列于学官，而民间有费、高二家之说。刘向以中《古文易经》校施、孟、梁丘经，或脱去"无咎"、"悔亡"，唯费氏经与古文同。（《汉书·艺文志》）

---

① （清）严可均：《全汉文》，第 392 页。
② （东汉）班固：《汉书》，第 1704 页。

武帝末，鲁共王坏孔子宅，欲以广其宫，而得《古文尚书》及《礼记》、《论语》、《孝经》凡数十篇，……以考二十九篇，得多十六篇。……刘向以中古文校欧阳、大小夏侯三家经文，《酒诰》脱简一，《召诰》脱简二。率简二十五字者，脱亦二十五字，简二十二字者，脱亦二十二字，文字异者七百有余，脱字数十。（《汉书·艺文志》）

汉兴，长孙氏、博士江翁、少府后仓、谏大夫翼奉、安昌侯张禹传之，各自名家。经文皆同，唯孔氏壁中古文为异。"父母生之，续莫大焉"，"故亲生之膝下"，诸家说不安处，古文字读皆异。（《汉书·艺文志》）

道术由此遂灭……故诏书曰：礼坏乐崩，书缺简脱，朕甚闵焉。时汉兴已七八十年，离于全经固以远矣。（《移书让太常博士》）

孝成皇帝愍学残文缺，稍离其真，乃陈发秘藏，校理旧文，得此三事，以考学官所传经，或脱简，或脱编。博问人间，则有鲁国桓公、赵国贯公、胶东庸生之遗学与此同，抑而未施。（《移书让太常博士》）

这些《七略》中对《礼》《易》《书》《孝经》进行概括、总结的小序中，都反映了文献整理中很受重视的一个环节，即对经文的官学版本与民间版本、古文经版本进行详细比对，尤其关注其差异，如"（《礼》）篇文相似，多三十九篇"，"（《易》）刘向以中《古文易经》校施、孟、梁丘经，或脱去'无咎'、'悔亡'，唯费氏经与古文同"，文献整理中，是以古文经做重要参照底本的，官方经学版本与民间经学版本的优劣，均以古文经文本为判断依据。"（《书》）……以考二十九篇，得多十六篇。……刘向以中古文校欧阳、大小夏侯三家经文，《酒诰》脱简一，《召诰》脱简二。率简二十五字者，脱亦二十五字，简二十二字者，脱亦二十二字，文字异者七百有余，脱字数十。""（《孝经》）经文皆同，唯孔氏壁中古文为异。"在这种比较中认识到官方经学文本残缺，民间经学与古文经学的价值。

刘氏父子在文献整理中发现、证实了官学中传授的经学文本及内容诸多问题。校书将古文经与今文经文本进行对比，最终发现部分古文经文本比官学文本更加完整，有些古文经篇数多于官学文本，如《古文尚书》。有些解释经书的传，产生时间比现存官学的传更早，内容上可取之处甚多，如解说《春秋》的《左传》产生时间早于官学博士《公羊传》《穀梁传》，据说传自子夏的《毛诗》，在产生时间上优于《齐诗》《鲁诗》《韩诗》，在解说上优于三家诗。刘氏父子还发现了之前没有见过的解经之作，如《周官》《乐记》等。总之，刘氏父子认为有两类经学价值被忽略了：一是古文经，以《左传》等为代表；二是指经学的民间传授部分，以《毛诗》为代表。它们被认为是官学两个重要补充，可以直接吸纳其中重要的入官学：

> 故与左丘明观其史记，据行事，仍人道，因兴以立功，就败以成罚，假日月以定历数，藉朝聘以正礼乐。有所褒讳贬损，不可书见，口授弟子，弟子退而异言。丘明恐弟子各安其意，以失其真，故论本事而作传，明夫子不以空言说经也。《春秋》所贬损大人当世君臣，有威权势力，其事实皆形于传，是以隐其书而不宣，所以免时难也。及末世口说流行，固有《公羊》、《穀梁》、《邹》、《夹》之传。四家之中，《公羊》、《穀梁》立于学官，邹氏无师，夹氏未有书。(《汉书·艺文志》)

刘歆强调了孔子与左丘明的师徒关系，认为左丘明曾作为孔子助手，因而左丘明在对《春秋》阐释上更接近孔子本意。刘歆还指出左氏作传的出发点，"丘明恐弟子各安其意，以失其真，故论本事而作传"，《左传》是关注了经文所依托的历史背景，侧重于

"本事"的撰述。而官学的《公羊传》《穀梁传》是"末世口说"。刘歆从以上的角度区别了这三部阐释《春秋》的传价值的高低，认为属于传记性质的《左传》在价值上远高于源于"口说"的其他两部传记。在《移书让太常博士》中刘歆指责太常博士"信口说而背传记"，就是从对《春秋》三传分析中获得的认识。刘歆认为《左传》价值大于被立于学官的《公羊》《穀梁》。

刘氏父子提倡一种立足六艺之学、兼通民间学术的大经学观。

对官方学术与民间学术之间的价值定位以及理解二者之间的关系，是刘向刘歆学术思想中的核心问题。"（刘向歆父子）阐述了民间私家之学与王官之学的关系，回答了为什么要广学的道理。在《七略》或《艺文志》看来，民间私家之学的发生有一个逻辑的和历史的起点，那就是王道分崩、经典分散与王官失守。"①

> "六艺略"大序："诸子十家，其可观者九家而已。……今异家者各推所长，穷知究虑，以明其指，虽有蔽短，合其要归，亦《六经》之支与流裔。使其人遭明王圣主，得其所折中，皆股肱之材已。仲尼有言：'礼失而求诸野。'方今去圣久远，道术缺废，无所更索，彼九家者，不犹愈于野乎？若能修六艺之术。而观此九家之言，舍短取长，则可以通万方之略矣。"（《汉书·艺文志》）

这是对被排除于官学之外的诸子学说的评价，对其"《六经》之支与流裔"定位，对诸子们的评价是"股肱之材"，认为"九家"学术价值在民间诸学问之上，可以补充经学缺失，具有"通万方之略"价值。这里充分肯定了诸子学术的价值，把古文经和诸子学问二者价值放在其他在野学术价值之上：

① 徐兴无：《刘向评传》，第241页。

> 夫礼失求之于野，古文不犹愈于野乎！（《移书让太常博士》）
>
> 咸有恻隐古诗之义……皆感于哀乐，缘事而发，亦可以观风俗，知薄厚云。（《汉书·艺文志》）

这种大经学观具有一种前所未有的学术包容性与开放性。刘歆在《七略》学术总结之前有段铺垫，强调了焚书坑儒，甚至在此之前，经学文献已经有所缺失，认为六艺之学在秦焚书之后，残缺愈加严重，因而，汉初所设立的官学，也是残缺不全的，既然"礼缺"，就要有所弥补，因而刘歆这里格外强调了博士官学系统外的"九家之言"和"古文"。在刘向刘歆父子校雠工作中官学的缺失既已得以证实，如何弥补？刘歆在《七略》《移书》中坚持强调"求之于野"，主要强调两部分内容，一是古文经学，二是诸子百家学说。刘歆也深知自己的主张会受到阻力，因此出语谨慎。看刘歆后来主张立经的情况，可知刘歆真正看重的民间学问还包括《毛诗》《周官》等。

"民间私家之学部分地或是变态地保存着旧王官之学中的内容，新王官之学只能尽可能没有遗留地从民间私家之学中一点一点地搜罗、拼贴，恢复出王道的全体面貌。"① 刘氏父子主张一种通博的阅读领域，例如扩大至古文经、民间经、诸子等领域，对民间学术重视，去发现、整理、思考其对官学的补充价值。这里实际已经指出解决病态学术发展的出路，即呼吁以古文经学术来补充官学的不足，在文本、方法上向古文经汲取有益的部分。

既然刘歆提倡以官学的眼光立足五经、同时做到向民间经学汲取有益成分，就已经暗含一种兼收并蓄的趋势，面向宽广的学术视野。刘歆的《上山海经表》中，打破传统对"荒诞不经"文献的偏见，对之前传统士大夫所排斥的《山海经》进行积极的整理与倡导，说明重视民间学术的态度必然带来阅读对象的进一步扩

---

① 徐兴无：《刘向评传》，第243页。

充，趋向崇尚博观泛览的学风。古文经与其他民间学术，在汉武帝"独尊儒术"之后，被排除在博士官学之外。刘氏父子认为诸子类内容是六艺的附庸，"今异家者各推所长，穷知究虑，以明其指，虽有蔽短，合其要归，亦《六经》之支与流裔"。① "诗赋略"中阐发了诗赋与六艺间的关系，认为赋早期产生于"贤人失志"，"诗人之赋"体现了《诗经》的精神，即"讽"意。而汉代产生的歌诗类作品从政教功用角度，体现了古代采诗制度中民间诗歌的作用，提供"观风俗，知盛衰"的资料来源。

刘歆认为这些内容可成为完善博士系统的重要补充，刘歆认为周代王官之学范围广，兵书、数术、方技类的内容也属于古代王官之学。西汉的官学仅立五经博士，排斥其他学术门类，这在刘歆看来是"抱残守缺"的，因而极力主张将古文经纳入博士系统中，立为官学。其他类内容虽然可以不立为官学，但可以看作博士经学的补充，应该重视，可作为官学的重要扩展部分。另外，刘歆致力于对博士官学系统的重新阐释，将其放在大的学术背景中定位。依然维护了其至高无上的学理地位，同时，指出与其他学术派别关系。这涉及对校书中梳理清楚的各类别学术的定位、价值的判断。这一系统具有如下特点。

刘歆认为各学术分支自古就"同源"，即源于古代的王官之学，徐兴无先生将刘歆构建的学术系统定义为"新王官之学"，认为"刘向歆父子获得了一个学术建构的前提，……从建构新王官之学的宏观角度，从逻辑的和历史的角度"。② 就官学体制而言，刘歆这一学术体系建构，仍然是汉武帝时期官学结构的延续，增加古文经博士官，仍然保留了官学博士系统内只为经典立博士的惯例，结构上没有变化，维护了原有的汉武帝以来的官学博士独尊地位，又不排斥其他，具有前所未有的学术兼容性。

刘歆认为如果将《左传》《古文尚书》补充至博士体制内，会

① （东汉）班固：《汉书》，第 1746 页。
② 徐兴无：《刘向评传》，第 245 页。

增强原有官学的学理权威，是符合既有官学框架的。阐释了诸子
略、诗赋略等书籍与经学六艺的联系，认为是源与流的关系，是
经典与阐释引申的关系。六艺略与诸子、诗赋略文献价值位置仍
然有主与副，有大有小。刘歆这一学术体系的观点，是对汉武帝
以来经学博士制度的纠偏与完善。

下编

第 七 章

刘向刘歆文献整理对文学观念的影响

第一节 "尊经"学术价值观向文学领域的渗透

"尊经"是刘向刘歆父子主持校书活动中判断文献价值的重要原则，这种学术价值观也体现在对文学类文献的定位与评价上。

秦始皇时期焚书给儒家六艺书籍及其学术流传造成了破坏，秦焚书之后，两个恶果延续下来：一是六艺书籍残缺，即所谓"书缺简脱"；二是"七十子之徒"传承的学术断裂，今文官学学术统绪缺乏连续性。在此背景下，对于皇家秘书的校理被汉成帝及当时学者重视。校书中，将官学文本与其他版本对比，是一个重要的工作环节，对比结果证实了学者们对官版六艺书籍完整性的怀疑。对文本完整性的怀疑又扩大到对官学博士们解经合理性的怀疑。刘歆在校书过程中，除了发现官学存在的严重问题，也找到了弥补官学缺陷的答案，"夫礼失求之于野，古文不犹愈于野乎？"（《移书让太常博士》）即从古文经、从民间学术中寻求散落的六艺之学。这一想法与当时的古文经思潮发展方向一致，引发了对古文、对民间学术形成一种普遍心理期待。刘歆在撰写《七略》之后不久，向汉哀帝建议立古文经博士。王莽在汉平帝时期，大力会集民间学者至京师作学术汇总，正是这种心理的反映。刘歆在校书中发现了《毛诗》的学问并被吸引。《毛诗》为好古的河间献王所喜好，被立为诸侯国博士，《毛诗》虽非古文，但传承者自称

"出于子夏",师承在刘歆看来要优于三家诗。刘向刘歆父子总领的校书活动,涉及书籍种类繁多,如何判断不同书籍的优劣得失是有一个总的标准的,即"经义"至上,这在刘向撰写的《别录》中体现得最为明显。在《管子叙录》中评价《管子》"可以晓合经义",评价《晏子》"皆合六经之义"。(《晏子叙录》)这样的判断标准,也很自然被刘歆应用到"诗赋略"文献价值的判断上。

汉代蔚然兴起的歌诗与辞赋,如何评价其抒情特性与艺术特点?一般学者们在传统学术观念下将汉乐府视为"郑声",将赋视为"淫靡不急"。刘歆能用新的、是否合"经义"的标准,看到汉乐府"亦可以观风俗、知得失"的价值,看到屈原、荀子"诗人之赋"的价值,就是从校书活动中形成的"经义"至上学术价值观出发的。

班固在《汉书·艺文志》中对《诗》本质及价值的分析反映了刘歆的诗学认识,"《书》曰:'诗言志,歌咏言。'故哀乐之心感,而歌咏之声发。诵其言谓之诗,咏其声谓之歌。故古有采诗之官,王者所以观风俗、知得失、自考正也。……诗以正言,义之用也"。[①] 这是出于《诗》学指导的政教为中心的诗学认识,强调《诗》的功用性,对《诗》产生原因分析,"哀乐之心感"是贴近诗歌产生的本质原因,强调《诗》是在情感触动下产生。

刘歆将小说家归入诸子类,认为"诸子"是"六经"的"支与流裔":

> 小说家者流,盖出于稗官。街谈巷语,道听途说者之所造也。孔子曰:"虽小道,必有可观者焉。致远恐泥,是以君子弗为。"然亦弗灭也。闾里小知者之所及,亦使缀而不忘,或如一言可采,此亦刍荛狂夫之议也。(《汉书·艺文志》)

---

① (东汉)班固:《汉书》,第1708—1723页。

刘歆从小说家有"一言可采"的角度出发，将这类作品置于诸子之末，这仍是一种经学为尊前提下的学术分类思维，认为小说家虽然不入流，但也有其自身价值，即孔子所说的"小道"，诸子文献"其可观者九家而已"。认为"九家"在思想上体现了经学价值。在这种严谨的整理原则下，整理者们发现了"小说家"类文献的大量"不实"之处，对其内容上的虚构是排斥的，此时的小说观念是在"尊经"价值观念影响下形成的，以小说有多少经学价值为标准进行价值的评判。刘歆将小说定位为在野的学问，其他的九家"诸子"在价值上要"愈于野"，而小说之所以低于以上九家，是由于其内容上依托、浅薄的特点，"含金量"不高，只有少量内容合乎经义，这都是以经学标准来衡量在野的小说文体价值，否定其浅薄，不具备教化、严谨的说理。

刘向在文献整理过程中，要对作品及文体价值、标准进行确立与统一，形成以"经学""教化"标准判定文献价值的标尺：

> 大儒孙卿及楚臣屈原离谗忧国，皆作赋以风，咸有恻隐古诗之义。其后宋玉、唐勒，汉兴枚乘、司马相如，下及扬子云，竞为侈丽闳衍之词，没其风谕之义。是以扬子悔之，曰："诗人之赋丽以则，辞人之赋丽以淫。……"
>
> 皆感于哀乐，缘事而发，亦可以观风俗，知薄厚云。
> (《汉书·艺文志》)

班固《汉书·艺文志》以《七略》为基础完成，那么就通过这篇文献来了解一下刘歆的赋学观念，这段文字先追溯早期创作者身份来源，"春秋之后，周道浸坏，聘问歌咏不行于列国，学《诗》之士逸在布衣，而贤人失志之赋作矣"。肯定这些作者为"学《诗》之士"，为"贤人"，因此早期赋的作者有《诗经》精神，重视作品讽谏意义，接纳了扬雄"诗人之赋""辞人之赋"说法本身，就是从经学立场出发谈赋，假设"孔氏之门"用赋后，否定贾谊、司马相如对孔门无价值，同样是从儒学标准衡量文学，扬雄《法言·君子》"文丽用寡，长卿也"，是以政教之"用"为标准来衡量司马相如作品，扬雄这一从政治功用的目的出发、重视儒学思想的衡量标准对刘歆产生直接影响。刘歆认为汉武帝立乐府合乎《诗》经时代"采诗"制度，"自汉武立乐府而采歌谣，于是有代赵之讴，秦楚之风"，强调乐府对政治积极的作用。另外，《七略》文体价值判断还受到刘向《别录》经学评价标准影响：

> 凡《管子》书，务富国安民，道约言要，可以晓合经义。（《管子书录》）
> 文章可观，义理可法，皆合六经之意。（《晏子叙录》）
> 道家者，秉要执本，清虚无为，及其治身接物，务崇不竞，合于六经。（《列子书录》）
> 唯孟轲、孙卿为能尊仲尼，……其书比于记传，可以为法。（《孙卿书录》）

刘向叙录注重对每一种文献价值的评价，而这里的标准非常一致，"晓合经义""合于六经""比于记传"，是明确的经学价值论。

《七略》总体的学术类目排序体现了"经学"至上观念，以"六艺略"居首，"诸子略"紧承其后，逻辑是诸子是经学"支与流裔"，与六艺关系最为紧密。"诗赋略"排在第三位，体现了《诗》经的"风"意，肯定乐府民歌"观风俗，知厚薄"功用符合古代采诗制度，肯定乐府收集诗歌政教上的功能与价值，是具有文学史进步意义的。从分析《尚书》"诗言志"到对"诗赋略"中文学作品"讽谏"意义挖掘，对乐府诗"观风俗，知厚薄"之用的强调，刘歆的文学观念，受到校书工作中"尊经"的影响，也引领了刘歆此后辞赋创作方向，产生了《遂初赋》这样的作品。

第二节　刘向刘歆文献整理中文学类文献的突出与总结

汉成帝时期校书各个环节，带给整理者们的思考是多方面的：加深了对某位作家创作特点的认知，加深对不同文体特征的思考辨析。尤其在《别录》《七略》的编写中，刘氏父子对文学的认识出现明显发展，在很大程度上归功于文献整理，校书思维利于文学观念总结。

一　整理工作中以作家为单位的文献分析特点

刘向领导的诗赋类文献整理，是以作家为中心展开工作的。"诗赋略"共分为四大类，每一类下面的子目，均以单一作家的作品集为单位排列。

以作家为中心的"诗赋略"文献整理，主要有三方面工作内容。（1）将该作者全部此类性质（将六艺、诸子类文字排除）的篇章汇集整理，编排在一起。如刘向作品分在不同"略"中，刘向赋三十三篇记录于"诗赋略"；刘向《说老子》四篇记录于"诸子略"道家类；刘向所序六十七篇《新序》《说苑》《世说》《列女传颂图》记录于"诸子略"儒家类；刘向《五行传记》十一卷记录于"六艺略"书类；刘向《新国语》记录于"六艺略"《春秋》类，而这样的同一作者不同著作内容分在不同类目中，是刘歆《七略》编排的体例原则，如扬雄、冯商、臣说等人的作品都是这样经过区分思想内容、区分文体特征之后再归类的。（2）作家生平资料的编撰。（3）作品背景介绍。例如《七略》佚文对东方朔、扬雄等作家资料、创作时间等细节介绍，刘向等人所关注、阐述的这些内容，体现了孟子"知人论世"的观念，也是后世的"别集"观念的萌芽：

朔之文辞，有《封泰山》《责和氏璧》，及《皇太子生禖》《屏风》《殿上柏柱》《平乐观赋猎》，八言、七言上下，

《从公孙弘借车》，凡刘向所录朔书具是矣。

淮南王有《薰笼赋》。

向有《芳松枕赋》，有《合赋》，有《麒麟角杖赋》，有《行过江上弋猎赋》《行弋赋》《弋雌得雄赋》。①

以上是《别录》残存记录东方朔、淮南王及刘向本人的赋类文献叙述的文字，刘向在对每种文献整理之后写的总结性的文字中，一一罗列每位作者的所有同类作品。

"诸子略"杂家类录有《东方朔》二十篇，而《别录》中有"刘向所录朔书"字样，说明刘向曾系统整理过东方朔作品，却不见"诗赋略"对东方朔记载，这有两种可能性，一是刘向刘歆等人并不把《答客难》这样的作品看作辞赋。二是皇家藏书中没有东方朔辞赋类作品。刘向对东方朔评价并不高，"少时数问长老贤人通于事及朔时者，皆曰朔口谐倡辩，不能持论，喜为庸人诵说，故令后世多传闻者"。② 认为其"不能持论"。而扬雄对东方朔评价就更低，"朔言不纯师，行不纯德，其流风遗书蔑如也"。③ 颜师古注："言辞义浅薄，不足称也。"扬雄认为其作品"蔑如"，其人言行皆不严谨，不值得重视。

刘氏父子在每类文献总结部分尽可能附录作家及作品信息，这在《别录》《七略》中还有以下表现：

（郎中婴齐）故待诏，不知其姓，数从游观，名能为文。（《汉书·艺文志》注引刘向《别录》云）

（庄忽奇）忽奇者，或言庄夫子子，或言族家子庄助昆弟也。从行至茂陵，诏造赋。（《汉书·艺文志》注引刘歆《七略》）

---

① 以上三条均见《别录》，严可均《全汉文》辑录，商务印书馆 2006 年版，第 395 页。

② （东汉）班固：《汉书》，第 2873 页。

③ （东汉）班固：《汉书》，第 2873 页。

刘向刘歆对于婴齐、庄忽奇的官职、家族、才能、经历简介，说明了对作者生平材料的重视。"诗赋略"在陆贾赋类别中录入"郎中臣婴齐赋十篇""常侍郎庄忽奇赋十一篇"，其中补注了庄忽奇为"枚皋同时"，应该是刘歆《七略》对庄忽奇介绍文字的遗留。①

> 《甘泉赋》，永始三年，待诏臣雄上。（《文选·甘泉赋》注）
> 《羽猎赋》，永始三年十二月上。（《文选·羽猎赋》注、《长杨赋》注）
> 《长杨赋》，绥和元年上。（《文选·长杨赋》注）

以上三条是《七略》对扬雄三篇赋具体创作时间的交代，也有作品背景介绍的性质。刘向刘歆有意识收集这些与赋作者、作品相关的信息，并在整理初期将这些信息与搜集到的该作家全部篇章组合到一起。这一整理思路对全面了解、掌握一个作家的创作特点，并进一步将整理好的作家集按类排序，在观念上连缀到一起理解，就获得了文学"史"的视角。"别集"意识是进一步总结作家创作风格、特点概括的基础前提。

二　不同文体的系统整理与初步的文体认识

《七略》的撰写是以文献分门别类的整理为前提的，分门别类的依据是文献的内容性质、语言风格、写法特点等，在这个环节，文学类的文献是很容易因为其内容、形式特点被别为一类的，从《汉书·艺文志》可以看到明显区分出来的文学"类"有：小说类文献、汉代辞赋类文献、汉代歌诗类文献，对这些文体特点的概括，显示出初步的文体认识，如认为小说类文献特点是"街谈巷语，道听途说者之所造也"。② 指出文献作者出身低微，小说内容游谈无根的特点，而对《伊尹说》《师旷》《天乙》等作品指出

---

① （东汉）班固：《汉书》，第 1748 页。
② （东汉）班固：《汉书》，第 1745 页。

"浅薄""依托"的特点。这些概括都有利于探索不同类别文体的本质特征。而对于汉代骤然兴起的辞赋类作品,虽然受到经学至上文体判断标准的局限,但还是准确捕捉到这类文体的本质特征,如"诗人之赋丽以则,辞人之赋丽以淫"的说法,已经在肯定此类文体形式的本质特征是"丽",描写上铺排、夸张的特征,也在扬雄的"劝百讽一"论点中反映出来,这些都说明当时人们已经对文学文体的形式特点认识较为清晰。对于汉代的歌诗类作品,认为其"感于哀乐,缘事而发",也揭示了这类作品创作内容、动机上的特征。因而,刘氏父子的文献整理的分类过程,客观上推进了对文学类文体的认知。

刘歆在对上述文献进行梳理排列时,按照作品产生的时间顺序进行排序,作品的时代特点就更容易突出,朦胧的文体演变的特征就被突出了。"诗赋略"中的赋共分为三类,班固没有说明分类依据,虽然目前无法确切知道这些赋作是按照什么标准被分为三类的,① 但是可以肯定,刘向刘歆父子在分类之前,对当时所能看到的所有赋类文献整理过后,分析了每位作家赋作的内容、风格,有比较明确的特定的赋体分类标准;之后,按时代顺序排列作家作品,已经有了模糊的赋"史"的观念。并将这些赋作按照固定标准,以类相从。同时,赋的编排中,已经暗含"赋史"意识,先按类别分三类,之后的细目,按时代顺序排列。一般把形式上较为特殊,不便归类的作家作品放在每类的尾部,如《孙卿赋》后为《秦时杂赋》"李思《孝景皇帝颂》",分类中时代顺序、作品内容、作者情况都会被综合考虑。刘氏父子的赋学观,是广义上的"赋",包括楚辞类、颂类、隐书类、民间的韵语等,如将《隐书》《成相杂辞》《孝景皇帝颂》排列在赋类中。正是在这个基础上,诗赋略序文中论述的辞赋问题的讨论就带有分历史时段论述的特点,如"春秋之后"时段中的屈原、荀卿,其后时段中

---

① 马积高:《历代辞赋研究史料概述》,中华书局 2001 年版,第 52—54 页。依次列举了章学诚、林颐山、章太炎、刘师培、程千帆等的观点。

宋玉至扬雄的作家论。

三　文体特点辨析与作品、文体价值观的确立

文献整理工作推动了文体特点辨析，成为文献总结重要铺垫性工作之一。

首先，刘氏父子在总结"诗赋类""诸子类"等文献对作家排序时，发现一些特殊的、难于归类的文体：

> 隐书者，疑其言以相问，对者以虑思之，可以无不谕。（《汉书·艺文志》注引《七略》）
>
> 盘盂书者，……孔甲，黄帝之史也，书盘盂中，为诫法，或于鼎，名曰铭。（《文选陆佐公新刻漏铭》注引《七略》）
>
> 又作人姓名，使相与语，是寄辞于其人，故《庄子》有"寓言篇"。（《史记·庄子列传·索隐》引刘向《别录》）

在对这些文献归类与排序之前，通常有一个辨析其文体特征的环节。如对于"隐书"，看到这类文体思路上设为二人问对的形式特点，内容上文字表面与具体所指之间"谕"的象征特点。分析了盘盂书的内容起源、写作目的等。诸子文献中一些特殊的表达方式也在讨论之列，如对于《庄子》寓言的写法特点的分析。

刘氏父子在此基础上，谨慎分析一些边缘性的文体与其他文体特征之间的关系，按照其内容的性质，将其归入不同类别，又在每一略相应部分设立"杂"类，以容纳这些边缘文体的作品。如将"隐书"归入"杂赋类"，"孔甲《盘盂》二十六篇"归入"诸子略"中的"杂家"类。这些归类，都以详细辨析作品形式特点、作品内容特点为基础，加深了对文体特征的认识。

其次，刘歆在将作家作品进行第一级分类（即"六艺""诸子""诗赋"等六略）时，发现同属于一位作家的作品有着明显的性质差异，此时亦涉及潜在的文献内容思想、形式特征的辨析。

"诸子略"儒家类录入"《臣说》三篇"，而在"诗赋略"中

同样录入了"臣说赋九篇"。显然，刘歆认识到臣说"三篇"与"九篇"间内容与文体的差异。这样潜在的文体辨析、文字性质辨析在《七略》分类中是普遍的现象，如将冯商、扬雄作品同时著录于"诸子略"与"诗赋略"："待诏冯商赋九篇"（诗赋略，陆贾赋属），冯商所续《太史公》七篇（六艺略，春秋类）；"扬雄赋十二篇"（诗赋略，陆贾赋属），"扬雄所序三十八篇"（诸子略，儒家类），正如上面所分析的，这样的同一作家作品的内容、文体的辨析是文献整理中非常重要的一个步骤。

再次，现保存于《汉书·艺文志》"大序""小序"观点来源于刘歆《七略》，是刘歆对各类文献性质、来源、价值等的总结性文字，而其中也体现了文体辨析意识。

"诗赋略"中，刘歆认同并引用了扬雄的赋学观"诗人之赋丽以则，辞人之赋丽以淫"，暗含对赋体"丽"特征的概括。对于汉代从汉武帝设乐府以来盛行的歌诗，概括其"皆感于哀乐，缘事而发"，实质是认识到歌诗具有的"感""发"的抒情特征，客观上促进了对文体性质的思考。刘歆对文体特点的概括具有功利性，要求艺术作品服务于教化、政治，刘歆也开始对文体特征关注，并进行性质分析，如"诗以言情，情者，性之府也"。① 引领了对文体认识更深入思考的方向。

在这种重视政治效果的功利文体观下，一些边缘文体的文学价值不能被重视，这一方面是观念上的不认可；另一方面，这些文字材料因为不受重视而不易被保存于国家藏书部门。进入《七略》视野的小说、歌诗、辞赋类文献算是比较幸运被记录下来的，而一些谣谚、俗赋、七言、镜铭等，这些艺术体式一般流行于民间，或者存在于日常生活中，不能被正统学术系统认可，未被记录到《七略》中。

另外，在对"六艺略""诸子略"文献总结中，亦涉及对一些

---

① （清）严可均：《全汉文》，第 421 页。

文体特征的认识：

> 《书》者，古之号令，号令于众，其言不立具，则听受施行者弗晓。古文读应尔雅，故解古今语而可知也。（《汉书·艺文志》）

> 《书》曰："诗言志，歌咏言。"故哀乐之心感，而歌咏之声发。诵其言谓之诗，咏其声谓之歌。故古有采诗之官，王者所以观风俗，知得失，自考正也。（《汉书·艺文志》）

> 小说家者流，盖出于稗官。街谈巷语，道听途说者之所造也。……如或一言可采，此亦刍荛狂夫之议也。（《汉书·艺文志》）

第一条对《尚书》的内容性质做了定义：古之"号令"，同时也分析了"号令"应用场合的要求，在语言上的特点，"其言不立具，则听受施行者弗晓"。第二条在对《尚书》"诗言志，歌咏言"的解释中，强化了"诗歌"具有"哀乐之心感"的创作动因，以及文体抒情特征。而对"小说家"的解释，虽出于对诸子流派解释，但对这一流派创作特点的概括涉及作者、内容、影响等方面，"街谈巷语，道听途说者之所造"，认识到"小说"文体来源的民间特点，内容上"浅薄"，较为随意的特点。

第三节　《别录》《七略》中的文学认知

严可均《全汉文》分别辑录了刘向《别录》、刘歆《七略》，另外，班固《汉书·艺文志》在《七略》基础上，"今删其要，以备篇籍"①，是研究刘向刘歆文学观的重要参考文献。

汉成帝最初下整理官藏文献诏书时，"诗赋"类文献就已经被

———————
① （东汉）班固：《汉书》，第1701页。

当作重要的一部分，交由刘向领校，负责经传、诸子和诗赋部分，刘向对赋的记录细致，重视赋体，有着赋文可以传播后世的文体认识，区别于宣帝时代赋作"淫靡不急"的论调。刘向《别录》有对冯商、淮南王等人赋作名称的记录，有对东方朔等作家文学作品的著录，也记录了自己的赋作。

刘向认可赋的文体价值，对同时代辞赋作家是认可、容纳的态度，因而像同时代的、职位低微的冯商赋作，也进入刘向《别录》的载录视野，这种不排斥当代作家的态度是很难得的。《别录》还有对作家、作品创作时间的介绍，赋创作背景等信息介绍。《别录》中有对贾谊《吊屈原赋》的分析，"因以自谕自恨也"。[1] 是对赋的创作动机、创作旨意的探究。

此时虽未有"别集"概念，但刘向领导的整理工作是以作家为中心搜集相关作品，整理定本。改变了之前对作家作品的接受是以篇的零散组合方式传播的状态，受整理图书模式影响，刘向编写不同作家的著作目录，受经书整理影响。例如，刘向对于《尚书》的整理专门编了相应的目录，"《尚书》有青丝编目录"，[2] 这种编撰目录的方法，还为东方朔著作编过类似的。"朔之文辞，此二篇最善。其余《封泰山》、《责和氏璧》及《皇太子生禖》、《屏风》、《殿上柏柱》、《平乐观赋猎》，八言、七言上下，《从公孙弘借车》，凡（刘）向所录朔书具是矣。世所传他事皆非也。"[3] 班固在《汉书·东方朔传》收录了《答客难》、《非有先生论》，又罗列了东方朔其他著述。颜师古注释这些篇目皆为刘向《别录》所载，说明刘向在《别录》中对东方朔作品整理，有详细罗列东方朔具体的篇目。并且对于东方朔的为人及创作情况向当时的老者贤人有过仔细的调查："刘向言少时数问长老贤人通于事及朔时者，皆曰朔口谐倡辩，不能持论，喜为庸人诵说，故令后世多传

---

① （清）严可均：《全汉文》，第 396 页。
② （清）严可均：《全汉文》，第 421 页。
③ （东汉）班固：《汉书》，第 2873 页。

闻者。"① 这些东方朔的事迹及其创作相关的信息，在刘向搜集与撰写的过程中，是有知人论世的思想为指导的，这也成为班固为东方朔写传记的资料来源。"《尹都尉书》有《种芥》《葵》《蓼》《薤》《葱》诸篇。"② 这是刘向整理文献具有"别集"意识，注重作家所有作品篇目的搜集、惯性罗列的又一例证。

刘向对不同经做了意义价值判断，如"《书》以决断，断者，义之证也""《诗》以言情，情者，性之符也"③，在思维上是追寻不同经的终极意义，同样思维用于一些文体性质的判断中，体现了初步的文体辨析意识，"隐书者，疑其言以相问，对者以虑思之，可以无不谕"。（《汉书·艺文志注》）"盘盂书者，……为诫法，或于鼎，名曰铭。"④ 是对隐书、盘盂书语言形式特点的分析。《别录》中突出了"文"的概念：

> （郎中婴齐）故待诏，不知其姓，数从游观，名能为文。
>
> 邹奭修衍之文饰，若雕镂龙文，故曰雕龙。
>
> （冯商）后事刘向，能属文。⑤

以上"文"指文章，也指文采。这里的婴齐、邹奭、冯商皆以"属文""文章"显名，刘向刘歆父子也在年少时呈现出能文的特点，并以此成名，获得皇帝特殊的赏识。《别录》表现了两汉后期政治、社会生活中人们对富有文采的文章的爱好。

在讨论刘歆文学观念之前，这里先对刘歆《诗经》观念进行分析。刘歆参与了《诗经》类文献整理，自身又有楚元王家族传承下来的《诗》学传统。刘歆对《诗经》的认知，反映了对西汉官学中传承的《诗经》学与民间《诗经》学的看法，反映了特定

---

① （东汉）班固：《汉书》，第 2873 页。

② （清）严可均：《全汉文》，第 395 页。

③ （清）严可均：《全汉文》，第 421 页。

④ （清）严可均：《全汉文》，第 422 页。

⑤ 以上三条均出自刘向《别录》，严可均《全汉文》辑录，第 393、396、422 页。

时期的学术风气。从《七略》看刘歆对《诗经》学看法。刘向刘歆父子整理出的《诗经》类文献计六家，四百一十六卷。刘歆在小序中对整理出的《诗经》类文献进行了评论，主要表达了以下观点。

第一，《诗经》是源于民间的，对王者具有"自考正"价值。

在《七略》叙述经学起源时，刘歆认为《诗经》是孔子"纯取周诗"的结果，依据《书》"诗言志，歌咏言"的说法，将古诗产生动因定性为"哀乐之心感"，经过王者任命的"采诗之官"的采择。刘歆认为周代王者重视这些反映"哀乐之心"的诗歌，是看重其对政治的纠偏作用，"故古有采诗之官，王者所以观风俗，知得失，自考正也"。① 把采诗作为了解政治的一条途径，通过采诗了解民风风俗，了解百姓对政治的看法，在位者借此知道自己施政的得与失，从而改善施政。

刘歆对《诗经》民间起源的强调，对其在古代对王者政治的"自考正"价值的强调，真正目的在于为突出《诗经》学的本意作铺垫，认为不能仅仅从"《春秋》""杂说"中寻找《诗经》本意。《诗经》源于周诗，即古诗，因此《诗经》本意与古诗"哀乐之心感""王者所以观风俗，知得失，自考正"的性质是相通的。

第二，批评官学三家诗"咸非其本意"，推崇《毛诗》为其争立博士。

汉成帝时期，学者们认为"书颇散亡"，而刘歆认为，《诗经》虽然也经历了秦焚书劫难，却因为其特殊传承方式"遭秦而全"。与汉初《诗经》文本完整的观念相反，刘歆认为汉初《诗经》学在不同经师那里是部分的、不完整的，"至孝武皇帝，然后邹鲁梁赵颇有《诗》、《礼》、《春秋》先师，皆起于建元之间。当此之时，一人不能独尽其经，或为雅，或为颂，相合而成"（《移书让太常博士》）。刘歆强调这一点是有深意的，在汉武帝之后博士官

---

① （东汉）班固：《汉书》，第 1708 页。

制度中，博士的立官之本是以某经为博士。因而，《诗经》学博士应该是精通风、雅、颂完整《诗经》学的，刘歆在这里潜在表达了对当下《诗经》学，即汉武帝建元以来博士《诗经》学是否表达了《诗》本义的怀疑。这里追溯到汉初博士《诗》学初建时状况，是为自己的怀疑寻求依据，汉初《诗》学经师们皆各通《诗》学之一隅。鲁申公师承于秦时儒生浮丘伯，学成之后，为《诗》作"训诂"，而齐诗、韩诗的体例为"传"，皆起源于汉初经师。刘歆的潜台词是，汉代三家《诗》师承统绪资历浅，产生时间短。有了这样想法，因而有了"六艺略"中刘歆对官学如下的批评，"汉兴，鲁申公为诗训故，而齐辕固、燕韩生皆为之传。或取《春秋》，采杂说，咸非其本义。与不得已，鲁最为近之。三家皆列学官"。① 鲁、齐、韩三家皆为各自完整的《诗经》学，其解说依据是"《春秋》""杂说"，② 而非自身的《诗经》学传承系统，刘歆显然对三家官学解说依据及结论皆不认可，认为"咸非其本义"。

　　"六艺略"小序在批评官学之后，是对"《毛诗》"的介绍，"又有毛公之学，自谓子夏所传，而河间献王好之，未得立"。③ 在《诗经》类文献罗列中，刘歆将《毛诗》并列为"六家"中的一家，因其并非官学，且亦出现于西汉，因而被列在最后一家，即"《毛诗》二十九卷；《毛诗故训传》三十卷"。这里刘歆对《毛诗》描述客观，没有表现出明显推崇之意。只是提及"自谓子夏所传"，而对其是否真为子夏所传，没有考证。《毛诗》虽然为河间献王喜好，却未被皇帝立为官学。其实，这里提到河间献王，是有隐约维护《毛诗》源于子夏观点的，因为河间献王专门收集古籍，是尽人皆知的。而《毛诗》为河间献王喜好，并被立为藩国博士，隐含着对《毛诗》与古学联系的承认，"献王所得书，皆古文先秦旧书，《周官》、《尚书》、《礼》、《礼记》、《孟子》、《老

① （东汉）班固：《汉书》，1708 页。
② （东汉）班固：《汉书》，1708 页。
③ （东汉）班固：《汉书》，1708 页。

子》之属……其学举六艺，立《毛氏诗》、《左氏春秋》博士"。①
当然，这里提到子夏，还是表现刘歆对学术统绪的重视，对古学
的重视。

刘歆对《毛诗》明显的推崇，还表现在向汉哀帝建议将《毛
诗》与古文《左氏春秋》《逸礼》《古文尚书》一起立为官学。
"歆亲近，欲建立《左氏春秋》及《毛诗》《逸礼》《古文尚书》
皆列于学官。"② 在《移书让太常博士》中，刘歆论证古文的来源、
价值时，却没有提及《毛诗》，因为《毛诗》是渊源于汉初的学
问，在重视古文的时代思潮中，为三家古文争立博士，容易引起
时代共鸣，而将源于汉初民间的《毛诗》立为官学，不易说服其
他人，但也由此看出刘歆对官学三家诗的不甚看重与对源于民间
《毛诗》的推崇。

以上是刘歆对《诗经》的认识与评价，而在对文学类文献的
总结时，刘歆是以《诗》"经"学眼光衡量诗赋。刘歆认为汉乐府
采集的歌谣产生动因归结于"感于哀乐，缘事而发"。即受人真性
情、现实生活感发而产生，认为这些诗歌对政治亦具有价值，"亦
可以观风俗，知厚薄云"。汉代歌诗是古《诗》的延续，在产生原
因、对执政者的价值上是一致的，因而，刘歆把汉诗价值与《诗
经》比附，《诗经》对君王政治补益在于，"王者所以观风俗，知
得失，自考正也"。汉乐府诗以《诗经》标准衡量，是"亦可以观
风俗、知厚薄"，在"观风俗"的政教之用上是一致的。刘歆认为
汉代乐府采集的歌诗，正如来源于《诗经》的古诗，是由古代采
诗官收集而来一样。刘歆带有"经学至上"的"诗学观"，以经学
价值作为衡量"诗"的标准，《诗经》价值至上。刘歆认为的
"诗之本义"，是反映了"风俗""哀乐"，为在位者提供"自考
正"引导。

刘歆认为赋源于《诗》，具有"古诗之义"是优秀赋作的标

---

① （东汉）班固：《汉书》，2410 页。
② （东汉）班固：《汉书》，1967 页。

准。刘歆在"诗赋略"中对赋的观点，被班固在《两都赋序》中以"赋者，古诗之流也"概括。因而，刘歆在考察赋之产生、流变、价值时，处处体现经的眼光、古《诗》的眼光。赋与《诗》一样，是士大夫必备的学问；而赋在战国的产生，是学《诗》者境遇变化造成的，"学《诗》之士逸在布衣，而贤人失志之赋作矣"。刘歆认为好的赋作，体现了"恻隐古诗之义""风谕之义"，因而，认为屈原、荀子的赋为"诗人之赋"，而宋玉等人赋作为"辞人之赋"。刘歆评赋标准带有鲜明的经学色彩。

刘歆以上的诗学观，从官学角度看，是具有挑衅意味的。刘歆家族源于汉初楚元王，三家诗之一的鲁诗就源于楚元王的扶植，而鲁诗特征的《诗经》学在刘歆家族属于家学：

> 文帝时，闻申公为《诗》最精，以为博士。元王好《诗》，诸子皆读《诗》，申公始为《诗》传，号《鲁诗》。元王亦次之《诗》传，号曰《元王诗》，世或有之。（《汉书·楚元王传》）

刘歆初入仕途就以通《诗》知名，"少以通《诗》、《书》能属文召……河平中，受诏与父向领校秘书，讲六艺传记，诸子、诗赋、数术、方技，无所不究"（《汉书·楚元王传》）。刘歆《诗经》家学源于"鲁诗"，"与不得已，鲁最为近之"，对这一家学稍有认同，但一句"咸非其本义"，最终还是一语抹杀了三家官学《诗经》学的价值。同时，刘歆认同源于民间的《毛诗》，认为其师承久远，为其立博士官而争取。因而刘歆的《诗》学观点带有明显的叛逆色彩。

对于汉代异军突起的歌诗、汉赋体裁，传统士大夫持轻视的态度。汉乐府中的歌诗被认为属于"郑声"，因而汉哀帝时以"放郑声"为名解除了汉乐府机构。汉代的辞赋，汉宣帝时的议论者就发出"淫靡不急"的批评，而到了汉哀帝时期，扬雄放弃了大赋的创作，认为其"劝百讽一"，于政治无补。在这样的文化氛围中，刘歆认为汉代以来的歌诗与汉赋皆源于古诗，而古诗经过采诗官采择、孔子编撰之后形成了《诗经》的三百零五篇。刘歆以《诗经》的精神（即"哀乐之心感"，"自考正"）来评价汉诗与屈原以来的辞赋，认为符合"古诗之义"。总而言之，刘歆没有从文体上否定歌诗、赋的价值，而是提出以"古诗之义"，即经学的标准考量具体的作品，判断其优劣。而这种态度，是区别于扬雄"壮夫不为"的绝对否定态度的，也区别于传统观念将汉乐府笼统概括为"郑声"的做法。

《七略》将诗与赋单独合为一类。"诗赋略"排序，仅次于"六艺""诸子"。"诗赋略"结构：屈原赋属 20 家；陆贾赋属 21 家；孙卿赋属 25 家；杂赋属 12 家；歌诗 28 家；凡诗赋 106 家，1318 篇。其中汉乐府歌诗和刘邦《大风歌》，无论从语言形式，还是内容特点、表演、呈现方式，均与汉赋迥异。然而，刘氏父子将二者合为一类，带有朦胧的"文学"观念。赋的概念，也是广义的，包括了成相辞、隐书。刘氏父子打破了作者身份限制，而以作品的"感""抒情"特质作为分类的依据。赋与歌诗均具有"娱情"的特征。《七略》中的"诗赋略"体现了"以人系赋"的整理特点，而这是以《别录》整理为基础的，即为每位赋作家的赋作篇数、篇名、作者等情况做了详细的考订工作，如对庄忽奇的介绍，"忽奇者，或言庄夫子子，或言族家子庄助昆弟也。从行至茂陵，诏造赋"。①

刘歆记录辞赋作者的身份信息、作赋的地点、受诏等背景信息，这些细节记录显示刘歆知人论世的赋学批评思路，如对扬雄赋的著录，重视创作时间、创作身份信息记录：

> 《甘泉赋》，永始三年，待诏臣雄上。

---

① （清）严可均：《全汉文》，第 422 页。

《羽猎赋》，永始三年十二月上

《长杨赋》，绥和元年上。①

从《诗赋略》小序，可看出刘歆如下的赋学观。

第一，刘歆认为在先秦时期赋具有特殊意义，把赋才与周代大夫的政治才能结合起来，认为赋的才能是古代大夫、贤者应掌握的能力。"感物造端，材知深美，可与图事"，指出赋才是大夫的必备修养，能赋是政治才能的表现。刘歆从政治角度认可赋才。扬雄认为赋体，不过是雕虫小技，而刘歆认为，赋能显示大夫是否贤能，关涉政治能力，而非单纯语言的炫技。刘歆在理论上提高赋的地位。

第二，文体源头上，刘歆肯定赋的文体地位，也肯定了早期赋家的政治担当。"学《诗》之士"流变为"贤人"，并进行作赋，认为早期赋家身份是与学《诗》之士一致。"学《诗》之士"与"作赋贤人（失志）"在身份上属于同源关系。提高赋的文体地位，对早期赋作者身份的高度认可，演化成后来班固"赋者，古诗之流也"的赋学观。

第三，刘歆对早期赋价值标准的确立，"风谕之义""恻隐古诗之义"，是早期赋特点，区别于后期流俗之赋。刘歆对赋的流变走向持批评态度，认为"侈丽闳衍"趋势失去了早期赋原本的"讽谕"义。这是对扬雄"壮夫不为"赋论的接受，但又有对其赋论的发展与批评，对于扬雄提出大赋"劝百讽一"的文体弊端，刘歆认为不是赋文体本身的问题，而是在赋的发展过程中，创作者们把写作路子走偏了。刘歆追溯赋体起源，梳理最初赋体创作者的情况、作品特征，其目的是为赋体正名，同时，提出"正确"的赋发展方向，即回归讽喻。

《七略》歌诗在"六艺略"的《乐》类与"诗赋略"歌诗类

---

① （清）严可均：《全汉文》，第 423 页。

两个部分。歌诗源头，即汉代俗乐宫廷化的起点是"孝武立乐府采歌谣"。对歌诗（俗乐）价值定位，"皆感于哀乐，缘事而发"，"亦可以观风俗，知厚薄。"以《诗经》标准来衡量其价值，肯定其内容抒情的特点。

《七略》对各类文献有清晰分层、排序。以经学为核心，把各门类文献附著于这个主干或近或远的位置。《七略》中虽然没有后世的文学观念，但已经清晰地把"小说""诗赋"从其他文献中独立出来，单独立类目，"小说家"归入"诸子略"，"诗赋"单独为一略。刘向刘歆等人已经感受到这些文学文体特殊之处，如小说的"浅薄""依托"，但局限于那个时代的文体观念发展状况，仅以"经学"思路去解释这些文体的特征、价值。刘歆辨析文体的观念，是对不同类别文献，站在经学立场，追问其本质特征，实际上也成为后来文体辨析的先声。

第 八 章

·╋·╋·╋·╋·╋·╋·

刘向刘歆的文献整理与
雅俗文学观念

第一节　刘向刘歆对诗歌类文献整理与总结

南朝时期对汉代诗歌的讨论是较为深入的，其中以钟嵘与刘勰对汉诗的看法最具有代表性：

> 逮汉李陵，始著五言之目矣。古诗眇邈，人世难详，推其文体，固是炎汉之制，非衰周之倡也。自王、扬、枚、马之徒，词赋竞爽，而吟咏靡闻。从李都尉迄班婕妤，将百年间，有妇人焉，一人而已。诗人之风，顿已缺丧。（《诗品序》）
> 至成帝品录，三百余篇，朝章国采，亦云周备，而辞人遗翰，莫见五言，所以李陵、班婕妤见疑于后代也。（《文心雕龙·明诗》）

以上钟嵘与刘勰的评价均以文人诗歌、五言诗歌为出发点，因而映入他们视野的主要有李陵诗、班婕妤诗等作品。而他们对汉代源于民间的杂言诗歌缺乏足够的重视，汉代的杂言诗歌主要来自民间，即由乐府机构从各地采集的歌诗，也有一些文人、贵族等上层社会作家的作品，如刘邦、司马相如等创作的杂言诗歌，那么刘向刘歆在对这部分诗歌文献进行整理时，具体做了哪些工作？其主观的态度又是怎样呢？

　　严可均《全汉文》辑录了刘向《别录》、刘歆《七略》的佚文。"（奉车都尉）歆于是总群书而奏其《七略》，故有《辑略》，有……。今删其要，以备篇籍。"① 从《汉书·艺文志》也可以窥见《七略》的相关内容，为了解刘向刘歆诗歌观念提供了重要线索，也可以了解二人对诗歌文献的整理情况，其中体现其诗歌思想的部分是"诗赋略·诗类"与"六艺略·乐家类"。另外，二人对诗类文献的整理，是与对雅乐及俗乐文献的整理相伴而行的，诗、乐与礼制文化紧密相关，而二人对诗歌的态度往往与其所配奏的音乐类型观念相关联。

　　《汉书·艺文志》将诗歌类文献分别记载于两处，一处为"六艺略·乐家类"，此处收录"《雅歌诗》四篇"。第二处为"诗赋略·诗类"，共列举了二十八家"歌诗"，具体如下：

> 《高祖歌诗》二篇。
>
> 《泰一杂甘泉寿宫歌诗》十四篇。
>
> 《宗庙歌诗》五篇。
>
> 《汉兴以来兵所诛灭歌诗》十四篇。
>
> 《出行巡狩及游歌诗》十篇。
>
> 《临江王及愁思节士歌诗》四篇。
>
> 《李夫人及幸贵人歌诗》三篇。
>
> 《诏赐中山靖王子哈及孺子妾冰未央材人歌诗》四篇。
>
> 《吴楚汝南歌诗》十五篇。
>
> 《燕代讴雁门云中陇西歌诗》九篇。
>
> 《邯郸河间歌诗》四篇。
>
> 《齐郑歌诗》四篇。
>
> 《淮南歌诗》四篇。

---

① （东汉）班固：《汉书》，第 1701 页。

《左冯翊秦歌诗》三篇。

《京兆尹秦歌诗》五篇。

《河东蒲反歌诗》一篇。

《黄门倡车忠等歌诗》十五篇。

《杂各有主名歌诗》十篇。

《杂歌诗》九篇。

《洛阳歌诗》四篇。

《河南周歌诗》七篇。

《河南周歌声曲折》七篇。

《周谣歌诗》七十五篇。

《周谣歌诗声曲折》七十五篇。

《诸神歌诗》三篇。

《送迎灵颂歌诗》三篇。

《周歌诗》二篇。

《南郡歌诗》五篇。

以上这些作品应该包括皇家藏书中的歌诗类文献，也包括了乐府收藏的歌诗类文献，大体分为四个方面内容。第一，其中前五类歌诗，是与皇帝生活、国家祭祀活动密切相关的类别。第二，"《临江王及愁思节士歌诗》四篇。《李夫人及幸贵人歌诗》三篇。《诏赐中山靖王子哙及孺子妾冰未央材人歌诗》四篇"。这三类是与贵族日常生活情感抒发相关的歌诗。第三，各个地方的民间歌诗。第四，其他类型，包括专门从事歌舞活动的"黄门倡"的作品，杂歌诗，等等。西汉乐府机构是在汉武帝时期扩大职能的，职能之一是服务于郊庙祭祀用乐，还包括国家重要仪式中用乐，有文人贵族创作的歌诗作品，也有从民间收集来的作品，这些歌诗不仅应用在国家郊祀典礼上，还广受社会欢迎。而被收录于"六艺略"中的歌诗文献，主要收藏于国家太乐机构，包含河间献王刘德曾收藏过的先秦音乐文献，这些歌诗与音乐很少被当时郊祀采用，也不为社会所认可，是颇为古老的先秦音乐类型。

刘向刘歆歌诗分类的标准较为多样，有按照歌诗作者、歌诗地域来源、歌诗内容性质等分类依据，将散乱歌诗类文献共分二十八"家"。《高祖歌诗》等作品是按照作者分类，这种分类也尽可能将身份地位相似的歌诗作者作品排列在一起，如《临江王及愁思节士歌诗》《李夫人及幸贵人歌诗》《诏赐中山靖王子哙及孺子妾冰未央材人歌诗》。同时，分"家"也注意到了是否有"主名"，如把有主名并且身份皆为"黄门倡"的歌诗都归于一家，即"《黄门倡车忠等歌诗》"，将"杂歌诗"按照是否有主名分为《杂各有主名歌诗》《杂歌诗》相邻两"家"。

贵族文人所创作的《泰一杂甘泉寿宫歌诗》《宗庙歌诗》《汉兴以来兵所诛灭歌诗》《出行巡狩及游歌诗》以及位列民歌之后的《诸神歌诗》《送迎灵颂歌诗》，这些"家"是按照歌诗内容性质分类。

《吴楚汝南歌诗》《燕代讴雁门云中陇西歌诗》《邯郸河间歌诗》《齐郑歌诗》《淮南歌诗》《左冯翊秦歌诗》《京兆尹秦歌诗》《河东蒲反歌诗》这些显然是来源于各地方的歌诗作品，按照作品来源的地域分类。同时按此分类的还有排列次序靠后的《洛阳歌诗》《河南周歌诗》《河南周歌声曲折》《周谣歌诗》《周谣歌诗声曲折》《周歌诗》《南郡歌诗》，这些家大部分与"周"有关，其中"声曲折"两家应该是相关的民间音乐文献，按照以上的分类标准整理之后，刘歆在此基础上进行了编目排序、统计工作，顺序首先为朝廷皇家祭祀、巡狩、置酒朝贺，之后，是贵族、妃妾及官员创作的歌诗，最后为民间歌诗、文人、祭祀，统计结果为"歌诗二十八家，三百一十四篇"，并在"诗赋略"序文部分对歌诗进行了文体价值意义上的概括。

第二节　刘向刘歆对音乐类文献整理与总结

刘氏父子所整理的音乐文献包括先秦与西汉，这两部分文献留存状况是截然不同的。

先秦音乐文献至西汉初年已经散佚严重，汉代的一些经传文献零星保存着先秦音乐文献，如《周官·大宗伯·大司乐》，这些音乐文献留存的其他途径有以下两方面。第一，由世代守其职的乐官保存下来的音乐文献。例如，传至汉初的雅乐声律类音乐文献，因其"世世在大乐官"，勉强由鲁地音乐家"制氏"复制表演，"但能纪其铿锵鼓舞，而不能言其义"。①汉文帝时得到魏文侯的"乐人"窦公进献的乐书，与当时的传世文献《周官·大宗伯·大司乐》内容重合。第二，喜好古学者刻意搜集的成果。河间献王刘德曾组织"毛生"等人整理先秦音乐文献，他们的搜集范围包括《周官》及诸子言乐事者，成《乐记》，进献给汉武帝，得到公孙弘、董仲舒等人认可，被保存于"大乐官"。后来刘向在校书时，得到《乐记》二十三篇，应该就是刘德所献的《乐记》。

先秦音乐文献中传承的雅乐，在汉代呈衰败之势，成为不为时代主流所欢迎的艺术样式，形式上的复制无法引起朝野上下的兴趣。正如平当所云"春秋乡射，作于学官，希阔不讲。故自公卿大夫观听者，但闻铿锵，不晓其意"。②与此相比，西汉新兴音乐活动繁盛。关注先秦雅乐者成为小众，只进行理论阐释，雅乐创作几乎终止。河间献王收集整理的《乐记》虽没有得到皇帝重视，却在少数学者中传承，"其内史丞王定传之，以授常山王禹。禹，成帝时为谒者，数言其义，献二十四卷记"。③这里提到的二十四卷记，即"六艺略"中的《王禹记》。

汉代新兴音乐在创作上更为活跃，而促进新兴音乐创作的动因也更加多元化：政治生活与日常生活中对音乐的需要，祭祀、朝贺置酒、巡狩福应、日常生活等各种场合，专职的乐人大量涌现，有的活跃于乐府、太乐部门，有的活跃于民间，贵族文人即兴歌

---

① （东汉）班固：《汉书》，第 1043 页。

② （东汉）班固：《汉书》，第 1072 页。

③ （东汉）班固：《汉书》，第 1712 页。

诗创作也是时尚。这促进西汉新兴音乐文献大量涌现，然而这些文献是否能被保留下来？保存状态如何？第一，这些文献被思想保守者视为"郑卫之音"，为传统的学者、史家所排斥，不能被积极记录、保存。"常御及郊庙皆非雅声。""是时，郑声尤甚。黄门名倡丙彊、景武之属富显于世，贵戚五侯定陵、富平外戚之家淫侈过度，至与人主争女乐。"① 这里提到的音乐类型皆为俗乐，应该被保存于乐府机构。第二，乐府机构搜集保存了大量民间音乐文献，另外，也组织人力创作用于祭祀的大量音乐，《汉书·礼乐志》记载："至武帝定郊祀之礼，……乃立乐府，采诗夜诵，有赵代秦楚之讴。以李延年为协律都尉，多举司马相如等数十人造为诗赋，略论律吕，以合八音之调，作十九章之歌。"② 第三，创作者身份地位影响了作品的存亡。帝王贵族、有名的黄门倡作品易为乐府收集，而大量不知名作者创作易于遗失。儒家正统学者所说的"郑卫之音"在民间呈极度活跃状态，宋郭茂倩《乐府诗集》收集的西汉乐府诗歌大部分都应源于此，由于时代偏见不为传统学者所重视的歌诗及其音乐文献，因为被收藏到乐府机构中、被刘氏父子整理而保存下来，乐府为留存这些文献做出贡献。

如上所述，涉及汉代音乐文献的部门主要有两个：大乐与乐府，前者主要保存雅乐文献，如汉武帝时河间献王刘德所进献的雅乐文献就保存于此；而乐府主要职能之一是"采歌谣"，也组织司马相如等文人进行创作，因而，乐府日常工作中积累的音乐文献既有各地民歌，又有乐府文人的作品。此外，刘向所看到的音乐文献中，也不排除有谒者陈农等人从各地采集上来的音乐文献。刘向刘歆父子对这些文献做的具体工作如下。

就像整理经类古籍一样，刘向父子对搜集上来的每一种具体音乐文献进行汇总、比对等工作，有的文本之前已经整理过，比较完整，而有的文献比较破碎，对这些文献要进行细致校勘，在整

---

① （东汉）班固：《汉书》，第 1072 页。
② （东汉）班固：《汉书》，第 1045 页。

理出篇目、排序后撰写《叙录》：

> 郑《目录》云："名曰《乐记》者，以其记乐之义，此于《别录》属《乐记》。"盖十一篇合为一篇，谓有《乐本》，有《乐论》，有《乐施》，有《乐言》，有《乐礼》，有《乐情》，有《乐化》，有《乐象》，有《宾牟贾》，有《师乙》，有《魏文侯》，今虽合此，略有分焉。(《礼记·乐记·正义》)
>
> 刘向校书得《乐记》二十三篇，著于《别录》，今《乐记》所断取十一篇，余有十二篇，其名犹在。……案《别录》十一篇，余次《奏乐》第十二，《乐器》第十三，《乐作》第十四，《意始》第十五，《乐穆》第十六，《说律》第十七，《季札》第十八，《乐道》第十九，《乐义》第二十，《昭本》第二十一，《招颂》第二十二，《窦公》第二十三，是也。(《礼记·乐记·正义》)

从上述郑玄叙述刘向《别录》对《乐记》文献的叙述，可以推断，此《乐记》应该是河间献王所献，并且经过毛公等学者的搜集、整理，是篇目较为清晰、完整的文本。在为《乐记》所做的《叙录》中，刘向罗列、确定了二十三篇的篇名，按照惯例，应该对这些文献来源、价值意义有所论述，遗憾的是从现有残存文献中已经看不到这部分文字。刘向《别录》、刘歆《七略》对于所整理的某些文献，在具体信息的介绍上较为详细，如对汉代音乐家姓名、籍贯、入仕时间等信息，对"雅琴"含义解释，对书目篇目的罗列，对雅歌表演的状况关注。

刘向将整理好的音乐文献分类，将其归属于不同的学术系统中，同时做好排序、汇总的工作。

对归于每大类的众"家"排序、分类中考虑的因素有：文献产生的时代先后顺序、内容性质特征，其中将雅乐文献分为三家，探讨音乐、歌诗的议论性文字，有汉代雅乐名家（如赵定、师志、龙德）对于雅乐文献收集及发表一家之言的音乐文献。之后，对已排列文献汇总，主要是做数量上的统计。从《汉书·艺文志》中可以看出，刘氏父子将所有的音乐文献分为"六艺略"与"诗赋略"两大类。"六艺略"中共排列了六家：《乐记》二十三篇、《王禹记》二十四篇、《雅歌诗》四篇、《雅琴赵氏》七篇、《雅琴师氏》八篇、《雅琴龙氏》九十九篇。最后统计的结果为"凡《乐》六家，百六十五篇"，但实际上，如果加上被班固剔除的"淮南刘向等《琴颂》七篇"，刘歆统计的《乐》家，实际为百七十二篇。另一类为"诗赋略"，歌诗二十八家中的"《河南周歌声曲折》""《周谣歌诗声曲折》"，应该是相关的民间音乐文献。

第三节　刘向刘歆对雅、俗文艺态度

刘氏父子推崇雅乐，将一些不流行的、不被皇帝重视的、普及性较差的雅乐文献归入"六艺略"，从而抬高了这部分颇受冷遇的音乐类型的价值地位。

刘歆将音乐类文献总分为二，一是被归入"六艺略"的雅乐类，认为其功用在于"乐以和神，仁之表也"。二是归于"乐府"的乐类文献，认为其功用在于"观风俗，知厚薄"。由此可见，刘向刘歆重视雅乐"经"的属性，判断音乐、歌诗价值标准是一致的，即政教意义。

现存文献中，刘向刘歆父子专门对音乐表达观点的文字很少，但从《七略》对音乐类文献的分类，我们可以分析出刘氏父子思想中有潜在的雅乐、俗乐分别。如在"六艺略·乐家类"中有"《雅歌诗》四篇"，这是"六艺略·乐家类"文献中唯一的"歌诗"类，而"诗赋略·诗类"中的歌诗二十八家，应该为与之相对应的俗乐。

刘向在晚年提出以礼乐改革政治的主张，可以推知他对于雅乐的政治作用有很高期待。汉成帝时，平当极力主张将《王禹记》

立为雅乐，但并未成功。刘氏父子重视雅乐传承，将经过河间献王收集、上交的古乐阐释作品紧列于《乐记》之后，是对雅乐重视的表现。

河间献王刘德将整理的雅乐进献给汉武帝，"是时，河间献王有雅材，亦以为治道非礼乐不成，因献所集雅乐。天子下大乐官，常存肄之，岁时以备数，然不常御，常御及郊庙皆非雅声"，① 这些乐类文献一直处于被漠视状态，既不应用也不派专人去掌管，而刘氏父子却将其列在"乐经"的首位，并不遗余力地收集汉代残存的其他雅乐资料，并将汉代对雅乐文献有所搜集整理和研究的赵定、师志、龙德等人的作品列在"六艺略·乐家类"，表明刘向父子对雅乐的重视。

此外，刘氏父子对"雅乐"内涵深入探讨后的结论是，雅乐在艺术审美上也是动人的。这与时人对雅乐的印象反差极大，汉人印象中的雅乐单调乏味，艺术效果不佳：

> 雅琴，琴之言禁也，雅之言正也，君子守正以自禁也。
> （《文选·长门赋》注引《七略》）
> 君子因雅琴之适，故从容以致思焉。其道闭塞悲悉，而作者名其曲曰《操》，言遇灾害，不失其操也。（《后汉书·曹褒传》注引《别录》）

何谓雅乐？雅乐特点是什么？刘向从君子道德修养角度解释了雅乐的重要性，认为雅琴是君子抒发情感、坚守正道的乐器，而雅琴所奏的命名曰"操"的曲子，表达了君子追求的大道无法实现时，仍然坚持操守的情感。刘向对于雅乐的演奏乐器"琴"有着特别的偏爱，曾创作《琴颂》并被刘歆列入"六艺略·乐家"：

---

① （东汉）班固：《汉书》，第1070页。

有丽人歌赋，汉兴以来，善雅歌者鲁人虞公，发声清哀，
远动梁尘，受学者莫能及也。（《艺文类聚》引《别录》）

汉兴，善歌者鲁人虞公，发声动梁上尘。（《白帖》引
《七略》）

雅琴之意，事皆出龙德《诸琴杂事》中。赵氏者，勃海
人赵定也，宣帝时元康神爵间，丞相奏能鼓琴者勃海赵定、梁
国龙德，皆召入见温室，使鼓琴待诏。定为人尚清静，少言
语，善鼓琴，时间燕，为散操，多为之涕泣者。（《后汉书·
刘昆传》注引刘向《别录》）

《汉书·郊祀志》中所记录雅乐表演的效果，已经不能为汉代
人所理解，其演奏效果单调乏味，汉人并不喜爱。然而，我们从
刘氏父子的著述中，看到的却是雅乐表演者动人的一面，父子二
人都提到的鲁人虞公，很显然是现场表演效果极佳的，音声"清
哀"。曾被汉宣帝召入温室表演的勃海人赵定鼓琴时，感染听者
"多为之涕泣"。

总体上，刘氏父子在整理文献时，对集中收藏在乐府中新
兴音乐文献，采取了实事求是的整理态度，完整全面记录了乐
府中的相关文献。但对这类音乐的价值，刘氏父子的意见颇有
保留。

如何看待汉代兴起的歌诗？刘氏父子以经学的、政治教化目的
的功利眼光视之，"亦可以观风俗，知厚薄"。"诗赋略"汇总了所
有搜集到的歌诗类文献，共罗列了二十八家。而在序中对其二十
八家歌诗仅以寥寥几语总结，"自孝武立乐府而采歌谣，于是有代
赵之讴，秦楚之风，皆感于哀乐，缘事而发。亦可以观风俗，知
厚薄云"，① 与对赋的总结相比，显得颇为草率。这段评论是有针
对性的，专指二十八家中的"代赵之讴，秦楚之风"等民间歌诗

---

① （东汉）班固：《汉书》，第1756页。

类作品，这些采自各地的歌诗共计八家。而由乐府组织人力为祭祀、巡狩、置酒朝贺等场合收集创作的歌诗，包括贵族、妃妾及官员创作的歌诗八家，这些歌诗与来自民间的"秦楚之风"并不类同，不能被"观风俗，知厚薄"评价和概括。刘向父子对贵族、官员等创作的歌诗不予评价的态度，与对民歌"亦可以观风俗，知薄厚"评价相比较，是从教化、政治标准来衡量的，《七略》《别录》残存文献中只有对雅乐以及来自民间乐府的分析文字，而对归于"俗乐"的贵族文人歌诗类作品不予评论，显示了刘向父子对这类诗歌没有肯定其教化价值。

　　刘向刘歆父子的文艺观是经学至上的，因而对于汉代各种音乐，仍然以雅乐为尊，对乐府中的俗乐持审视的态度。对乐府中的贵族文人作品、民间歌诗作品以及民间俗乐文献仍然进行细致整理，并原原本本地记录。对于民间歌诗，从《诗》经的评价标准出发认为有益于政治，可以"观风俗，知薄厚"。对民间歌诗价值的这种肯定虽然出于经学思维，但与班固《礼乐志》中直斥其为"淫乐"的态度相比，仍然是比较包容的。综上，刘向父子重雅乐，对俗乐中的民间歌诗肯定其政治上的作用，对贵族、文人的俗乐作品价值认可度低。

　　当时保守的文艺思想认为俗乐为"郑声"，不利于政治风气的良性发展，因而汉哀帝初即位就罢免了乐府，理由是，"惟世俗奢泰文巧，而郑、卫之声兴。夫奢泰则下不孙而国贫，文巧则趋末背本者众，郑、卫之声兴则淫辟之化流，而欲黎庶敦朴家给，犹浊其源而求其清流，岂不难哉！孔子不云乎？'放郑声，郑声淫。'其罢乐府官"。① 刘向刘歆对于俗乐中的民间歌诗部分认可其政治作用，对于贵族文人歌诗作品，认为其政教性弱，但是仍然细致地进行了整理，而不是武断地舍弃否定，从这点上来说，比同时期保守势力的做法更为开明。

① （东汉）班固：《汉书》，第 1072—1073 页。

第四节　西汉中后期民间俗文学的发展

在文学观念尚未觉醒的西汉时期，受制于文学要服务于政治的文学功利观念的影响，刘向刘歆对于俗文学的态度尽管并不积极，但是相较于保守势力来说，对俗文学中并不明显的功用性，还是持肯定的态度，这一态度与西汉中后期众多民间俗文学内容进入史学等正统文人的记载趋势相一致。

一　日常应用性文字中的文学审美追求

汉代民俗文化在日常实用性文字表达中，具有强烈的审美意识，例如汉代的瓦当文字、各类铭文、识字材料等。

沿袭秦代的汉代瓦当文字简短，一般在十字以下，但均体现了浓郁的审美意识，追求瓦当图案与所铸文字字形的装饰性、美观性，瓦当文字一般有吉祥寓意，如"千秋万岁""长乐未央""与天无极"等，追求一种浪漫、长生与对永恒美好的期盼。

汉代日常生活用品常常以铭文作为装饰，有的还带有或警戒、或祝福、或辟邪的特殊目的，如汉代的镜铭、杖铭以及某些特殊的日常配饰上的铭文。以汉代贵族佩带的刚卯、严卯为例，是有驱除疫鬼之用的特殊装饰品，在《汉书·礼仪志》《汉书·王莽传》及《后汉书·舆服志》等文献中都有记载，依据范晔《后汉书·舆服志》，一般的刚卯、严卯铭文主要为整齐的四字句式，共计六十六字，"正月刚卯既央，灵殳四方，赤青白黄，四色是当，帝令祝融，以教夔龙，庶疫刚瘅，莫我敢当；疾日严卯，帝令夔化，顺尔固伏，化兹灵殳，既正既直，既觚既方，庶疫刚瘅，莫我敢当"。① 就现在的出土刚卯、严卯铭文看，文字内容与《后汉书·舆服志》的这段文字大同小异，这段韵文应该是当时流行的

---

① （南朝宋）范晔：《后汉书》，中华书局 1995 年版，第 3673 页。

辟邪语言，带有一定的在社会上长期流行、广为使用的特点。读起来肃穆端正，文字押韵，注重文字对称整齐。出土铭文与传世文献中的铭文一般都是"无名氏"的作品，与这种日常实用性的文体不被文人重视有关。

汉代铜镜铭文的审美性是汉代铭文中最明显的，依据陈直先生"又先秦的古镜，与其说铭文绝少，不如说未见铭文。……（两汉镜的形式）或仅用图案，或兼用铭文，或三圈，或二圈。……汉镜的铭文，由三言至七言，独无五言，古雅俊伟，等于读汉赋汉诗"。① 两汉镜铭存在句式多样的特点。

汉代的识字材料，也往往以整齐韵文形式写成。《汉书·艺文志》详细记载了汉代识字课文兴盛的原因，并记录了识字文献发展的过程：

> 汉兴，萧何草律，亦著其法，曰："太史试学童，能讽书九千字以上，乃得为史。又以六体试之，课最者以为尚书、御史、史书令史。吏民上书，字或不正，辄举劾。"六体者，古文、奇字、篆书、隶书、缪篆、虫书，皆所以通知古今文字，摹印章，书幡信也。古制，书必同文，不知则阙，问诸故老，至于衰世，是非无正，人用其私。……汉兴，闾里书师合《苍颉》、《爰历》、《博学》三篇，断六十字以为一章，凡五十五章，并为《苍颉篇》。武帝时司马相如作《凡将篇》，无复字。元帝时黄门令史游作《急就篇》，成帝时将作大匠李长作《元尚篇》，皆《苍颉》中正字也。《凡将》则颇有出矣。至元始中，征天下通小学者以百数，各令记字于庭中。扬雄取其有用者以作《训纂篇》，顺续《苍颉》，又易《苍颉》中重复之字，凡八十九章。臣复续扬雄作十三章，凡一百二章，无复字，六艺群书所载略备矣。（《汉书·艺文志》）

---

① 陈直：《两汉经济史料论丛》，中华书局 2008 年版，第 160 页。

这些识字材料的编写者往往兼具辞赋家的身份，如司马相如与扬雄。元帝时黄门令史游编撰的《急就篇》显然流传颇广，其大部分篇幅一直留存到现在。《急就篇》虽是识字课本，但在文字编排上已经注意使用句式整齐、读起来顺口押韵的语言形式。如开篇就是整齐的七言形式，交代这篇字书的内容、内容分类特点，"急就奇觚与众异。罗列诸物名姓字。分别部居不杂厕。用日约少诚快意。勉力务之必有喜"。而后来正文部分编者尽可能兼顾字形与字义，同样以七言形式容纳了大量常用字，以方便读者记忆。而七言中间还夹杂着大量整齐的三字句，结尾部分为整齐的四字句。虽然《急就篇》是以实用的识字为目的，从内容上谈不上审美性，但在文字排列上是注意整齐与悦目的。

二 民间歌谣谚语的传播与内容的丰富

现存史籍文献中保存了西汉后期、王莽新朝时期的民间歌谣，杜文澜《古谣谚》、逯钦立《先秦汉魏晋南北朝诗》皆有辑录，这些保留下来的民间歌谣的题材有倾向性，大多与官员政绩、政治、社会状况有关，这些因政治功利目的而被保留的歌谣、谚语类韵语在题材上应该是经过史家筛选的。这些歌谣谚语内容以官员在政治上的表现或时事为主，表现为以下特点。

第一，对官员、文士政绩进行评价的歌谣谚语，一般评价对象是官员、学者、官吏等：

汝南鸿原陂童谣：坏陂谁？翟子威。饭我豆食羹芋魁。反乎覆，陂当复。谁云者？两黄鹄。（《古谣谚》）

长安为张悚语：欲求封过张伯松，力战斗不如巧为奏。（《古谣谚》）

时人为王莽语：莽头秃，帻施屋。（《古谣谚》）

京师为扬雄语：惟寂寞，自投阁；爱清净，作符命。（《古谣谚》）

以上评论涉及翟子威、张竦、王莽、扬雄，带有鲜明的褒贬倾向。有对官员治理政绩品评的内容，"惟寂寞，自投阁"，是讽刺扬雄自我标榜清高，却在王莽追捕刘棻党羽之时惶恐而投阁的窘态。"关东大豪戴子高"，描述的是《后汉书·逸民传》中的戴子高，"家富，好给施，尚侠气，食客常三四百人"。① 歌谣是对戴子高乐善好施行为的赞扬。

第二，西汉末年，政治形势瞬息万变，反映政治形势、反映社会新现象的民间韵语大量出现。

更始时南阳童谣，"谐不谐，在赤眉。得不得，在河北。"② 通俗简明地交代了当时天下局势利害关系所在，这样的远见卓识不是普通老百姓能说出来的话，是由政客与文人有意设计的口号，然后散布民间，起到利于政局发展的目的。

《东方为王匡廉丹语》，"宁逢赤眉，不逢太师；太师尚可，更始杀我"。③ 记录了更始派出的太师王匡、将军廉丹官兵在攻打赤眉起义军过程中，烧杀抢掠的行为。更始时长安中语，"灶下养，中郎将。烂羊胃，骑都尉。烂羊头，关内侯"。④ 记载了刘玄滥封官授爵的混乱、荒唐的政治局面。把更始帝刘玄的昏庸状态、其任用官员、军队的丑陋行径公之于众，有利于在舆论上给更始帝制造障碍，这些童谣等韵语，也显然是对手刻意为之的结果。王莽末天水童谣，"出吴门。望缇群。见一蹇人言欲上天。令天可上。地上安得民"。⑤ 王莽末年天下大乱，各种势力乘机而起。隗嚣起兵于天水，后欲为天子，这段童谣，揭露并讽刺隗嚣的野心。

这些以童谣、谚语等民间情感形式表达出来的韵语，往往有鲜明的褒贬倾向，如上面对于自诩清高的扬雄、乐善好施的戴子高的褒贬，有些谣谚甚至被官府作为考察官员政绩的依据。这些韵

---

① （南朝宋）范晔：《后汉书》，第 2773 页。
② （清）杜文澜：《古谣谚》，中华书局 2000 年版，第 97 页。
③ （清）杜文澜：《古谣谚》，第 72 页。
④ （清）杜文澜：《古谣谚》，第 74 页。
⑤ （清）杜文澜：《古谣谚》，第 97 页。

语通常以歌谣、童谣形式出现，以简短的三言、七言句式为主，形式上短小、上口，易于传播，言简意赅，形式既通俗又活泼形象，具有较高的语言艺术水平。与汉代歌诗相比，这些民间歌谣一般更为短小，有的仅为简单的一句。

西汉歌谣谚语类韵语的兴起，也与阴阳灾异学说流行有关，持灾异学说的人需要这样的韵语制造神秘的氛围，并借此验证、神化学说。《汉书·五行志》在叙述天人感应逻辑时用童谣验证其合理性，在童谣出现的时代性上有个明显的断层，即在《左传》提到的童谣之后，没有过渡，紧接着是汉元帝、成帝时期的童谣，而这两个时期也是阴阳灾异学说盛行的阶段，"元帝时童谣曰：'井水溢，灭灶烟，灌玉堂，流金门。'……成帝时童谣曰：'燕燕尾涎涎，张公子，时相见。木门仓琅根，燕飞来，啄皇孙，皇孙死，燕啄矢。'……成帝时歌谣又曰：'邪径败良田，谗口乱善人。桂树华不实，黄爵巢其颠。故为人所羡，今为人所怜。'"① 这些童谣都有明确的内涵，汉元帝时"井水溢"的童谣，对应着王莽之乱。汉成帝时"燕燕尾涎涎"指的是赵飞燕被立为皇后造成的后宫的混乱。"邪径败良田"这首歌谣更容易引起学者的重视，在语言形式上已经是完整的五言的形式，对应着汉成帝没有继嗣、西汉的衰败与王莽的篡位。这些以童谣、歌谣形式出现的韵语，也明显是文人模仿民间文艺的形式来创作的，目的是服务于政治的宣传，文人对民间俗文学的接受，这也是一个重要的契机。

三 民间故事在赋、乐府诗歌等不同艺术形式中的渗透

汉代大量的乐府诗很难准确断代，甚至难以确定作品具体产生于西汉还是东汉，但现存的汉代乐府民歌是以叙事为主，说明在汉代以讲故事为主的叙事艺术的发达，现存的汉代画像石丰富的故事性特点也证实了这一点，这些民间故事类文艺在西汉后期传播很广。

---

① （东汉）班固：《汉书》，第1395页。

出土于江苏省连云港市尹湾汉墓简牍是西汉成帝时期的墓葬，其中出土竹简有《神乌傅》。《神乌傅》创作于西汉晚期，全文约六百六十四字，讲述了动人的禽鸟故事，是传世的汉代文献中所缺乏的俗赋类型，其风格与扬雄等文人赋作相比，属于民间文学，题材上讲述了乌、盗鸟争巢的故事，用拟人化写作技巧，以四言为主，展现了禽鸟类的寓言文学在西汉后期的赋体文学中的发展状况，汉乐府中有一篇《乌生》，也是禽鸟类的寓言故事诗，说明这一题材在西汉时期不仅仅存在于乐府的歌诗题材中，这与后世曹植《鹞雀赋》、敦煌本《燕子赋》存在一脉相承的源流关系。

民间故事类文学创作，如疏勒河流域出土的"田章简"、马圈湾出土的"韩朋故事"竹简等，都说明民间故事的丰富。韩朋故事在西汉后期也有传播，记载于马圈湾竹简的韩朋故事，裘锡圭先生有详细的梳理与分析。① "马圈湾所出汉简中的纪年简，最早的是宣帝本始三年简，最晚的是新莽地皇三年简。韩朋故事残简的抄写时代，大概不会超出西汉后期和新朝的范围。"② 汉简中抄录的韩朋故事，说明这则故事在民间的活跃与受欢迎程度，成为后世干宝《搜神记》、敦煌本《韩朋赋》创作的背景。

刘向刘歆父子在书籍文献整理过程中，充分重视了民间学术，整理结果也证明了民间学术有官学不可取代的价值。这使得当时的学术氛围对于民间学术与文学的重视。王莽掌政时期，模仿《诗经》时代"采风"制度，曾经于元始四年，派太仆王恽等八人去各地进行德化宣传，在这些人的"使行风俗"任务完成回到都城时，"四年春，……遣大司徒司直陈崇等八人分行天下，览观风俗。……诈为郡国造歌谣，颂功德，凡三万言"。③ 这样的做法必然促进伪民间歌谣的创作以应付差事，因而才出现三万言的"诈"作的歌谣。刺激知识分子出于特殊目的进行民间歌谣仿作，并被

---

① 裘锡圭：《汉简中所见韩朋故事的新资料》，《复旦学报》1999 年第 3 期。
② 曹道衡、刘跃进：《先秦两汉文学史料学》，第 531 页。
③ （东汉）班固：《汉书》，第 4076 页。

收集到采诗的官员记录中，掀起模仿民间歌谣的风气。王莽时期还有其他系列政治、文化举措，促进了知识阶层对民间文化的汲取与重视：

> 元始中，征天下通小学者以百数，各令记字于庭中，扬雄取其有用者以作《训纂篇》，顺续《苍颉》，又易《苍颉》中重复之字，凡八十九章。（《汉书·艺文志》）
>
> 初，王莽征天下能为兵法者六十三家数百人，并以为军吏。（《后汉书·光武本纪》）
>
> 王莽时，征能治河者以百数，其大略异者……（《汉书·沟洫志》）
>
> 至元始中王莽秉政，欲耀名誉，征天下通知钟律者百余人，使羲和刘歆等典领条奏，言之最详。（《汉书·律历志》）
>
> 征天下通一艺教授十一人以上，及有逸《礼》、古《书》、《毛诗》、《周官》、《尔雅》、天文、图谶、钟律、月令、兵法、《史篇》文字，通知其意者，皆诣公车。网罗天下异能之士，至者前后千数，皆令记说廷中，将令正乖缪，壹异说云。（《汉书·王莽传》）

王莽在政治、文化上的政策思路，与刘歆《七略》中的学术思想极为一致，重视民间学术。刘歆在校秘书期间，对经书等文献进行整理，广泛收集民间文本，对经学每类经书民间研习者情况作了介绍。王莽得势后，把这一采集、汲取民间学术的思路在其他领域进行模仿，以上这些材料说明，王莽曾经在刘歆校书结束后，向天下征集小学、兵法、律历等各方面的人才，甚至在治理黄河的思路、方法上，也向民间广泛寻求意见。另外，在"逸《礼》、古《书》、《毛诗》、《周官》、《尔雅》、天文、图谶、钟律、月令、兵法、《史篇》文字"这些方面，在民间网罗了一千余人。王莽这些做法，调动了民间学者的积极性，有利于民间学术进入官方学者的视野中，而民间文学的丰富性也更容易被文人注意与汲取养料。

　　知识分子群体出于政治上的考量，对部分俗文学价值持肯定的态度，重视"风俗"，使一部分民间的谣谚被采录到史官的笔下。另外，也不排除为了造就有利于某个人的社会舆论，出现文人故意模仿民间歌谣的作品被采录到史籍中的情况。《汉书·艺文志》载录了包括各地民间歌谣在内的乐府诗歌，肯定这些歌诗有"观风俗，知厚薄"的政治功用，汉哀帝时期虽然废除了乐府，在东汉初期，光武帝刘秀把"举谣谚"作为官员政绩考核的指标之一，也促进了这类韵语的出现与记录，但是，真正的俗文学要更为丰富，被文献记录下来的部分仅仅凤毛麟角而已。

第 九 章

刘向刘歆文学创作与其
文献整理工作

刘向刘歆是当时贵族中辞赋创作较为活跃的，在他们早期作品取材上宫廷趣味明显。随着汉成帝时期刘氏父子校书活动的展开，他们的视野更为开阔，奏疏文等散文创作中常常有对历史事件的系统梳理，重视系统与逻辑，具有学者型文章的特点，刘歆的赋作还带有经学的色彩。

第一节　刘向文献整理工作与其文学创作

刘向的文学创作具有阶段性特点，在汉宣帝时期，刘向的文学创作具有较为明显的宫廷文人作风，和待诏金马门的张子侨、华龙、柳褒等文人一样有大量的献赋。在汉元帝时期遭遇仕途困顿，刘向的创作以《疾谗》《摘要》等个人抒情文、奏疏文为主。在汉成帝时期，刘向大部分时间在进行文献整理工作，其文学创作以奏疏文、书籍的书录文等为主，也有《说苑》《新序》《列女传》这种编撰书籍，其文学创作带有鲜明的、以经学思想为指导的学术特征。

一　刘向在校书前的文学创作

刘向的家族有辞赋创作的传统，刘向父亲刘德有赋作，《汉

书·艺文志》记录"阳城侯刘德赋九篇，刘向赋三十三篇"。① 刘
向于汉宣帝时期的文学创作在取材及趣味上，还有明显宫廷文学
特点：

> 宣帝时修武帝故事，讲论六艺群书，博尽奇异之好，征能
> 为《楚辞》九江被公，召见通读，益召高材刘向、张子侨、华
> 龙、柳褒等待诏金马门。……上令褒与张子侨等并待诏，数从
> 褒等放猎，所幸宫馆，辄为歌颂，第其高下，以差赐帛。议者
> 多以为淫靡不急。……顷之，擢褒为谏大夫。……诏使褒等皆
> 之太子宫虞侍太子。（《汉书·严朱吾丘主父徐严终王贾传》）
>
> 是时宣帝循武帝故事，招选名儒俊材，置左右，更生以通
> 达能属文辞，与王褒张子侨等并进对，献赋凡数十篇。（《汉
> 书·楚元王传》）

刘德、刘向均擅长辞赋创作，并且由于汉宣帝对刘德家族成员
亲近与重用，对刘向本人的赏识与信任，对刘向本人学术趣味、
文学创作有很大影响。这一时期，刘向因为"通达能属文辞"颇
受宣帝欣赏，待诏金马门，与王褒等同僚在文学创作上彼此影响，
处于浓郁的辞赋文章创作的氛围，更多为特定情境作文，创作大
量应制的辞赋文章。

严可均《全汉文》辑录刘向辞赋作品共四篇，《请雨华山赋》
《雅琴赋》《围棋赋》《九叹》，费振刚《全汉赋》辑录刘向赋计九
篇（包括或为残篇、或仅存篇名的部分），从篇名来看，他们很像
应制式、即景生情作品，如《行过江上弋雁赋》《行弋赋》《弋雌
得雄赋》，很可能是为汉宣帝巡游宫馆时所创作的；再有咏物赋，
从取材看，有较强的宫廷色彩，如《雅琴赋》《围棋赋》《松枕
赋》《麒麟角杖赋》。刘向咏物赋作并非单纯描摹所咏之物，刘向

---

① （东汉）班固：《汉书》，第 1748 页。

常在咏物中有所寄托，如《围棋赋》，"略观围棋，法于用兵，怯者无功，贪者先亡"。是把围棋比喻成兵法，讲述用兵的策略与方法。同样，《雅琴赋》也是寄托作者志趣的作品，"游予心以广观，且德乐之愔愔""末世锁才兮知音寡""葳蕤心而息愳兮，伏雅操之循则"，通过这些残存的句子，可以推断刘向此赋借咏雅琴，表述对人的修身、明君贤士遇合的命运感叹。刘向另有《高祖颂》《琴颂》，是目的在于颂扬的作品。再有一类咏物的铭文，如《杖铭》《熏炉铭》属于咏物题材的韵文，以语言的巧妙、构思的奇特吸引读者：

> 嘉此正器，崭岩若山。上贯太华，承以铜盘。中有兰绮，朱火青烟。(《熏炉铭》)
> 历危乘险，匪杖不行。年耆力竭，匪杖不强。有杖不任，颠跌谁怨。有士不用，害何足言。都蔗虽甘，殆不可杖。佞人悦己，亦不可相。杖必取便，不必用味。士必任贤，何必取贵？(《杖铭》)

就《熏炉铭》残存的部分而言，是以铺排描写具体物象为主，其余部分是否有寄托无法得知。《杖铭》相对而言留下的段落稍长，在内容上借咏物以抒情，有思想寄托，带有劝谏帝王的意图，就这一点看，是类似于荀子赋的作品，前半部分点题，叙述手杖对于行走在危险道路上的人的重要作用，对于年老力衰的人更是不可缺少。铭文后段，顺势论及"士"对于君主、国家的重要性，正如"杖"对于年老体衰之人的重要性一样。之后，进一步议论"士必任贤，何必取贵"，主张用士重点，要考察士贤德与否，而非士贵与否。这篇《杖铭》有着严肃的政治主题，与刘向奏疏文中君主用人需要慎重的主题一致。

汉元帝即位，刘向的政治轨迹经历了戏剧性的变化，而其文学创作也深受影响。刘向最终被免为庶人，愤而成篇，创作了《疾诶》、《摘要》、《救危》及《世颂》等八篇个人抒情之作，"依兴古事悼己及同类"，① 借古抒情，是无奈、哀叹、愤慨情绪之宣泄。严可均辑录刘向《高祖颂》，"汉家本系，出自唐帝。降及于周，在秦作刘。涉魏而东，是为丰公"。② 颂文对刘邦的家世做了细致的梳理。之后，他处事极为低调，仅与陈汤、冯商等少数人有来往，专心于学术。"向为人简易无威仪，廉靖乐道，不交接世俗，专积思于经术。昼诵书传，夜观星宿，或不寐达旦"。③ 摒绝尘俗的生活方式，是政治风雨给他的教训之后无奈之举，因而他在生活哲学上转向道家思想，《说老子》很可能成于此时。刘向四十八岁时，儿子刘歆入仕，他写了《诫子歆书》，给其子敲响警钟，"谨战战栗栗，乃可必免"。此期著述见于文献的还有一些奏疏，如《使外亲上变事》《条灾异封事》《理甘延寿陈汤疏》《对成帝甘泉泰畤问》《日食对》等。体现出刘向对《诗经》等经学文献的熟悉，并且能将史学掌故、阴阳灾异理论与之相融合的文章风格。

二　刘向在校书后的文学创作

入汉成帝朝，刘向接受诏命从事皇家书籍的整理工作，此期的创作与学术活动都与整理文献活动密切相关，如完成了《别录》的编撰。刘向编撰了目的在于强调君臣关系的《说苑》《新序》《列女传》等书，此期的奏疏文有面对灾异帝王如何反省的思考，重在反对外戚专权，《洪范五行传论》完成于此时。刘向在汉宣帝时与王褒等人待诏金马门，献纳辞赋，此时就有批评者认为这些辞赋创作"淫靡不急"，刘向后来把精力转向《穀梁传》的研习，从金马门转到与其他郎官从事学术的研习工作。整理图书文献期间，刘向整理了所有的辞赋类作品，说明他对于辞赋保存、整理很重视。《汉书·艺文志》著录"刘向赋三十三篇"。刘向现存唯

---

① （东汉）班固：《汉书》，第 1948 页。
② （清）严可均：《全汉文》，第 387 页。
③ （东汉）班固：《汉书》，第 1963 页。

一完整的辞赋作品，是收录于《楚辞》的《九叹》，刘向模拟屈原的口吻叙述和感慨，悲叹屈原在政治上的遭遇，对屈原忠君爱国却被贬最后殉身而死的经历发出悲叹。全篇由九个短篇组成，每篇都以"叹曰"作结，王逸《楚辞章句》说，（刘向）"追念屈原忠信之节，故作《九叹》。叹者，伤也，息也。言屈原放在山泽，犹伤念君，叹息无已"。① 刘向对屈原的悲叹，其实也是自我感伤。刘向身份属于宗室，却屡次被排挤、不得志，与屈原有太多相似处。因而，尽管《九叹》模拟屈原《九章》，在结构、语言方面并无明显创新，然而就作品的情感与内涵来说，是有感而发、表达真情实感的，"但以'皇考之嘉至'与现今的'反表以为理'相比，与楚事殊不类，当是暗喻宣帝与元、成之世的不同"。② 因而，刘向是在模拟的形式下，表达自己的境遇，其抒情、对政治看法均是有针对性的。

刘向此时编撰与创作注重系统与条贯，目的在于有益于政治，表达自身的政治见解与学术主张。《新序》《说苑》中，刘向看到的原始资料，存在状态与"诸子略"中的《杂阴阳》类似，而以新的宗旨重新编撰史料，成为新的能够表述一家之言的著述。刘向校书接触大量的史料，尤其是战国史料以及西汉初期历史的史料。这些文献使刘向掌握了历史人物、事件的细节，增加了刘向议论的资料来源。"以史为鉴"成为他此期文章的重要特点。

汉成帝继位之后广封外戚，外戚专权威胁到皇权，刘向对局势忧心忡忡，此期的进谏文字大都针对外戚势力而发，为了避免因言辞遭迫害，尽可能保护自身安全，吸取元帝朝受到外戚与宦官势力排挤与迫害的教训，采用了解释经典的方式来表达自己的政治观。"向见《尚书·洪范》，箕子为武王陈五行阴阳休咎之应。向乃集合上古以来历春秋六国至秦、汉符瑞灾异之记，推迹行事，连传祸福，著其占验，比类相从，各有条目，凡十一篇，号曰

---

① （宋）洪兴祖：《楚辞补注》，中华书局 1983 年版，第 282 页。
② 马积高：《赋史》，上海古籍出版社 1998 年版，第 87 页。

《洪范五行传论》，奏之。天子心知向忠精，故为凤兄弟起此论也，然终不能夺王氏权。"① 刘向的《洪范五行传论》从著作形式上是解说《尚书·洪范》的解经之作，然而内容所指却是针对王凤专权的，通篇采用历史同类事件的罗列形式，对王凤专权并不提及，但是已经达到让汉成帝知晓 "故为凤兄弟起此论" 的目的，很好保护自身安全，吸取了王章因为直言王凤专权而被借故杀害的前车之鉴。其论述具有条理和逻辑。

校书中，刘向利用掌握大量史料的优势，往往直接从文献中选取需要的材料，按照一定的主旨编撰成新形式的著作，完成面对现实政治斗争的目的。这些借助史料编撰而成的文字，已经完全脱胎换骨，具有了刘向的思想与灵魂，成为刘向政治斗争的武器。这种表达方式，是刘向表述一家之言的创造，这类文字除了《洪范五行传论》，典型的还有《说苑》《新序》《列女传》等著作。汉成帝时期后宫之乱是西汉时期罕见的，尤其是将身份卑微的赵飞燕立为皇后，将赵飞燕之妹引入后宫，引起后宫大乱，姊妹弄权，一手遮天，竟然会将汉成帝新生的子嗣杀害，而此期进谏者并不罕见，刘辅甚至因此被汉成帝关进监狱。而刘向《列女传》也是针对后宫秩序混乱的，只是这里依然借助史料来说理，避免了君臣反目的危险。《新序》《说苑》也是在校书前期完成的，经刘向的编辑，里面的古人言行故事繁而不乱，按照一定的主题分门别类，讲符合礼制的为君、为臣之道的，全书通篇古人、古事，然而其创作目的是针对现实问题，因此，刘向校书之后所撰写的文章，充分借助了校书中接触史料的便利，以史料为论据，更为系统，其政治斗争方式更加含蓄有力。

刘向谏书也充分采取以史为鉴间接的说理方式，《谏营昌陵疏》是批评汉成帝大兴土木多年，消耗国家大量财力、民力，是不利于政权稳固的。这样逆耳的批评声，刘向也很讲求策略，将

---

① （东汉）班固：《汉书》，第 1950 页。

历史上君王的丧葬方式与国家兴衰、君王德行建立必然联系。刘向列举了一系列的历史人物、事件，而这些历史人物、事件均影射当下，影射汉成帝大兴土木修建昌陵造成的弊端，历史与现实形成一种呼应关系，告诫成帝应警惕，奏疏说理的力量得益于对历史人物丧葬事件的熟悉，既列举了一些历史名人的厚葬、薄葬两类事件，又恰当引用《易》《春秋》等经书中的相关言论来说理，这在刘向专门针对外戚势力的奏疏中也体现鲜明，将在奏疏文部分详细分析。

刘向在古籍整理之后都会撰写一篇叙录，介绍文献整理情况、作者生平、时代背景、文献价值等内容。刘向把叙录的撰写也当成自己表达政治见解的机会。《管子书录》中，突出管子政治才能，赞扬管子思想的意义，认为对于国家治理有不凡效果，"凡管子书，务富国安民，道约言要，可以晓合经义"。① 指出管子文章言简意赅、旨在治国安民的特点，并肯定管子思想符合经义。《孙卿书录》中同情大儒孙卿，认为孙卿胸怀"王道"，可惜生不逢时不得君主重视，"如人君能用孙卿，庶几于王，然世终莫能用。而六国之君残灭，秦国大乱，卒以亡"。② 设想孙卿如果能有机会，必会成就王道。刘向的叙录都充满了经世的苦心，并不是简单地对整理古籍的总结而已，在刘向观念中，"古"可以为"今"所用，这些书录正如一篇篇谏书，向汉成帝讲述治国理政的道理，介绍为君为臣之道。修身与治国正是这些叙录中所强调的内容。刘向《别录》树立了目录学史上优秀的典范，该书同时也是中国最早的书评合集，对每部书籍的评介文字全面而深刻。

刘向校书过程中所撰写的文章，重视引用《诗》《书》等经书的文句，加重自己说理的力度。对于经学类文献，刘向有时把它们当成文献资料，从中摘取历史事件作为史料的来源。校书中刘向对于古籍的通览，通过对先秦诸子、前贤思想著作的整理、

---

① （清）严可均：《全汉文》，第332页。
② （清）严可均：《全汉文》，第333页。

阅读，又生出许多政治兴亡的感慨，填充到他的谏书中。

与校书之前的奏疏文相比，刘向此期文章在史料运用上更趋博涉而细密，受到学术整理工作中接触资料丰富、视野开阔的影响，文章涉及史料丰富，资料条理化、系统化，并且文章中常常有对历史、学术作总结的特点。以古况今的写作方法在取材上轻车熟路，经史的杂引与灵活的编排说理，使刘向文章显得深邃而博大，增强了文章的说服力，是典型的学者型文章风格代表。

第二节　刘歆文献整理工作与其文学创作

校书前刘歆文章趣味、文学专长与青少年时代的刘向极为相似，刘歆在汉成帝即位初就已经因为文学、学术才华成名。

> 通达有奇异才。上召见歆，诵读诗赋。（《汉书·元后传》）
> 少以通诗书，能属文召见成帝，待诏宦者署，为黄门郎。（《汉书·楚元王传》）

由此可知，刘歆在入仕之初就擅长作赋及属文，与其祖辈、父辈的刘德、刘向极为相似。这些才能在汉成帝看来，"通达""奇异"，刘歆并因此获得"待诏宦者署，为黄门郎"的职务。

刘歆从入仕为黄门郎到河平三年受诏与父刘向领校秘书，共有六年时间。其文学才能均在郎官的文化土壤中继续获得发展。既然"诵读诗赋""能属文"的才能让成帝"甚说之"，在刘歆正式成为"黄门郎"后，也必然进行较为频繁的文学创作。刘歆《灯赋》为《艺文类聚》所引，"惟兹苍鹤，修丽以奇。身体剡削，头颈委蛇。负斯明烛，躬含冰池。明无不见，照察纤微。以夜继昼，烈者所依"。①《灯赋》以宫廷中造型奇特的"鹤烛台"为题目，既细腻描摹其外形之奇丽，又用拟人手法点明其明察秋毫对"烈者"之大用，暗暗赞美栋梁臣内外兼修及其对君对国的贡献。《灯赋》从选题及内涵上均显示了宫廷作家的趣味，应为此时作品。刘歆《甘泉宫赋》以汉成帝甘泉郊祀活动为取材对象：

> 轶阴陵之地室，过阳谷之秋城。回天门而凤举，蹑黄帝之明庭。冠高山而为居，乘昆仑而为宫。案轩辕之旧处，居北辰之闳中。背共工之幽都，向炎帝之祝融。封峦为之东序，缘石阙之天梯。桂木杂而成行，芳肸向之依依。翡翠孔雀，飞而翱翔，凤凰止而集栖。甘醴涌于中庭兮，……神龟沉于玉泥。离宫特观，接比相连。云起波骇，星布弥山。高峦峻阻，临眺旷衍。深林蒲苇，涌水清泉。芙蓉菡萏，菱荇苹蘩。……（严可均《全汉文》）

刘歆《甘泉宫赋》虽然只存残文，但仍显示出其赋作的奇幻色彩。刘歆把甘泉宫比拟为"天宫"来进行描写，以上古帝王所居来衬托甘泉宫的非凡气象，黄帝、轩辕、共工、炎帝所居之所，"回天门而凤举，蹑黄帝之明庭。冠高山而为居，乘昆仑而为宫。案轩辕之旧处，居北辰之闳中。背共工之幽都，向炎帝之祝融"，铺陈甘泉宫奇异物产，景物描写夸张而富有表现力。

刘歆文学创作与刘向相比有更明显的转向。刘歆的文学创作与学术思想此期受到两个群体影响，一是校书同僚，另一群体是黄门同僚。黄门同僚主要指王莽、扬雄、桓谭等人。这些同僚虽然未参加校书，然为刘歆学问所吸引，多有切磋。

扬雄未参加刘向、刘歆的校书工作，然而与刘歆在学术志趣上有很多相似处：同为黄门郎期间两人志趣相投，"（王音）荐雄待

---

① （清）严可均：《全汉文》，第410页。

诏。岁余，奏《羽猎赋》，除为郎，给事黄门，与王莽刘歆并"，①
都是在官学今文经环境中，以博学、对古学推崇为特征的学者；
两人都做过"甘泉宫"郊祀题材的赋作；两人就《太玄》创作曾
有过交流；刘歆之子刘棻曾向官位卑微、校书天禄阁、为世人忽
视的扬雄学习"奇字"。《七略》提及扬雄的《家牒》，"子云《家
牒》言，以甘露元年生也"。② 说明扬雄曾把《家牒》向刘歆展
示，显示二人交往的密切。扬雄的才能在当时并不被普遍接受，
"用心于内，不求于外，于时人皆曶之；唯刘歆及范逡敬焉，而桓
谭以为绝伦"。③ 扬雄位微言轻，然而刘歆却能看到扬雄的不凡之
处，能够"敬焉"。"刘歆观之，谓曰：'雄空自苦，今学经者有禄
利，然尚不能明《易》，又如《玄》何，吾恐后人用覆酱瓿。'雄
笑而不应。"④ 刘歆可以读到扬雄的《太玄》，并且不客气地用
"恐后人用覆酱瓿"来预测扬雄《太玄》的命运，刘歆的评价很实
在，指出官学要依靠利禄劝诱才能维持学问不坠的实情，是以朋
友的口气。扬雄在学术上对刘歆的影响不可忽视，如对大赋的创
作，对古文、今文经的态度。王莽此时对古文经感兴趣，并拜师
学习《左传》，两人在此时应该建立了比较亲密的同僚关系，因此
在王莽于汉平帝时期得势之后，刘歆仕途飞黄腾达，更因为王莽
的关系，后来有机会集聚民间学术。爱好古学、鄙视章句之学的
桓谭此期也与刘歆有比较密切的接触。

　　刘歆此期的奏疏主要有《孝武、孝宣庙不宜毁》《惠景及太上
皇寝园议》等，《三统历谱》等学术著作也已经完成。刘歆继承了
其父论述中夹杂大量史料的特点，使论述无可辩驳，具有说服力。
只是，刘歆对经典的引用更加灵活多样，今文经、古文经并引，
更加流畅而连贯。其学术著作更加具有逻辑性、系统性。

---

① （东汉）班固：《汉书》，第 3583 页。
② （清）严可均：《全汉文》，第 423 页。
③ （东汉）班固：《汉书》，第 3583 页。
④ （东汉）班固：《汉书》，第 3585 页。

刘歆的汉赋观念，强调"讽喻"，否定司马相如以来的华丽赋风，接受扬雄对大赋价值否定的基本思路。然而，如果将刘氏父子与同时代人对汉赋态度对比，刘氏父子对赋体的包容与接纳态度就会凸显出来。刘歆的赋学观受到同时代扬雄的影响，扬雄在汉哀帝时期已经完成了从辞赋家身份向学者身份的转变，提出了大赋于政教无益，并且以此出发得出大赋无价值的结论。细致比较二者的赋学观，刘歆《七略》有一种与扬雄对话的意味，首先，刘歆认可扬雄的"诗人之赋丽以则，辞人之赋丽以淫"。扬雄、刘歆对屈原作品都是赏识的，对缺乏讽谏的赋"铺排"的特征持否定态度，这里对赋"丽"的特征并未完全否定其价值。但同意这种观点的前提，是对赋体本身价值的肯定，他采取的方式是追溯赋学的源起，赋是周代大夫的政治才能之一。其次，他将赋的价值与诗人、《诗》建立起关联性，认为早期赋家是贤人，早期赋体现了《诗》的经学精神，具有"讽喻"性。因而突出、肯定早期辞赋家屈原、荀子的赋家典范意义。从这两点看，刘歆并不否定赋体本身的价值。只是，刘歆更强调辞赋的"辞人"精神，即重讽谏、重政教精神。刘歆的赋学观，还深受文献整理中形成的经学为尊观念的影响，强调赋学作品具有政教的功用价值，重视实用性，然而，他能在扬雄消极的赋学价值论基础上，找寻赋体的价值，肯定这一文体的意义，是具有进步意义的。而这种赋学观的形成，使他开始探索赋创作的走向，《遂初赋》的创作体现了他的赋作转型。

第三节　刘歆《遂初赋》所体现的赋学转变

刘歆在与其父接受皇家文献整理工作的二十年，文学旨趣发生变化。汉哀帝即位初期，刘歆极力主张将古文经立为博士官，却遭到太常博士们的反对，于是撰写了措辞严厉的《移书让太常博士》，最后被朝廷重臣所忌恨，刘歆为了自保离开了京城，先被任命为河内太守，后转为五原太守。《遂初赋》记述了赴五原太守任途中的所见所闻所感，反映了刘歆离开京城的心态及仕途失落后打算，"大人之度，品物齐兮……守信保己，比老彭兮"。① 有放弃政治上的进取以自保的打算。《离骚》抒发政治郁结之情，通过"上下而求索"，借助的对象有历史上有传说色彩的君主，如尧、舜、禹、汤、桀、纣、羿、浇等人物，神话中的丰隆、宓妃等。这些象征具有奇幻、浪漫的色彩。与此相比较，《遂初赋》情感抒发的精神之旅转变为写实，与此前的征行、远游类辞赋作品形成鲜明的对比。

一　刘歆《遂初赋》抒情象征系统的特殊性

第一，借星宿喻仕途进退。刘歆作为宗室为哀帝倚重，却终因争立《左传》博士事被排挤，后为避祸请求远离京师去做"补吏"，先为"河内太守"，后被徙"五原太守"。对这段仕途沉浮，作者开篇采用楚辞中惯用的比兴手法，只是用以做比的对象有些特殊，以星空中三垣中的紫微垣比喻君臣政权系统。

以北辰喻皇帝，以接近北极星的三台、钩陈，喻指自己曾在仕途顺利时，身处辅佐皇帝的近臣要位。枢极、驷房写在仕途高潮时登峰造极之势。"机衡为之难运"，语意双关，既代指北斗运动异常，又暗示哀帝时政治之机为人操控。"惧魁杓之前后"，因而恐惧灾祸发生，在汉人知识观念中，魁杓之所指，预示着吉凶的发生，这里指"凶相"。《说苑·辨物》中记载"（北辰）以其魁杓之所指二十八宿为吉凶祸福"。② 至此以比兴方法，将时人观念中神秘的、具有预示人间祸福能力的"魁杓之所指"，比喻为自己仕途登极之后的危机，被迫外出补吏的形势。之后，以传说中预示凶兆的波神"阳侯"，预示自己河内太守没能上任，转而"得玄武之佳兆"，转任五原。玄武是北方七宿的总称，同时又象征着北方太阳神，得此佳兆来到五原，在刘歆看来是有好兆头的旅程。

---

① （清）严可均：《全汉文》，第 409 页。

② （西汉）刘向：《说苑》，中华书局 1987 年版，第 442 页。

第二，刘歆在经过历史上晋国的故地时，借史抒怀。由历史遗址引发了抒情，其内涵是多层次表达，接下来的赋作内容完全以征程为线索，文字思路由天上星宿转向古老的历史关隘。经过历史关隘，作者生发出对晋地历史往事的追怀，作者对历史事件的评述，是对西汉现实政治发表观点，表达悲哀之感。

随着足迹所及，刘歆到了黎侯旧居引起"慕远"之怀，到了长平"吊"赵括。典故似是信手拈来，实际在历史事件的选择上形成对比。首先是周的兴衰。在路过长子、屯留、途吾时，历史上发生的人物与事件引发刘歆对周王朝由盛而衰的感慨。首先赞美周文王"尊贤下士"，对殷商老臣辛甲亲自迎接，委以重任并封于长子。其次是哀叹衰周失权，数次受辱而没有诸侯来辅助，当时诸侯盟主晋国，不能维护宗周"尊君"之礼，认可卫国新政权卫殇公，公然拘捕出使晋国的卫大夫孙蒯于屯留。西周王季的儿子刘康公，率王师讨伐戎人，在途吾被打得大败。

这些典故引发对现实的联想，具有写实特征。刘歆认为，历史上，周的衰亡原因之一是诸侯盟主晋没有尊扶"宗主"。而晋在诸侯国内部没有尊扶宗室，导致晋的衰亡。现实中，汉哀帝继成帝之后，继续重用外戚，抑制宗室力量的发展，导致刘氏江山面临威胁。这里是把晋国的历史与汉哀帝时期的政治形势进行对比。显示了他对当下政治走向的忧虑与悲观。

之后，赋文思路由哀叹"周衰"转向感慨晋的衰乱。晋平公下虒筑台，导致"民力凋尽"（《左传·昭公八年》），是晋由盛转衰的转折点。刘歆有感于现实与历史的相似，借史咏怀，"背宗周而不恤兮，苟偷乐而惰息。枝叶落而不省兮，公族阒其无人。日不爨而俞甚兮，政委弃于家门。载约屦而正朝服兮，降皮弁以为履。宝砥石于庙堂兮，面隋和而不视。始建衰而造乱兮，公室由此遂卑"。①《左传·襄公二十九年》晋平公为杞国筑城，引起子大

---

① （清）严可均：《全汉文》，第408页。

叔的警惕："晋国不恤周宗（周的宗族姬姓国）之阙，而夏肄是屏，其弃诸姬，亦可知也已"；"怜后君之寄寓兮，喑靖公于铜鞮"。① 晋国的末代君王晋靖公在三家分晋后被流放，使晋国绝了祭祀的香火，让人可怜可感。

晋君由于对宗室的错误态度，自食恶果。晋国的臣子祁奚、叔向都是晋国的栋梁之臣，刘歆庆幸祁奚无私解除了叔向的飞来横祸，"悦善人之有救兮，劳祁奚于太原"，表达了刘歆对栋梁之臣的敬意。再由此事发挥，"美不必为偶兮，时有差而不相及。虽韫宝而求贾兮，嗟千载其焉合？昔仲尼之淑圣兮，竟隘穷乎蔡陈。彼屈原之贞专兮，卒放沉于湘渊。何方直之难容兮，柳下黜出而三辱。蘧瑗抑而再奔兮，岂材知之不足。扬蛾眉而见妒兮，固丑女之情也。曲木恶直绳兮，亦不人之诚也。以夫子之博观兮，何此道之必然。空下时而瞡世兮，自命己之取患。悲积习之生常兮，固明智之所别"。感叹古来贤臣遭奸佞陷害，正道难行，对此刘歆既悲哀又无奈。此处刘歆颇有借史事以自况的意味。

历史上晋宗室臣被排挤导致了亡国，"六卿兴而为桀""荀寅肆而颛恣兮，吉射叛而擅兵"，② 而异姓臣的叛国之举早有征兆，"责赵鞅于晋阳"，当年赵简子筑城于晋阳，蓄意背叛晋君已萌其端。《遂初赋》对这些史实的细数，正是映射汉成帝对王氏外戚的重用，哀帝对丁、傅外戚权力过度赋予之后，威胁了刘氏皇权，刘歆此赋中的史事都是拿来与当下映照的。

第三，借景抒情与直抒怀抱。作者在行程至河滨时所历之景是"乘素波"，而在离开河内奔赴五原任上时，看到的是萧条、荒凉、寂寥的景象，迎面而来的是回风、积雪、露霜、雹霰，极尽凄怆而惨怛之景描写后，作者以"百里之无家兮，路修远而绵绵"作结。在景色描写中渗透着作者的失意、感伤与失败感。如果说这里的景色描写让读者感受的是作者的压抑而绝望，那么，之后的

---

① 杨伯峻：《春秋左传注》，中华书局 2000 年版，第 1158 页。

② （清）严可均：《全汉文》，第 408 页。

抒情,则以道家思想的方式思考未来,给行文带来稍微轻松的结尾。

赋作结尾处情感的表达是先扬后抑,首先,睹物思人,想到了历史上的赵武灵王、赵奢成就的一番事业,"于是勒障塞而固守兮,奋武灵之精诚。摅赵奢之策虑兮,威谋完乎金城。外折冲以无虞兮,内抚民以永宁"。似乎下文作者要奋发图强,有一番强国决心,但作者话锋一转,"既邕容以自得兮,唯惕惧于笁寒。攸潜温之玄室兮,涤浊秽于太清。反情素于寂漠兮,居华体之冥冥。玩琴书以条畅兮,考性命之变态。运四时而览阴阳兮,总万物之珍怪。虽穷天地之极变兮,曾何足乎留意。长恬淡以欢娱兮,固贤圣之所喜",打算超脱现实成败,恬淡终老。不过,联系前文,这一说法颇为勉强,读者感受的是一个忧国忧民的宗室臣子,而最后打算"恬淡"只不过是暂时的自我安慰而已。

二 刘歆《遂初赋》征实的抒情特征与对西汉末年现实的忧叹

刘歆《遂初赋》以星象作比与阴阳灾异政治话语在西汉社会的盛行有关。汉宣帝时大臣杨恽,成为汉代历史上第一个因为"日食之咎"被杀的大臣。汉成帝时丞相翟方进因为"荧惑守心"的星象,被汉成帝赐死,这些都是阴阳灾异学说登上政治平台后,显示威力、中伤政治对手的例证。成帝朝特殊天象频繁,灾异密集,每当此时,成帝都反应积极,发表诸如《日蚀求言大赦诏》的诏书。刘向父子在主持国家图书整理工作时,有关天象的书籍已经很丰富了,这从《汉书·艺文志》的记录可见一斑:《金度玉衡汉五星客流出入》八篇、《汉五星慧客行事占验》八卷、《汉日旁气行事占验》三卷、《汉流星行事占验》八卷、《汉日旁气行占验》十三卷、《汉日食月晕杂变行事占验》十三卷等。刘歆之父刘向对天文专研,"夜观星宿,或不寐达旦"。在以星象对应政治如此盛行的时代,在深厚的天文家学渊源熏陶下,刘歆对星象学的熟稔是不必怀疑的。刘歆将星象作为自己人生仕途的比兴对象,是受当时政治话语和家学观念的影响。

刘歆《遂初赋》体现了以史为鉴与对《左传》等古文经重视的特征。《遂初赋》主体部分感叹、评论周晋史实，借此表达自己对哀帝皇室政权将可能被异姓篡夺的忧虑。事实上，刘歆忧虑的问题由来已久，也正是其父刘向在汉元帝、成帝两朝所担心的问题。

汉初刘邦分封的同姓诸侯王曾对中央朝廷造成极大威胁，"七国之乱"是最为明显的来自宗室对中央的威胁，武帝以后一直采取限制宗室势力的策略。但物极必反，到了成帝时期，宗室诸侯的力量无法匹敌于外戚势力，"是时帝元舅阳平侯王凤为大将军秉政，倚太后，专国权，兄弟七人皆封为列侯"。① 刘向《上外戚封事》中指出强宗室，弱外家。提出"援近宗室，亲而纳信，黜远外戚，毋授以政，皆罢令就弟，以则效先帝之所行，厚安外戚，全其宗族，诚东宫之意，外家之福也。王氏永存，保其爵禄，刘氏长安，不失社稷……"② 并提出皇帝应该亲近、依靠宗室，同时削弱外戚力量：

> 向每召见，数言公族者国之枝叶，枝叶落则本根无所庇荫；方今同姓疏远，母党专政，禄去公室，权在外家，非所以强汉宗，卑私门，保守社稷，安固后嗣也……（《汉书·楚元王传》）

刘向把宗室与皇权关系比喻为枝叶与本根的关系，认为一旦宗室疏远，皇权将失去"庇荫"，从而处于"私门"的威胁之中而难以自救。到汉哀帝时期，这一趋势更加明显，杜业《上哀帝书》提到朝臣们认为"宗室诸侯微弱，与系囚无异"。③ 我们来看刘歆赋作中所涉及的史事。春秋时期曾经强大的晋国，就是因为宗室弱、卿大夫强，导致三家分晋。历史与现实惊人的相似，身处昔

---

① （东汉）班固：《汉书》，第 1949—1950 页。
② （东汉）班固：《汉书》，第 1962 页。
③ （南朝宋）范晔：《后汉书》，第 2681 页。

日晋地，刘歆《遂初赋》对周、晋史事一一排列，其中"哀衰周之失权兮，数辱而莫扶。执孙蒯于屯留兮，救王师于途吾""过下厩而叹息兮，悲平公之作台""背宗周而不恤兮，苟偷乐而惰怠"，涉及的史事依次可以在《左传》襄公十七年、十八年、昭公八年、襄公二十九年查到：

> 卫石买、孙蒯伐曹，取重丘。曹人愬于晋。（《左传·襄公十七年》）
> 晋人执卫行人石买于长子，执孙蒯于纯留，为曹故也。（《左传·襄公十八年》）
> 晋侯使瑕嘉平戎于王。……刘康公徼戎，……败绩于徐吾氏。（《左传·成公元年》）
> 今宫室崇侈，民力雕尽。……于是晋侯方筑虒祁之宫。（《左传·昭公八年》）
> 晋平公，杞出也，故治杞。……子大叔曰："……晋国不恤周宗之阙，而夏肄是屏，其弃诸姬，亦可知也已。"（《左传·襄公二十九年》）

刘歆在《遂初赋》中表达忧虑时，能够浮想联翩，联系到周、晋的历史并非偶然，而是与他对《左传》的研读有密切关系。在汉武帝以来官方所设立的经学博士中，古文经《左传》被排除在外，从时人功利的角度，学习《左传》是件吃力不讨好的事情。再有，《左传》作为当时颇为冷门的古文经，通常的流通渠道是看不到这部典籍的。因此，像《遂初赋》中通过这样频繁、密集地用史实典故来表达自己的思想感情，在此前的赋作中极为罕见，因此引发刘勰《文心雕龙·事类》的评价，"及扬雄《百官箴》颇酌于《诗》《书》，刘歆《遂初赋》，历叙于纪传；渐渐综采矣"。① 而这反映了

---

① （南朝梁）刘勰：《文心雕龙》，第338页。

西汉末年古文经的暗流涌动。

刘歆《遂初赋》征实文风与西汉后期对大赋价值进行反思、总结的文学背景有关。研究汉赋的学者习惯提到汉人"模拟"的创作特点。确实，扬雄大赋模拟司马相如创作的痕迹非常明显，但我们也会注意到扬雄晚年对大赋创作进行反思、总结。而对大赋进行总结这一文学批评行为并非个案，我们看到刘歆对扬雄辞赋批评的呼应与认可，另外，同时代与刘歆、扬雄来往密切的桓谭，在《新论》中专设《道赋》篇，讨论赋的创作。因而，可以说，在刘歆的时代，出现了对赋创作的特征、价值等问题反思、总结的批评风尚，而这些讨论必然反过来指导、影响赋的创作，而《遂初赋》就是在这样的背景下出现的。

刘歆本人辞赋观，可以参考《诗赋略》对辞赋观点及对扬雄辞赋评价。屈原、荀子开启辞赋创作之后，汉人辞赋创作模式、技巧、题材等方面均有进展，而到了西汉后期，进行了总结。最明显的表现是扬雄对辞赋的看法，以及《七略·诗赋略》对扬雄辞赋观的引用。"学《诗》之士遗在布衣，而贤人失志之赋作矣……咸有恻隐古诗之义。"① 可见，刘歆认为辞赋源于诗，辞赋价值应该继承诗"讽"的传统。他认同扬雄晚年对大赋创作的追悔反思，并在《七略》中加以载录，"诗人之赋丽以则，辞人之赋丽以淫"，刘歆追求辞赋的"讽喻"，反对"侈丽闳衍"，《遂初赋》的创作是符合这一辞赋观点的。

---

① （东汉）班固：《汉书》，第 1756 页。

第 十 章

刘向刘歆文献整理与西汉
中后期赋学发展

第一节　刘向刘歆对赋类文献的整理与总结

赋的创作兴起于西汉，然而对于赋的价值自司马迁以来一直争议不断，从现存文献看，西汉对于赋家的事迹与其创作篇目的整理与记录始于刘向刘歆父子。"每一书已，向辄条其篇目，撮其指意，录而奏之。"①《别录》反映了刘向等人对相关文献的整理成果。从现存《别录》对汉赋类文献的记述，② 可大致了解刘向对汉赋所做的整理与总结。

在整理体例上，刘向主要采取"以人系作品"整理方式；对佚名作品主要采取"按内容题材"归类方法。

《汉书·艺文志》中"诗赋略"前三类"屈原赋""陆贾赋""孙卿赋"采取了"以人系作品"整理标准，其思路已经接近于后世"别集"编撰意识，班固的分类应该沿袭自刘向刘歆父子。第四类"杂赋"主要采取按内容题材划分方法，如《杂四夷及兵赋》二十部、《杂中贤失意赋》十二部等八大类，隐书、成相辞采取按作品艺术特征归类方法，排列在赋体之后。

刘向专门负责"诗赋略"文献整理，有将辞赋作品与作家

---

① （东汉）班固：《汉书》，第1701页。
② 依据严可均《全汉文》辑录的《别录》。

"六艺""诸子"等类内容区别总结的工作。如贾谊作品在诸子略
与诗赋略中均有著录，诸子略著录"《贾谊》五十八篇"，诗赋略
著录"贾谊赋七篇"，后面七篇必定在内容及文体方面区别于前面
的五十八篇。

　　刘向《别录》有对一些赋家具体赋作名称的记录，如记载淮
南王有《薰笼赋》，①"诗赋略"著录"待诏冯商赋九篇"，却未记
载九篇包含哪些作品，而《别录》佚文记载待诏冯商作《灯
赋》，②《别录》对于赋作名称有较细致的罗列，如：

　　　　朔之文辞，有《封泰山》、《责和氏璧》，及《皇太子生
　　　谋》、《屏风》、《殿上柏柱》、《平乐观猎赋》、八言、七言上
　　　下，《从公孙弘借车》，凡刘向所录朔书具是矣。(《汉书・东
　　　方朔传》颜师古曰：刘向《别录》所载)

　　以上《别录》对东方朔文与赋的总结，在《汉书・艺文志》
"诗赋略"中却并无著录，诸子略杂家类中有"《东方朔》二
十篇"。

　　现存辑录的刘向《别录》佚文中，刘向在明确作品作者之后，
"条其篇目"，并且对代表性作品做简单分析工作。如《别录》中
分析贾谊《吊屈原赋》，"因以自谕自恨也"。③评论作品时，注意
将其与作者生平际遇结合起来，如《孙卿书录》，"孙卿遗春申君
书，刺楚国，因为歌赋以遗春申君"。④认为孙卿赋作有讽刺春申
君的目的。

　　另外，"诗赋略"在分类的处理上，"杂赋"类有一些特殊题
材的作品，刘向会分析其文体特征：

---

①　（清）严可均：《全汉文》，第396页。
②　（清）严可均：《全汉文》，第396页。
③　（清）严可均：《全汉文》，第396页。
④　（清）严可均：《全汉文》，第383页。

> 隐书者，疑其言以相问，对者以虑思之，可以无不谕。
（《汉书·艺文志》注）

这段文字应该在隐书类文献整理后分析的，已经有很明显的"文体"的辨析意识。"隐书"被归入"诗赋略·杂赋"类中，体现了刘歆对隐书性质的认识。"又作人姓名，使相与语，是寄辞于其人，故《庄子》有寓言篇。"① 这段分析寓言特征的文字，应该在诸子略整理《庄子》文献之后的《别录》中。

刘歆与父亲刘向一起参与了赋类文献整理工作，在清理、总结基础上撰写了《诗赋略》。刘歆具体赋学工作，可概括为以下几点。

第一，在其父刘向《别录》对辞赋总结基础上，承袭了以作者（人）为载录辞赋基本单位的体例，无法归为"某家（人）"的，别录为"杂"家（类）。赋作著录形成基本规范：身份（官职）＋姓名＋赋＋篇数。如"陆贾赋三篇""刘向赋三十三篇""骠骑将军朱宇赋三篇"，而刘向《别录》中不需要如此规范体例。

第二，刘歆"诗赋略"佚文有对具体作家作品介绍，比现存《艺文志》相关内容要具体、丰富。

如罗列作家重要赋作具体背景，如对扬雄四大赋创作时间的交代：

> 《甘泉赋》，永始三年，待诏臣雄上。（《文选·甘泉赋》注）
> 《羽猎赋》，永始三年十二月上。（《文选羽猎赋》注）
> 《长杨赋》，绥和元年上。（《文选·长杨赋》注）

如对赋作者的简介，对具体创作背景、创作地点介绍：

> （庄忽奇）忽奇者，或言庄夫子子，或言族家子庄助昆弟

---

① （清）严可均：《全汉文》，第393页。

也。从行至茂陵，诏造赋。（《汉书·艺文志》）

第三，将众多杂乱无章的赋作建立有意义的系统，并代表官学对其做出定位与评价，分类、排序，提出赋学理论。总体将赋与诗并列归为一大类。赋下面分为四个子目。第一类赋统计数为二十家，三百六十一篇；第二类赋统计数为二十一家，二百七十四篇；第三类赋统计数为二十五家，一百三十六篇；第四类赋统计数为十二家，二百三十三篇；总计七十八家赋，一千零四篇赋作。

第二节　扬雄、刘歆赋论及其影响

扬雄对赋作创作方法、价值与意义等问题的分析，是对刘歆有深刻的影响的。

一　刘歆对扬雄赋论的接受与发展

扬雄赋论主要集中在《法言·吾子》中，刘歆赋论主要存于《七略》中，结合《汉书·艺文志》对赋的论述部分，看出刘歆对扬雄赋论既有接受部分，又在扬雄赋论基础上有所发展：

或问："吾子少而好赋。"曰："然。童子雕虫篆刻。"俄而曰："壮夫不为也。"或曰："赋可以讽乎？"曰："讽乎！讽则已，不已，吾恐不免于劝也。"……

或问："景差、唐勒、宋玉、枚乘之赋也，益乎？"曰："必也淫。""淫则奈何？"曰："诗人之赋丽以则，辞人之赋丽以淫。如孔氏之门用赋也，则贾谊升堂，相如入室矣。如其不用何？"（《法言·吾子》）

传曰："不歌而诵谓之赋，登高能赋可以为大夫。"言感物造端，材知深美，可与图事，故可以为列大夫也。古者诸侯卿大夫交接邻国，以微言相感，当揖让之时，必称诗以谕其志，盖以别贤不肖而观盛衰焉。故孔子曰"不学诗，无以言"

也。春秋之后，周道渐坏，聘问歌咏不行于列国，学诗之士逸在布衣，而贤人失志之赋作矣。大儒孙卿及楚臣屈原离谗忧国，皆作赋以风，咸有恻隐古诗之义。其后宋玉、唐勒，汉兴枚乘、司马相如，下及扬子云，竞为侈丽闳衍之词，没其风谕之义。是以扬子悔之，曰："诗人之赋丽以则，辞人之赋丽以淫。如孔氏之门人用赋也，则贾谊登堂，相如入室矣，如其不用何！"（《诗赋略》）

刘歆对扬雄的赋论主要接受了两方面。第一，是作家论。扬雄这段赋论主要论及战国、西汉作家，即景差、唐勒、宋玉、枚乘、贾谊、司马相如，而刘歆在《诗赋略》中，只剔除了景差，其余五位赋家皆有论述。剔除景差的原因也很好理解，参看刘歆对赋家罗列部分，可见唐勒赋而不见景差赋，很可能在西汉成帝时期收藏的文献中，景差赋已佚。扬雄认为唐勒、宋玉、枚乘、司马相如赋作的缺点是"淫"，《法言·君子》中还评价司马相如赋"文丽用寡"。刘歆沿着扬雄赋评着眼于"丽""用"的思路立论，把这四位作家与扬雄排列在一起，批评这些赋作"竞为侈丽闳衍之词，没其风谕之义"，文辞丽有余而讽不足，仍然沿袭了扬雄对这几位作家"淫"而无"用"的观点。第二，是对赋家赋作的分类方法，即"诗人之赋""辞人之赋"的分类，刘歆沿袭了扬雄对宋玉之后赋作的评价，《汉书·艺文志》对赋作的看法代表了刘歆的观点，"诗人之赋丽以则，辞人之赋丽以淫。如孔氏之门用赋也，则贾谊登堂，相如入室矣。如其不用何？"这里显示了刘歆对扬雄赋论的认同：赋的文体特征是"丽"，但是赋体在儒学上、在政治上却没有价值。扬雄这里显然认为"诗人之赋"比"辞人之赋"更有价值，把贾谊赋归为诗人之赋，但认为即使如此也不能为孔门所用，扬雄表达了对赋体不能发挥政治影响力的失望，决定彻底放弃大赋的创作。刘歆对于扬雄的这种消极论调并非全部接受，而是在此基础上对"诗人之赋"有更深的源头挖掘，对

"诗人之赋"是积极接纳和肯定的，这在下面将具体论述。扬雄归纳的"诗人之赋丽以则，辞人之赋丽以淫"被刘歆肯定，两人都潜在认识到"丽"为赋的根本特征，认为赋的语言之美、形式之美不可或缺。同时，以"义""则"要求赋的文体价值，这是源自《诗》经学的价值标准，体现了当时经学在学术中的至高地位。

以上是刘歆对扬雄赋论的接受。在此基础上，又对扬雄赋论有所发展，即改变了扬雄对赋体全盘否定的观点。

首先，刘歆对赋的起源等问题有进一步思考。从文献整理中形成的以"经学"衡量各类文献价值的思维方式出发，认为赋源于《诗》。"传曰：'不歌而诵谓之赋，登高能赋可以为大夫。'言感物造端，材知深美，可与图事，故可以为列大夫也。古者诸侯卿大夫交接邻国，以微言相感，当揖让之时，必称诗以谕其志，盖以别贤不肖而观盛衰焉。故孔子曰'不学诗，无以言'也。"① 把作赋的才能与先秦士大夫的行政能力结合起来，认为在周代《诗》被贵族官员广泛应用时期，赋能够考量大夫的才智与外交能力，古代的大夫不能赋，就不能称职，并引用孔子的"不学诗，无以言"来说明《诗》的重要性，说明赋作为《诗》的一部分也是古代（指西周春秋时期）大夫必修才能。这就从赋体起源上，肯定了这种文体的政治功用性。

其次，"诗赋略"序的部分强调了战国的赋家创作的时代背景，"春秋之后，周道渐坏，聘问歌咏不行于列国，学《诗》之士逸在布衣，而贤人失志之赋作矣"。强调战国时期礼崩乐坏之后，《诗》应用的社会环境发生变化，诗道不通而赋产生。强调此时作赋的作家与之前学《诗》之士是同一群体，学《诗》之士沦落为失志贤人而作赋，从而得出结论：早期赋与《诗》经精神是相通的。在此论述基础上，刘歆提出区别于扬雄的赋家论，即从辞赋史的视角，把屈原、荀子的赋作定位为"诗人之赋"，并肯定他们

---

① （东汉）班固：《汉书》，第1756页。

赋作的价值，认为他们赋作继承了《诗》的传统，即"恻隐古诗之义"，创作出发点是"作赋以风"。把屈原、荀子看作《诗经》之后赋家的源头，勾勒出源清而流浊的赋的发展演变简史，这就从文体的角度，肯定了赋体本身是有价值的，并非扬雄所概括的无用的文体。

扬雄对于孙卿赋没有论述，对于屈原也没有把他放在辞赋之源的角度上考虑赋学问题。刘歆把屈原、荀子定位为汉赋之源，刘歆的赋学思路比扬雄更为宏观与开阔，考察了赋的"源"与"流"，把汉赋放在赋体发展历史的大背景下去考察分析，反驳了扬雄的赋体无用论，认为早期赋具有的"讽"传统，只是没有被宋玉、唐勒以及汉代的作家所继承而已。

二　扬雄、刘歆赋论在两汉之际发生的影响

扬雄对汉大赋"劝百讽一"的特点概括，对大赋创作"壮夫不为"的态度，彻底否定了大赋的文体价值，这是在当时经学环境下，完全以政治功用标准出发而得出的结论。扬雄急于摆脱赋家身份，急于完成学者身份的确认，使他对自己最擅长、最初使他获得官位的赋"丽"的语言才能，给予最彻底的扬弃与批判，认为没有讽谏的"丽以淫"没有任何价值。刘歆同样否定了汉大赋的文体价值，刘歆对汉大赋的评价，还不如对汉乐府的评价高，这些被视为"郑卫之声"的汉乐府诗，以刘歆经学的眼光来看，具有"观风俗，知薄厚"的作用。当然，这一评价，是从《诗》经学的评价角度来的。这两位学者对大赋的定位与判断，对两汉之际的赋学发展走向产生深刻的影响。

第一，扬雄对大赋创作的理论，成为东汉初期所有赋家创作的潜在思考背景：

> 自雄之没至今四十余年，其《法言》大行，而《玄》终不显。（《汉书·扬雄传》）

扬雄的大赋理论主要存在于《法言》，其赋学理论随着《法言》的流行而影响深远，不仅扬雄、刘歆不再从事大赋的创作，汉哀、平、王莽、光武时期，以帝王为中心的辞赋创作群体献纳的宫廷创作风气再未形成，六十年左右的时间跨度内，文人们未有一篇铺张扬厉的大赋的创作。

第二，两人的赋论，压抑了当时对大赋创作规律、创作理论探讨的积极性。

扬雄从年少时就喜欢辞赋，琢磨模仿辞赋的创作方法，《汉书·扬雄传》记载：

> 先是时，蜀有司马相如，作赋甚弘丽温雅，雄心壮之，每作赋，常拟之以为式。
>
> 乃作书，往往摭离骚文而反之，自岷山投诸江流以吊屈原，名曰《反离骚》；又旁《离骚》作重一篇，名曰《广骚》；又旁《惜诵》以下至《怀沙》一卷，名曰《畔牢愁》。

说明扬雄对于赋的创作方法，有长时间的琢磨，司马相如、屈原的作品都成为他模拟的对象。当后期他对自己人生努力方向发生变化、决定抛弃大赋创作后，开始否定大赋的价值：

> 雄以为赋者，将以风之也，必推类而言，极丽靡之辞，闳侈巨衍，竞于使人不能加也，既乃归之于正，然览者已过矣。往时武帝好神仙，相如上《大人赋》，欲以风，帝反缥缥有陵云之志。由是言之，赋劝而不止，明矣。（《汉书·扬雄传》）

扬雄认为赋的创作出发点应该是"劝""风"，要求赋起到讽谏效果。在创作方法上，"推类而言"是其基本的写法，如果赋最后起不到讽谏效果，那么这种赋体就没有任何价值，没有创作的必要了。

桓谭《新论》中专门有一篇《道赋》，是第一篇对赋进行讨论的专文，现存残文共记载了以下几件事：

> 余少时学，好离骚，博观他书，辄欲反学。扬子云工于赋，王君大习兵器，余欲从二子学。子云曰："能读千赋，则善赋。"君大曰："能观千剑，则晓剑。"谚曰："伏习象神，巧者不过习者之门。"
>
> 谚曰："侏儒见一节，而长短可知。"孔子言："举一隅足以三隅反。"观吾小时二赋，亦足以揆其能否。
>
> 余少时为奉车郎，孝成帝出祠甘泉河东郡，先置华阴集灵宫，武帝所造门曰望仙，殿曰存仙，欲书壁为之赋，以颂美二仙之行。

桓谭是扬雄辞赋的追慕者，从年少时尝试做《仙赋》，只是对自己辞赋创作能力不自信。其撰写的《新论·祛蔽》记载，"余少时见扬子云之丽文高论，不自量年少新进，而猥欲逮及。尝激一事，而作小赋，用精思太剧，而立感动发病，弥日瘳"。① 可见桓谭对扬雄辞赋仰慕至极，把扬雄作为自己作赋的学习对象，桓谭是赋体的爱好者，有极高的创作热情，甚至因为作赋过于用功而发病。而扬雄也曾与桓谭谈及辞赋创作的辛苦，"子云亦言，成帝时，赵昭仪方大幸，每上甘泉，诏令作赋，为之卒暴，思虑精苦，赋成遂困倦小卧，梦其五脏出在地，以手收而内之。及觉病喘悸，大少气，病一岁"。② 如此辛苦，还要汲汲于赋的创作，说明扬雄热爱辞赋创作，除《法言》中扬雄对赋体批评与表达悔意外，他展现更多的是对赋体的勤于琢磨与喜爱尝试，"能读千赋，则善赋"。他总结出作赋没有什么窍门，多读赋作就会获得创作的

---

① 朱谦之校辑：《新辑本桓谭新论》，中华书局 2011 年版，第 52 页。后引本书皆出自此版本。

② 朱谦之校辑：《新辑本桓谭新论》，第 52 页。

方法。

这里反映了扬雄、桓谭对辞赋创作的热情，以及如何写好赋的思考。而扬雄所提出的大赋无用论，极大打击了当时的辞赋爱好者，使得对于大赋的创作与理论总结几乎处于停滞状态。

第三，《诗赋略》中，刘歆是以经学思维来论定不同类别文献价值，认为"赋者，古诗之流也"。好的赋作，是有"恻隐古诗之义"的作品，肯定那些"体现经的意义的赋作"，因而，赋中追求经义，成为此后赋创作者一个努力的新方向。扬雄赋论对"诗人之赋"的推崇，也引领了后来者对"丽以则"创作道路的追寻。

此后，在赋作中引用、化用经学典籍文句的现象开始增多。"在现存汉赋作品中，明确引述五经文献多达千余处。"[1] 刘歆《遂初赋》引用、化用大量《左传》等经典。而扬雄的创作实践也发生很大变化，在题材选用上更倾向于议论、说理，在写法上经典引用也很频繁，如扬雄《核灵赋》，"自今推古，至于元气始化，古不览今，名号迭毁，请以《诗》《春秋》言之"。[2] 赋作宗旨在于探求天人规律、古今历史演变规律，赋作出发点是推演《诗》与《春秋》的大道，直接以经典立论，赋作的经学气息浓重。而扬雄《太玄赋》更是直接以赋的形式，论述经义、发表一家之言的"以赋代论"之作。"观大易之损益兮，览老氏之倚伏。省忧喜之共门兮，察吉凶之同域。"[3] 赋作排儒入道，渲染仙人世界的奇妙。并且，赋的主题也发生变化，从以帝王活动为中心，转向就具体的事件议论、言事，或者表达某种主观见解。

这也引领了一些底层赋作家的创作方向，汉成帝时期墓葬中出土的《神乌赋》，裘锡圭分析："《神乌赋》引六句传文作结，并将《诗》、《论语》、《孝经》等儒家经典里的一些话塞入鸟语中，

---

① 许结、王思豪：《汉赋用经考》，《文史》2011 年第 2 辑。
② （清）严可均：《全汉文》，第 527 页。
③ （清）严可均：《全汉文》，第 528 页。

充分反映出作者是儒学已确立独尊地位时代的一个知识分子。"①
这显示出西汉后期经学对文学的影响,尤其这篇俗赋是一位出身
并不高的知识分子所作,"此赋的语言是相当通俗的,而且有些地
方还显得相当笨拙。跟司马相如、扬雄、班固等名家的赋使用大
量华丽瑰奇的辞藻,而且句法比较活泼多变的情况相比反差极为
明显。显然作者是一个层次较低的知识分子,而且是在民间口头
文学的强烈影响下创作此赋的"。② 裘锡圭先生依据此赋语言通俗、
质朴的特点,推测其作者为社会底层的知识分子,而从其取材亦
可推测此赋来源于民间,带有民间口头文学形式活泼的特点。可
见当时经学对文学影响之大,不仅对地位高的知识分子产生影响,
且风气渗透到社会的中低阶层。

第四,刘歆对"贤人失志之作"的肯定,扬雄对"诗人之赋"
的认可,刺激了抒情性强、表达牢骚、仕途失意主题抒情赋的创
作,并且更有新意。另外,两汉之际政局衰乱,也刺激了"贤人
失志"之赋的兴起。

这样的"贤人失志"之作以扬雄的《解嘲》《解难》开端,
刘歆的《遂初赋》之后,此类创作渐渐增多,如崔篆的《慰志
赋》,冯衍的《扬节赋》《显志赋》,班固《幽通赋》《答宾戏》,
等等。赋家的笔墨重在表现个人的命运与理想,并且将其与国家
的兴衰与发展结合起来,既表达了对个人遭际的真实感受,也兼
顾了对国家命运的关切,这类赋作是此期辞赋创作的大宗。

第五,对赋一些具体创作方法的影响,如以"劝"为宗旨转
向以求"实"内容风格,注重辞藻的罗列堆叠的风格有所收敛。
扬雄"劝百讽一""丽以淫"的赋学批评,认为"劝"作为铺排
的表现手法,是"淫"的表现,需要抑制。"讽",无论在篇幅上
还是主题上,都是需要突出的部分。赋中铺排的内容,向"讽"
的内容贴靠,更重视"实"的作品内容风格。东汉明帝时期,赋

---

① 裘锡圭:《〈神乌赋〉初探》,《文物》1997 年第 1 期。
② 裘锡圭:《〈神乌赋〉初探》,《文物》1997 年第 1 期。

的选题甚至直接用来议论，如杜笃《论都赋》。

第三节　扬雄、刘歆赋论引发的赋学讨论

扬雄、刘歆的赋学思考及其观点的影响极为深远，甚至一直延续到东汉初期。对赋的价值的认识，直接影响了赋创作的活跃与否，尤其对于扬雄所提出的大赋的创作价值的思考，成为东汉初期文人们赋学创作的思考前提，因而，笔者在此论及东汉初年文人对扬雄、刘歆赋学讨论的相关问题。

一　兰台文人对扬雄、刘歆赋学观的讨论

东汉明帝、章帝时期，宫廷文人创作集体重新出现，并且在赋的创作、理论上出现新变化。陈君将这一群体称为兰台群体。"东汉明帝建立的兰台，是中国古代最早出现的官方艺文机构之一。兰台文人的成员主要有班固、贾逵、杨终、傅毅等，其创作的繁荣局面出现在明帝永平五年至章帝建初中，共约二十年的时间。"[1] 傅毅于汉章帝建初中，任兰台令，"拜郎中，与班固、贾逵共典校书。……为窦宪主记室"。[2] 以颂美为主的赋的创作，是这一群体突出的创作特征。东汉初期的辞赋创作者除了兰台文人，杜笃、崔骃等人也是重要的作家。他们创作的活跃与此期赋论的变化有关。

崔骃赋创作态度谨慎，《七依》中借非有先生之口，肯定扬雄大赋理论，把大赋比附为孔子所说的妨碍道的"小言"，批评赋"义不足而辩有余"，"假非有先生之言曰：'呜呼，扬雄有言：童子雕虫篆刻。俄而曰：壮夫不为也。孔子疾小言道破。斯文之族，岂不谓义不足而辩有余者乎？赋者将以讽，吾恐其不免于劝也'"。[3] 由于受扬雄赋论影响，崔骃批评赋者进行语言上华丽的铺陈。因而，他本人的赋作就颇为拘束，其《反都赋》行文拘束简

---

① 陈君：《东汉社会变迁与文学演进》，中国社会科学出版社 2012 年版，第 125 页。

② （南朝宋）范晔：《后汉书》，第 1763 页。

③ （清）严可均：《全后汉文》，第 447 页。

短。其《达旨》序交代创作动机，"往者扬雄设言，客有难玄之尚白，应以战国之士，若范、蔡、邹衍，乘衅相倾，诳曜诸侯，以干浊世之宠。或人亦有睹我之澹泊，故比方昔问以难余。余略依前训以报焉"。① 是以述志表白心迹为主的作品，模仿扬雄《解难》之作。崇尚述志的赋作，反对赋描写的夸饰特征。

此期赋家有创作的热情，然而，扬雄对大赋的否定，成为他们思想上制约的因素。每每提笔之前，要进行一番自我剖白，有回应扬雄赋论的心理意图。章帝时期，政治繁盛，制度建设颇为完备，辟雍、明堂、灵台的建设为千载盛事，需要政治舆论的宣扬，需要对皇权威仪德行的歌颂，而兰台文人在修史、编写本纪等工作的同时，很有可能，被授意进行这方面的宣传。然而，他们的困惑在于，扬雄华丽的大赋是他们宣扬君德所模仿的对象，然而这种模式又是众所周知被扬雄本人否定的，因而，如何去创作适应新时期的辞赋作品，是这些作家首先要考虑的问题。

此期赋家们一方面以扬雄、刘歆赋论为前提重新思考赋的价值、意义；另一方面在创作上探索、尝试与新时期氛围相适应的大赋创作。这一批赋家的新变体现在：赋的写法思路上，由讽而论，或者说，以论代讽。扬雄反对大赋"劝百讽一"的特征，杜笃等人带有"论"特征的赋作创作尝试，是对扬雄反对大赋"劝百讽一"观点的回应。开此风气之先者是杜笃：

　　臣闻知而复知，是为重知。臣所欲言，陛下已知，故略其梗概，不敢具陈。昔殷庚去奢，行俭于亳；成周之隆，乃即中洛。遭时制都，不常厥邑。贤圣之虑，盖有优劣。霸王之姿，明知相绝。守国之执，同归异术；或弃去阻陒，务处平易；或据山带河，并吞六国；或富贵思归，不顾见袭；或掩空击虚，自蜀汉出，即日车驾，策由一卒；或知而不从，久都塠堉。臣

---

① （清）严可均：《全后汉文》，第443页。

不敢有所据，窃见司马相如扬子云作辞赋，以讽主上，臣诚慕之。伏作赋一篇，名曰《论都》，谨并封奏如左。(《论都赋》序)

扬雄、刘歆赋论中对司马相如赋作评价很低，认为"开淫丽"之风气，扬雄也是因为自己赋作"劝而不讽"，因而"壮夫不为"，然而，杜笃却要强调二位赋学前辈是"作赋以讽主上"，偏偏要强调司马相如、扬雄作赋讽谏的意图，这是为自己以赋献纳皇帝，寻求光明正大的依据。然而，既然是奏疏，杜笃为何不以奏疏的体裁进谏，却要选择这一饱受非议的文体呢？这与他进献《吴汉诔》得到了汉光武帝的称赏有关，认定了光武帝喜爱辞采，并且在已经受到奖赏、肯定的前提下，杜笃再次献赋，有向光武帝显示文才的心理，既要显示自己的文采，又要摆脱自己言语侍从小臣的身份，因而序中这些铺垫的目的，在于突出自己赋为"讽""论"的特征，是一篇以赋为论的奏疏，从而赋予进呈皇帝赋体在政治上正当的意义，而非与政治无补益的"劝"赋。

对于扬雄对大赋"劝而不讽"的批评，兰台文人们有了新的认识，认为进行歌颂主题的赋作也是很有价值的，崔骃《大将军西征赋》"主簿骃言，愚闻昔在上世，义兵所克，工歌其诗，具陈其颂，书之庸器，列在明堂，所以显武功也"。[1] 班固《两都赋序》也论述了臣子应该以赋为工具，尽臣子在颂扬国威君德方面应该承担的责任，甚至认可那些有自娱自乐性质的作品：

"……郑卫之乐，所以娱密坐，接欢欣也。余日怡荡，非以风民也，其何害哉？"王曰："试为寡人赋之。"玉曰："唯唯。"(傅毅《舞赋序》)

傅毅《舞赋》序假设宋玉与楚王对话，讨论君主是否可以欣

---

[1] (清)严可均：《全后汉文》，第441页。

赏俗乐的问题，即传统上备受诟病的"郑卫之声"，傅毅借宋玉之口表达了对郑卫之音可以有条件地接受，认为郑卫之音虽然不可以"风民"，但可以在君主"娱密坐，接欢欣"之时享用。铺陈歌舞场面之赋，虽属于"辞人之赋"，但在君主日常娱乐的轻松场合是用之无妨的。赋亦可娱的观点，是对扬雄"辞人之赋丽以淫"的修正，无"讽"之赋，亦可以分场合享用，起到娱乐功用，这是对汉宣帝"辩丽可喜"赋学观的回归。

二 班固《两都赋序》赋学观对刘歆、扬雄赋论的突破

班固《两都赋序》赋学观有所突破，打破了司马迁、扬雄、刘歆等人仅仅以赋是否有"讽谏"来判断作品价值高低的思维定式，赋予赋之"劝""丽"特点肯定的、积极的意义，使赋家在铺张扬厉之时，可以打消原本的"丽以淫"赋学顾虑，于赋学思想上得以解放。

第一，班固对赋学论述的内在逻辑是赋学发展与王道、政治兴衰有密切联系，国势弱则赋不兴，国势强则制度盛、福祥现、文章兴，这一逻辑是整篇赋序的内在思路。

对这一问题的论述，班固深受刘歆影响，《两都赋序》也在刘歆《诗赋略》基础观点上立论。刘歆认为赋源于《诗》，兴于《诗》道亡之时，"春秋之后，周道浸坏，聘问歌咏不行于列国，学《诗》之士逸在布衣，而贤人失志之赋作矣"。[①] 而班固开篇就重申了刘歆的观点"赋者，古诗之流也。"把赋的源头同样追溯至"诗不作"之时，"昔成、康没而颂声寝，王泽竭而诗不作"。班固认为赋体最初的产生，是政治衰落，贤人失志之作。把赋的起源，追溯到"成康没"而"王泽竭""颂声寝"，赋产生于"颂声"（《诗》）消歇之时，《诗》亡而赋生。班固的赋学逻辑是，赋的产生与《诗》的消亡有直接关系，最初赋的精神是替代《诗》的价值而产生的文体，因而赋的价值应该以《诗经》的价值来衡量，

---

① （东汉）班固：《汉书》，第 1756 页。

这是班固对刘歆《诗赋略》赋学观的引申与补充。

另外，班固也继承了刘歆对汉德的重新定位为火德、汉上承唐尧的统绪观，"班固以新五德终始学说构建了自己的历史观，因此在《两都赋》中以汉家火德的标准去检视两都之得失，确立了东都协于火德的结论，从道德层面判断了两都的高下"。[①] "《两都赋》所谓'汉德'，蕴含着班固矫正西汉伦理政教，为大汉重新定性和定位的企图……，通过批评和矫正西汉伦理之弊，来确立大汉在政教伦理方面的特性，才是《两都赋》的基本考量，而东汉光武帝、明帝的'建武之治，永平之事'，则充当了班固政教伦理的理想范式。"[②] 以上两种观点都注意到班固《两都赋》中突出的汉的新德运观，而这种新德运观，正是由刘向刘歆父子提出的。

第二，《两都赋序》也和《诗赋略》一样追述了赋的历史，只是班固叙述重点在立汉之后的赋史，对先秦赋发展状况一语带过，并且充分肯定了汉武帝、宣帝时代乐府、辞赋之臣，肯定他们在诗赋创作上对汉代郊庙等礼制、政治制度上的意义。

开篇提到《诗》与赋关系之后，以"大汉初定，日不暇给"开始，直接跨入汉代赋发展状况的详细论述。对汉赋发展的梳理，班固依然紧紧围绕着国势、制度与文章之间的兴衰关系。"崇礼官，考文章。内设金马、石渠之署，外兴乐府、协律之事，以兴废继绝，润色鸿业。是以众庶悦豫，福应尤盛，白麟、赤雁、芝房、宝鼎之歌，荐于郊庙。神雀、五凤、甘露、黄龙之瑞，以为年纪。"重点详述了汉武帝、宣帝时国力强盛，从官方文化建设立场，认为此时对"鸿业"需要宣扬，汉武帝、宣帝时诗赋的兴盛，是应运而生的，也是对君主功业的合理表达。

第三，班固的赋家、赋作评论，与之前刘歆、扬雄等人的褒贬态度截然相反，高度赞扬了汉代赋家赋作的价值。

对于刘歆《诗赋略》中极力称颂的屈原、荀子，班固只字未

---

① 蒋晓光:《五德终始说与〈两都赋〉》,《社会科学》2015 年第 5 期。
② 常森:《〈两都赋〉新论》,《北京大学学报》2007 年第 1 期。

提。对于刘歆、扬雄批评的宋玉、唐勒、景差等战国的辞赋家，班固也没有提及。而刘歆所贬斥的司马相如、贾谊、枚乘、扬雄等赋家，班固予以充分肯定。对于"诗人之赋""词人之赋"的赋家赋作分类，班固也给予了完全不同的分类与评价。

班固序文中，共提到了司马相如、虞丘寿王、东方朔、枚皋、王褒、刘向、倪宽、孔臧、董仲舒、刘德、萧望之等十一位赋家，进入班固评论视野中的赋家人数要远远多于刘歆、扬雄评价的人数，对此期赋家归类方式以及褒贬态度区别于扬雄、刘歆，将以上这批赋家分为"言语侍从之臣"与"公卿大臣"两类，这是从作家身份与职位角度去分类，不同于扬雄、刘歆以赋作是否有讽谏之意为分类标准。班固认为两类作家作品都有价值，或"抒下情而通讽喻"，或"宣上德而尽忠孝"，无论是讽是颂，都光耀后世，堪称"《雅》《颂》之亚"。突破了赋中是否有"讽"的褒贬标准，对司马迁、扬雄、刘歆等强调讽谏的辞赋观在赋论发展史上，是转折性的变化，"辞人之赋"虽然"丽以淫"，但仍起到"宣上德"之功，对于刘歆对这些汉代赋家"侈丽闳衍之词，没其风（讽）谕之义"的批评，班固站在新的角度给予了突破的观点。

对于被扬雄、刘歆否定的西汉大赋的成就，班固给予肯定，是以经义为评价依据，看到《诗》作为经学有"讽"与"颂"两方面的政治功用，因而认为不应该排斥赋的颂扬的丽辞。班固站在历史高度，对于汉孝成帝时期整理出的千余篇汉赋作品，认为其代表了"大汉"文章的水准与成绩，可以"与三代同风"。其成就仅次于《诗》，还是拿经学《诗》价值标准来衡量赋作，沿袭了刘歆的经学评价标准，但这里不仅仅是以"古诗之义"要求汉赋，而是说，即使没有古诗之义，这些汉赋作品也是可以和《雅》《颂》价值相比美的，这里体现了班固强大的赋学文体自信，是对汉赋文学维度与历史维度的双重认可。

第四，班固确定、强调了赋体的颂赞文体功能，强调了臣子有作赋以颂美君、国的义务，并从经学中找到了理论依据。

　　序文后段交代了赋创作原因。崔骃、傅毅京都赋中都提到因有"陋雒邑之议"者而作赋，实际是指汉光武帝时期的杜笃创作了《论都赋》，反对东汉以洛邑为都城，两人作赋来反驳杜笃。班固的不同处在于，赋予汉赋一种从未有人提到的文体"担当"，把赋定义为"建德"之载体。"且夫道有夷隆，学有粗密，因时而建德者，不以远近易则，故皋陶歌虞，奚斯颂鲁，同见采于孔氏，列于《诗》《书》，其义一也。"从《诗》《书》中引申出臣子有为君为时"建德"之义。班固所在的时代国家制度建设相对完善，国力处于上升期，君权稳固而强势，客观上需要颂扬国威君威的舆论宣传。因此此时大臣们的歌颂作品颇多，而大臣们也在经典中寻找歌颂的依据，崔骃在《大将军西征赋》中也提到"（上世）义兵所克，工歌其诗，具陈其颂"。这又是强调赋体颂赞的正义性，强调臣子作赋颂赞的臣德。除了强调经典的依据，班固《两都赋序》也陈述了此时作赋颂德的必要性，"臣窃见海内清平，朝廷无事，京师修宫室，浚城隍，起苑囿，以备制度。西土耆老，咸怀怨思，冀上之眷顾，而盛称长安旧制，有陋雒邑之议。故臣作《两都赋》，以极众人之所眩曜，折以今之法度"，认为此时"海内清平""备制度"，正是臣子应该为君"建德"之时，与政治、制度密切相关的赋作也是该兴起之时了。

　　第五，赋主题"义正"观的强化。班固序文最后也交代作赋原则，即折"眩曜"于"法度"，此法度指的是符合经学原则的尺度，即赋中的夸赞、铺陈，一定符合儒家对政治、君德的要求。同时，这一"法度"又是其父班彪所强调"义正"的一部分，要求臣子言行及文章应该无条件地维护君主、国家的利益。常森先生分析了《两都赋》所体现的义正追求，"《两都赋》重要意义就在于：一方面它以义正为本，大力强化了政教伦理追求，用五经之法言圣人之是非为根基，以建武之治、永平之事为理想范式的道德教化和礼法制度，全面压倒了西汉大赋的主题内容和基本追求。一方面它以事实为本，大力限制了大赋竞于使人不能加的审美追求，抑制了其夸诞不实的取向"。① 这里强调了赋作中以儒家的仁德政治理论作为基本的思想倾向，赋作描写出现了转折，即以对事实描写替代华而不实的奢靡铺排描写。

第四节 西汉中后期赋作演进情况

西汉中后期，随着国势的衰弱趋势、扬雄等人赋论等因素的影响，文人们的辞赋创作实践出现了新的趋势。

一 宫廷创作群体的消失

宫廷创作群体是指围绕在帝王身边的创作群体，正如班固所总结的，西汉创作群体或者是"言语侍从之臣"，或者为"公卿大臣"，西汉哀帝之后，汉大赋的创作跌入低谷。从创作群体看，在西汉武帝、宣帝、成帝时期最为耀眼的宫廷创作群体被境遇各异的辞赋家取而代之，他们的赋作在取材、风格等方面均与宫廷赋家的作品有明显的差异。

战国时期的楚国已经存在宫廷创作现象，宋玉、唐勒、景差都是围绕在楚王身边的宫廷赋家。汉初这一风气先出现于诸侯王，如梁孝王、淮南王等，后在汉武帝时期转移到宫廷，如汉武帝身边的司马相如等，宣帝时期的王褒，汉成帝时期的扬雄，一般会先期"待诏"，之后被任为郎官，有的充当皇帝的言语侍从之臣。从汉武帝一直到汉成帝时期，皇帝身边这一以献词纳赋为职事的群体，有的出身贵族，他们在家族文学熏陶下爱好、擅长辞赋创作，会向皇帝献赋，显示自身才学、获得皇帝赏识，如刘德、刘向、刘歆等人，"更生以通达能属文辞，与王褒、张子侨等并进对，献赋颂凡数十篇"。② 刘向在入仕之处，与王褒、张子侨等擅长赋颂创作的文臣一同献赋，获得了汉宣帝的赏识，"左右常荐光禄大夫刘向少子歆通达有异材。上召见歆，诵读诗赋，甚说之，

---

① 常森：《〈两都赋〉新论》，《北京大学学报》2007 年第 1 期。
② （东汉）班固：《汉书》，第 1928 页。

欲以为中常侍"。① 刘歆也因为诗赋方面的才能获得了名声,被推荐给汉成帝。这些贵族们在日常生活中也会作赋以抒情,"婕妤退处东宫,作赋自伤悼"。② 这是班婕妤在后宫的争斗中被赵飞燕势力排挤失势后以赋抒情,还有一些虽出身低微、但不乏文才者,不能凭借常规章句经学课试途径入仕的,于是寻找向皇帝进献辞赋的机会,从而达到入仕的目的,如司马相如、扬雄等赋家。这就是被班固归为"言语侍从之臣"的群体,在他们因为自己辞赋才华入仕后,一般会被任命为郎官等职务,会成为皇帝的使者,完成一些特殊的出使任务,如司马相如被任命为郎官,曾奉命出使西南。汉宣帝时期,王褒因为献诗被举荐到京城为官,后被宣帝征召与张子侨等人并待诏,王褒等人因为献给宣帝的赋颂而引起传统官员的非议,认为皇帝不应该重视"淫靡不急"的赋颂,汉宣帝力排众议,"'不有博弈者乎,为之犹贤乎已!'辞赋大者与古诗同义,小者辩丽可喜。辟如女工有绮縠,音乐有郑、卫,今世俗犹皆以此虞说耳目,辞赋比之,尚有仁义风谕,鸟兽草木多闻之观,贤于倡优博弈远矣"。③ 并将王褒擢为谏议大夫,后奉诏命出使益州。汉宣帝是又一喜好辞赋的西汉帝王,因辞赋而受到赏识的文士有刘向、王褒、张子侨、华龙、柳褒等人。狩猎、出行这些日常的活动均让辞赋臣参与,并随时作赋,对才能出众的文士给予赏赐与拔擢。太子生病,汉宣帝就派擅长辞赋的王褒等一行人赴太子宫,"朝夕诵读奇文及所自造作。疾平复,乃归。太子喜褒所为《甘泉》及《洞箫颂》,令后宫贵人左右皆诵读之"。④ 这显然是受到枚乘《七发》的影响,认同要言妙道能振奋精神。

汉武帝即位后,辞赋创作中心由地方转到中央,之后,宣帝、元帝、成帝时期均形成以帝王为中心的宫廷辞赋创作风气。从汉

---

① (东汉)班固:《汉书》,第 4019 页。
② (东汉)班固:《汉书》,第 3985 页。
③ (东汉)班固:《汉书》,第 2829 页。
④ (东汉)班固:《汉书》,第 2829 页。

初诸侯王身边聚拢辞赋之士的风气，至汉成帝时期，辞赋创作的热度持续了大约一百五十年的时间。"如果以两座高峰为坐标，回过头来看整个汉代文学的演进，……两座高峰之间的西汉后期文学活动和成就确实无法与之前或之后的文学盛世相提并论。"① 汉哀帝即位后一直到东汉光武帝时期，宫廷辞赋创作中心消失，赋学创作风气消沉，汉赋创作处于低谷。

汉哀帝本身对于歌诗、辞赋这些艺术并不感兴趣，在他即位之初就罢免了乐府，"惟世俗奢泰文巧，而郑、卫之声兴。夫奢泰则下不孙而国贫，文巧则趋末背本者众，郑、卫之声兴则淫辟之化流，而欲黎庶敦朴家给，犹浊其源而求其清流，岂不难哉！孔子不云乎？'放郑声，郑声淫。'其罢乐府官。郊祭乐及古兵法武乐，在经非郑、卫之乐者，条奏，别属他官"。② 巧合的是，几乎在汉哀帝罢免乐府同时，刘歆《七略》中接受扬雄否定大赋价值的赋学观，即大赋于政教无益，"如其不用何"的观念，代表了汉哀帝时期对辞赋创作风气的否定态度，即因为赋于政治无补益因而对赋学创作的藐视，因此大赋创作进入萧条阶段。相较于汉宣帝时大臣们对赋"淫靡不急"的批判，此时"汉赋无用论"的态度也更为极端，是赋学理论的低谷与倒退。这造成之后赋体在官方颂赞文学中的被排斥。

之后，九岁即位的汉平帝、二岁居摄的孺子婴，其统治期间（皇权把持于王莽手中），在需要文化赞颂的场合中，辞赋是缺席的状态，受诏命"行风俗还"的王恽等大臣们，"诈为郡国造歌谣、颂功德，凡三万言"。③ 歌谣代替辞赋作为颂功德的文体。此后一直到光武帝即位之前的十八年时间，始终未能恢复言语侍从之臣献纳辞赋的局势。

"汉赋无用论"在西汉后期盛行原因是多方面的，而最主要原

① 陈君：《东汉社会变迁与文学演进》，第 7 页。
② （东汉）班固：《汉书》，第 1072 页。
③ （东汉）班固：《汉书》，第 4076 页。

因有两个，一是扬雄、刘歆消极的大赋无用论的影响下，臣子们忌讳这种已经被定性为华而不实的文体。二是西汉末期皇权微弱无力，皇帝本人失去了这方面的兴趣，政局动荡、国势衰微，大赋作为盛世文学，善于歌颂功德的文体，与江河日下的衰世氛围不能匹配，既然失去了创作的氛围与土壤，就失去了大赋创作的基础，辞赋人才也未能聚拢于宫廷。大赋的创作，从汉哀帝即位至光武帝的六十余年间处于断流的状态。

二　富有个性的文士辞赋的兴起

以皇帝为献纳对象的宫廷大赋衰微的时期，重视抒情的文士赋蓬勃发展起来了。辞赋创作向个人言志、抒情、政论等方向发展。赋家在抒情中，把个人的遭际与国家命运密切结合，个人的情感抒发也往往与家国命运相联系。

西汉哀帝至王莽新朝时期，处于西汉政治危机四伏时期，作品中呈现出低沉、忧郁的情绪。

此期文士赋作题材丰富、富有新意。扬雄《甘泉赋》《河东赋》《羽猎赋》《长杨赋》铺张扬厉、辞采飞扬，是当时卓然独立的大赋作家，然而他"壮夫不为""辞人之赋丽以淫"的论调使他的四大赋成为此后六十余年的绝响，在创作实践上，扬雄又开启了三条辞赋创作的新路子。第一，《蜀都赋》是现存第一篇以城市都邑为题材的作品。这开启了东汉都城赋的道路，光武帝时期，杜笃《论都赋》，班固《两都赋》，崔骃《反都赋》，傅毅《洛都赋》《反都赋》，使得都城赋成为一个显著的题材。第二，扬雄《核灵赋》《太玄赋》是在经学思潮涌动背景下，取材于经学的赋学题材，旨在说明经典、大道的奥妙，直接以赋来表达经义，这又是扬雄的独创，只是这一题材过于抽象、玄妙，不见追随者。第三，以个人志向为主题的赋作。扬雄此类赋作是以牢骚失意、怀才不遇为主题，他的《逐贫赋》《解嘲》《解难》为代表。此后，崔篆《慰志赋》，冯衍《显志赋》《扬节赋》，班固《幽通赋》，皆为此类题材。

此外，扬雄赋作还有咏物题材的，只是扬雄更加重了所咏题材的寓意。如从他的《酒赋》残文中，可以看出他对人生出处的思考，"我认为这是他借此来发抒自己无所适从的内心苦闷和矛盾的，……"① 东汉杜笃《书搉赋》，兰台文人班固《竹扇赋》《白绮扇赋》，傅毅《扇赋》《雅琴赋》均非简单的咏物之作，在所咏之物中寄托作家的思考与感慨。

扬雄早年对于屈原有较多的模仿之作，如《反离骚》《广骚》《畔牢愁》，班彪《悼离骚》是对此题材的回应。刘歆《遂初赋》亦具有题材的开创意义，作品以征行为题材，思路围绕出行的重要地点路线展开，将出行与对历史事件的思考结合起来，指向当下的政治问题。这一写作思路，被班彪《北征赋》继承，此赋叙述了班彪从长安到定安郡城的所经历地点及所思所想，赋作思路模仿刘歆《遂初赋》，就所经历地点怀想史事并感慨万千。

东汉初期涌现出更多前无古人的新的赋学题材，这反映了新时代作家们兴趣点的转移，更反映了他们在扬雄、刘歆对大赋创作价值否定之后，努力在其他方面进行积极的探索。班彪《览海赋》、杜笃《首阳山赋》与班固《终南山赋》是专门以海、山为题材的赋作；班固《耿恭守疏勒城赋》是以当时具体军事事件为题材；崔骃《大将军西征赋》《大将军临洛观赋》是专门歌咏大将军窦宪的。杜笃《祓禊赋》以当时群体性的民俗活动为题材。杜笃《众瑞赋》、崔骃《武赋》、傅毅《舞赋》、班彪《冀州赋》。这些取材都是新的赋学写作视角。

三 两个赋学创作高峰之间、感慨身世家国之悲的赋的创作

扬雄、刘歆批判了大赋的创作，使赋的创作离开以皇帝为中心、以国家生活为中心的题材，转向对文人个人生活、情感的表达，展现自身的生活境遇、时代际遇，抒发自己的人生感慨。这样的风气转变从扬雄开始。

① 马积高：《赋史》，第93页。

扬雄在放弃大赋创作之后，开始了抒情言志赋的创作。此类赋作是以牢骚失意、怀才不遇为主题，以他的《逐贫赋》《解嘲》《解难》为代表。此后，崔篆《慰志赋》，冯衍《显志赋》《扬节赋》，班固《幽通赋》，皆为此类题材。刘歆《遂初赋》是表现个人生活中的重要行程的作品，仍然是以个人生活为中心。之后，班彪继承了刘歆的这类题材与写法，班彪《北征赋》是典型征行赋，完全模仿刘歆《遂初赋》，被萧统《文选》收录，班彪的另一篇赋作仍是写个人的重要行程的，即班彪《冀州赋》。

从时间的阶段性来说，与这段以文人情感、生活为中心的赋的创作形成对比的，是在此之前扬雄四大赋以及在此之后以兰台文人都城赋为中心的两个宫廷文学创作高潮。

与汉成帝时期扬雄一家独大的宫廷赋相比，汉明帝、章帝时期的宫廷赋创作呈集体繁荣创作态势，如以杜笃《论都赋》拉开序幕，班固《两都赋》，崔骃《反都赋》，傅毅《洛都赋》《反都赋》均围绕同一问题展开创作。此外，咏物的宫廷题材再次出现，如傅毅《扇赋》《雅琴赋》《舞赋》。

此期文士抒情赋主题以"士不遇"为主，是处于逆境情况下思考人生出处的作品，两汉之际此类赋篇幅更长，描写上铺陈更为宏大，抒情也铺排更长。

扬雄《逐贫赋》为少见的通篇四言句式，语言通俗，构思奇巧，将贫这种生活状态拟人化，全篇以"扬子"与"贫"对话结构，形式活泼，人物情绪溢于字里行间。冯衍《显志赋》《扬节赋》均有序文，交代作赋的背景，《扬节赋》仅余残序，正文不存。《显志赋》为长篇，语句为带"兮"字的骚体，以七言加六言的句式组合为主。赋的主要思路是按出行的路线，发表对自身命运哀叹、对历史人物事迹的感怀以及对人生进退出处的思考。开篇交代季节与出行，历数新丰、镐京、平阳之行，直抒愁闷的情绪，感叹时俗险恶与自己耿介执着的个性格格不入，但依然要坚守正道的决心。之后，交代行程经过雍畤、泾渭、鸿门时，感叹亲人早逝、离乡日远，满怀愁闷。在经过太行、壶口处的壮观景象后，惭愧自己疏于祖坟的修治，年老岁暮却功不成的遗恨。遥想伊尹、傅说境遇，更感慨自己没有二人幸运。文章的主旋律是叙行程、追念祖先、感慨历史人事，并直抒怀才不遇的内心痛苦。赋文中段开始神思周流天下，冗长的一串历史人、事的感慨，秦晋故国、燕齐旧居、宋楚故都都引起他对盛极而衰事物的同情。这种视角与他痛感自己家族由盛而衰的历史有关，也包含对自己不能振兴家业、恢复祖先荣光的遗憾。赋文最后"览天地之幽奥""究阴阳之变化"，是冯衍思考人生的进退。赋文冗长，提及的历史人物、事件繁杂，并且文章的线索单一，不能支撑起这些典故，显得赋文繁而散。

班固《幽通赋》类似于扬雄《太玄赋》，是对历史、人生、大道思考后颇有所得的表达，认为自己思考与神灵暗合，追述家族历史，思索处于逆境时人应该如何自处，引述、评论历史人物、事实，得出结论：人应该修道以俟命，是重在表达玄思的赋作。继之而起的作家沿着"离谗忧国，皆作赋以风"的赋学路数，追求"丽以则"的"诗人之赋"，尽情抒发衰世之哀，抒情中把个人命运与国家命运紧密结合在一起。他们思索政治、历史、人生、哲理，结合各自不同的人生境遇。此期赋作新意迭现，征行、览海、哲理等新的赋体题材纷纷涌现，赋家情绪表达强烈，个性色彩突出。

第 十 一 章

·+·+·+·+·+·+·

西汉中后期奏疏文的发展

刘氏父子受诏整理文献，包括西汉立国以来收藏的历代奏疏，以《七略》为参考编撰的班固《汉书·艺文志》就记载了藏于石渠阁的奏议类文献的整理情况，它们分别集中于"六艺略"中的《书》《礼》《春秋》类，在《书》类文献目录中列出"《议奏》四十二篇"，小注中标明是汉宣帝时期石渠阁的议论文字。《礼》类文献部分列出同样藏于石渠阁的"《议奏》三十八篇"，《春秋》类文献列出"《议奏》三十九篇（石渠论）""《奏事》二十篇（秦时大臣奏事，及刻石名山文也）"。这些奏议都经过了整理和分类，才能按照其内容分别排列在《书》《礼》《春秋》等不同的类别中。

第一节　刘向奏议文在西汉中后期奏议中典型意义

刘向奏疏主要撰写于汉元帝、成帝两个时期，其中汉元帝时期的奏疏有《使外亲上变事》《上封事谏》《理甘延寿陈汤疏》等，汉成帝时期留下来的奏议更多：《日食对》《极谏用外戚封事》《罢营昌陵疏》《对成帝甘泉泰畤问》《复上奏灾异》《说成帝定礼乐》等；还有整理文献过程中写的众多书录。而刘歆的奏疏主要在汉哀帝、平帝时期：《上山海经表》《孝武庙不毁议》《惠景及太上皇寝园议》《功显君丧服议》《移书让太常博士》等。班固称赞他们"博物洽闻，通达古今，其言有补于世。……刘氏《洪范论》发明《大传》，著天人之应。《七略》剖判艺文，总百家之绪。《三统历谱》考步日月五星之度。有意其推本之也"。① 刘氏父子的这些博学特点在他们的奏议文中都有所体现。

一 刘向奏议文内容、主题

刘向奏疏文关注的焦点问题是君主的用人之道，赏罚任免问题，君臣关系的理想状态如何？君主对臣子的赏罚原则如何？汉元帝时期的《使外亲上变事》《上封事谏》针对石显、弘恭的专权，汉成帝时期的《极谏用外戚封事》针对的是王凤等外戚势力。再有在汉元帝时期关于对外战争中取得巨大胜利的甘延寿、陈汤的分封与否问题的《理甘延寿陈汤疏》，是刘向在政治上被打压处于赋闲状态时的奏疏，力排众议，主张封赏二人并陈述其中的意义。

这些问题的分析，与刘向在汉元帝、成帝时期的际遇有密切的联系，汉元帝时期外戚与宦官势力膨胀，刘向深受其害。汉成帝时期，王凤等外戚势力对皇权的操纵更甚于元帝时期，刘向以及刘歆任职再次遭受外戚势力的强行阻拦。在外戚势力挟持下，两朝皇帝的职权遭受威胁，刘向处于不被重用的职位上，清楚看到皇权的危殆，刘向能做的就是通过奏疏劝谏皇帝，就像一个看到危险不断敲警钟提醒的人，力求向皇帝讲明白危险来源、危险程度、处理办法。

刘向奏疏文第二个主题是关于汉代制度改革的思考，具体涉及汉代的郊庙改革问题、对汉代礼制看法以及汉成帝陵园建设等。

刘向《对成帝甘泉泰畤问》反对以先秦礼制改革汉代宗庙制度，强调"汉宗庙之礼，不得擅议"。② 刘向立场与汉元帝以来的翼奉、匡衡等积极进取的改革派立场是不同的，他认为古今制度不同，不必拘泥于古。维护汉初以来形成的汉家制度，即汉立国

---

① （东汉）班固：《汉书》，第 1972 页。
② （东汉）班固：《汉书》，第 1258 页。

以来"祖宗之君与贤臣"订立的"宗庙之礼"，绥和元年刘向上奏疏《说成帝定礼乐》提出，"宜兴辟雍，设庠序，陈礼乐，隆雅颂之声，盛揖攘之容"，[①] 是在原本西汉立国以来礼制基础上的复古，认为礼制、教化是政治的根本，刑法起辅助作用。

　　刘向《罢营昌陵疏》是建议汉成帝停止昌陵建筑的奏疏，汉成帝在生前营建自己的陵园，这一做法本是惯例无可厚非，但问题在于最初提议建设昌陵的大臣陈汤、解万年许诺三年建成，结果拖到了第五年还未完工，昌陵建设涉及当时国家经济、政治以及民生的安定。刘向是从国家兴亡、厚葬弊端、礼制角度来劝谏的，开端就以国家安危的角度提出昌陵建设问题的严重性。"王者必通三统，明天命所授者博，非独一姓也。"又依次列举了历史上君主生前对陵墓建设的考量与历史事实。首先叙述了汉文帝与张释之的对话，引出君主为国家的长治久安而采用薄葬，又引用《易》文进一步说明薄葬的渊源，引出黄帝、尧、舜、禹、殷汤、文、武、周公、秦穆公、樗里子安葬简易的原则，称赞这些古代的圣帝明王、贤君智士深谋远虑，为后世的贤臣孝子做了很有远见的表率，也称赞这些效仿薄葬的后人忠孝。其次，刘向又列举历史上圣贤之士安葬家人时薄葬的例子，如周公葬兄、孔子葬母、延陵季子葬子，引用孔子的话赞扬这些做法都是符合礼制的。再次，是举反例。列举了吴王阖闾、秦惠文、武、昭、严襄这些违反礼制、进行厚葬君主的反例。刘向还用较多的笔墨描述了秦始皇厚葬的具体情形，叙述了其大兴土木、劳民伤财，又详述了秦始皇墓葬遭到严重盗掘的灾祸。最后，得出应该停止建筑昌陵。刘向另有专门针对灾异问题的上疏，如《日食对》《复上奏灾异》，这些奏疏的主题仍然围绕在汉成帝的用人或后宫问题上。

二　刘向奏疏中的历史思维

　　刘向奏疏文注重引述史料作为论述的依据，按照论述需要，将

---

① （东汉）班固：《汉书》，第1033页。

史料按照时代顺序排列，有时，还组织史料形成正反两条线索，加强了奏疏的说服力。

刘向在对经学文献与灾异文献的采用中，往往用史学思维来调用这些特殊文献以增强说服力。在《条灾异封事》中，刘向把《诗经》《春秋》当作西周与春秋历史事件的历史文献依据，从中梳理出两条君臣关系的历史线索：一条是西周至春秋时期君臣关系和谐的历史，附上经典中对不同时期天降的祥瑞、征兆的记载，另一条是这个时期君臣关系不协调的历史，同样附录经典对灾异的记载。刘向还以《诗经》《春秋》为史料，详细统计了春秋二百四十二年间各种灾异的类别，灾异的次数，又统计了弑君、亡国的次数，"二百四十二年之间，日食三十六，地震五，山陵崩阤二，彗星三见，夜常星不见，夜中星陨如雨一，火灾十四。长狄入三国，五石陨坠，六鹢退飞，多麋，有蜮、蜚，鸜鹆来巢者，皆一见。昼冥晦。雨木冰。李梅冬实。七月霜降，草木不死。八月杀菽。大雨雹。雨雪雷霆失序相乘。水、旱、饥、蝝、螽、螟蜂午并起。当是时，祸乱辄应，弑君三十六，亡国五十二，诸侯奔走，不得保其社稷者，不可胜数也。周室多祸：晋败其师于贸戎；伐其郊；郑伤桓王；戎执其使；卫侯朔召不往，齐逆命而助朔；五大夫争权，三君更立，莫能正理，遂至陵夷不能复兴"。[①]在以上的史料梳理中，突出灾异与帝王统治之间的关联性，得出君王对大臣的任用"和气"的重要性，"乖气"的危害与严重。刘向不是简单引用经书，也不是以当时惯常的方式应用阴阳灾异理论，而是用史学的思维方式，整理文献梳理出一条灾异史、君臣关系史或者说是国家和谐与否状况的历史线索。这种做法在阴阳灾异流行、经学引用流行的西汉中后期是创造性的。刘向于幽愤中上奏《极谏用外戚封事》，极力阐明外戚对皇权的危害，论证的思路依然以史为鉴，先以《春秋》等经书为依据，列举先秦时期

---

① （清）严可均：《全汉文》，第 369 页。

外戚等大臣专权的危害，"昔晋有六卿，齐有田、崔，卫有孙、宁，鲁有季、孟，常掌国事，世执朝柄。终后田氏取齐；六卿分晋；崔杼弑其君光；孙林父、宁殖出其君衎，弑其君剽；季氏八佾舞于庭，三家者以《雍》彻，并专国政，卒逐昭公。周大夫尹氏管朝事，浊乱王室，子朝、子猛更立，连年乃定。……秦昭王舅穰侯及泾阳、叶阳君专国擅势，上假太后之威，三人者权重于昭王，家富于秦国，国甚危殆，赖寤范睢之言，而秦复存。二世委任赵高，专权自恣，壅蔽大臣，终有阎乐、望夷之祸，秦遂以亡。近事不远，即汉所代也"，[①] 并举汉初武安、吕氏、霍氏、上官氏等外戚之乱警醒汉成帝，说明君主用人对国家兴衰的关键性。

以史为鉴作为一种说理方式在先秦时期就已经产生了，尤其成为史家一种政治表达的传统，刘向的奏疏文很好地继承了这一点，刘向对历史掌故熟悉，多采取以古况今的写作方法，在取材上轻车熟路。《列女传》《新序》《说苑》中也体现了他善于借用史料的优势，调用了大量同类史料，以历史事件作为论证依据、以史为鉴，挑选对自己有利的历史部分拿来说理，让史料为自己的论辩服务，增强了说服力，这也是迫于现实斗争的考虑，避免因言辞遭迫害，尽可能保护自身安全，"以史为鉴"是一种相对安全的斗争方式。

刘向在他的谏书中让历史人物、事件为自己的观点辩护，《极谏用外戚封事》《谏营昌陵疏》等奏疏中反映尤为明显。刘向笔下的历史人物、事件往往与汉元帝、成帝时严峻的现实形成一种影射关系，告诫皇帝应警惕。同时结合《诗》《书》等经书的文句，加重自己说理的力度。

刘向把校书工作作为政治斗争的又一平台。校书中刘向对于古籍的通览，通过对先秦诸子、前贤思想著作的整理、阅读，又生出许多政治兴亡的感慨，将其填充到他的谏书中，使刘向原本通

---

① （东汉）班固：《汉书》，第 1958 页。

过谏书进行斗争的形式更为完善。刘向校书过程中完成的著述，其史学思维愈加成熟，在他的书籍书录撰写中，他的历史思考，大都立足于汉成帝时期现实政治与巩固汉成帝皇权，其史学思想是为解决汉成帝时期的政治问题而服务的。

刘向在每一种古籍整理后撰写的叙（书）录，主要包括两部分内容，一是对古籍整理情况的客观介绍，二是对书籍内容、思想的评述，而在诸子书籍的叙录部分还包括对作者生平的简单介绍。刘向通常在第二部分中，表达了对国家兴亡的思考，对臣子政治命运的思索。《管子书录》赞扬了管子思想对于国家治理的不凡效果，"凡管子书，务富国安民，道约言要，可以晓合经义"。①《孙卿书录》感叹孙卿大儒，怀有"王道"，却生不逢时不得重用，刘向认可孙卿思想价值，认为"如人君能用孙卿，庶几于王，然世终莫能用。而六国之君残灭，秦国大乱，卒以亡"。② 刘向撰写这些书录的目的，绝非仅仅从单纯的古籍整理目的出发，而是有着明显的"古为今用"的目的，"向谨第录""臣向昧死上"，从这些书录的字眼看，叙录的第一读者正是汉成帝，从这个角度说，这些书籍的叙录也正如一篇篇谏书。刘向站在国家兴亡、国家治理的角度，从古籍中"取经"，提取出其中有益于国家治理的部分，苦口婆心地给汉成帝讲治国的道理。他撰写的一篇篇诸子、传记的叙（书）录，都贯穿了修身与治国的道理。

刘向没有因为校书工作而疏远政治，他时时不忘拯救衰局、维护国家长治久安，他的校书工作，使他的政治视野更开阔，使他有更为丰富的史料来帮助他完成对政治的表达，出于一种进谏君主、让君主清醒认识时局的目的。

三　刘向奏疏中经、史、灾异理论相结合的论证特点。

刘向在奏疏中经史结合，阴阳灾异学说又与儒学儒术紧密结合，儒学作为学术致用色彩明显。历史上的政治兴衰，一些

---

① （清）严可均：《全汉文》，第 332 页。
② （清）严可均：《全汉文》，第 333 页。

历史上的政治活动相关的细节，刘向将这些与经学经典联系起来，既从经典中寻求理论支持，也把经典看成史料、史事的来源。

汉元帝、成帝时期的奏疏文，都带有强烈的灾异理论色彩，把灾异福祥看成天命表现，并以灾异作为皇帝朝廷用人得当与否标志与官员任免依据，"作为儒臣，他们对天道变更的解释，……还要有经学和经典的依据。这个根据，从董仲舒《公羊学》的三统论，到夏侯氏的《洪范五行传》，再到刘向刘歆父子的律历学说，已经完美的建立了起来……"① 这个时期的奏疏经常以经学来解释天道变更及政治问题，其中《诗》《易》《春秋》是应用频率最高的经典。刘向学术积累中对这三类经典皆学有专长，《诗经》为家学，刘向入郎官后初治《易》，后诏受《穀梁春秋》，与萧望之奏疏对比，刘向的奏疏文对经典倚重得更多。

刘向《使外亲上变事》将灾异与人事任免现象结合起来，推测天意所指。但主要篇幅，借助汉初以来史事说理：汉高祖时之季布，孝武帝时之倪宽、董仲舒，孝宣帝时之夏侯胜，说明"有过之臣，无免国家，有益天下"。意在劝导汉元帝重新启用暂时被处分的萧望之。此期刘向以"天人感应"理论评论政治论述不系统，刘向五十二岁作《条灾异封事》在理论掌握与史料建设上更完整、成熟。

刘向《条灾异封事》在按历史顺序论证灾异福祥与君臣和睦与否关系时，从虞舜依次论证了周文、周公、幽、厉、鲁隐公之后，到《春秋》记载的二百四十二年的历史。春秋之前历史的文献依据《诗经》，春秋时代文献依据为围绕《春秋》的各类经传说记类文献。战国、汉初历史未见提及，与此时刘向受文献制约，未领校中秘书，无法了解到此时历史状况有关系。《条灾异封事》以君臣和睦与否为线索，排列历史上君臣和睦与否与福祥灾异、

---

① 　徐兴无：《刘向评传》，第351页。

国家治乱联系。在回溯历史时，以《诗经》《春秋》作为记录史实、灾异、治乱的依据。最后，提出用人办法，以《易》作为理论指导。刘向还详细统计《春秋》中灾异类别、出现次数，笼统对应的历史事件。反推君主用人不当，贤佞混淆导致"天变"，并对国家政治造成巨大破坏力。《条灾异封事》将舜、周文王以来至春秋时期君臣关系以"和"否为标准，划分为三个时期。（1）舜、周文王、武王、周公时，君臣和睦，天降祥瑞，《诗》经学赞许、歌颂。（2）幽厉之际，朝廷不合，天降灾异，《诗》经书反映、批判众小，感慨君子，哀叹灾异。（3）《春秋》记载的二百四十余年历史，君臣不和、天下大乱，各类灾异出现的次数以及相应的人祸，《春秋》经书反映情况。每个历史阶段灾异现象依据《诗》《春秋》，天意、圣人君子之意也是从经文中推导，将历史史实、历史上的灾异（作为史实一部分）从儒家经典《诗》《春秋》等文献中辑录，使灾异论中的"今事"有系统依据。《诗》《春秋》既言历史亦言天命，其经典地位具体而细微呈现，使对现实指导、说理更有力量。系统地以经书解说历史、灾异、天命的初步尝试，最终目的是致用，指导当下政治，即上疏说理的逻辑是将历史与天命指向当下的问题，如用人不当，显示灾异；当下如何用贤、如何去谗言，以此为线索，在历史、现实政治、天意、阴阳灾异之间建立起体系与逻辑性。

河平元年日食，汉成帝诏刘向等人问对，刘向将灾异解说与《尚书》《易》《诗》联系更加紧密，"上于是采刘向、谷永之言以报"。① 刘向《日食对》，"四月交于五月，月同孝惠，日同孝昭。东井，京师地，且既，其占恐害继嗣"。② 对天象、灾异对应更具体、细致，对文献记录中孝惠、孝昭时天变有准确细致了解，并了解天变发生位置，对应人间政治指向、地点及事件。刘向的奏

---

① （清）严可均：《全汉文》，第 82 页。
② （清）严可均：《全汉文》，第 318 页。

疏文中阴阳灾异理论，和之前夏侯胜阴阳理论相比，与经学联系更紧密，更注重以史实做论据。

汉成帝时期刘向奏疏说理偏于从经书中选取历史材料进行说理，同时期的萧望之、谷永对灾异解释都缺乏系统性。刘向奏疏中所体现的经学与灾异学说、历史史实取证的表现特点，是对董仲舒天人感应理论的进一步发展，延续了夏侯胜、翼奉等奏疏中体现的阴阳灾异理论的做法，说明汉昭帝以来这种理论的日益兴起，成为时代的风气。这种政治思路，是在汉宣帝时期政治哲学基础上的新异之变。

刘向在汉成帝朝的校书期间完成了体系庞大、逻辑清晰、资料丰富的《洪范五行传论》的撰写，完成了对五行、律历方面学术问题的系统总结，也体现了这种思路。从经学书籍中观察历史，从历史中观察详细、系统的"天变"，与灾异理论结合，有与历史人物、事件对应的意识。思路是董仲舒以来天人感应思想的论证系统化。他不拘泥于经书，不像今文家一味强调复古，侧重点在当下，把历史当作当下的参照、参考而已。

刘向此期奏疏中呈现的对史事的运用也值得关注。这些史事，有相当一部分来源于《诗》《尚书》《春秋》等六艺书籍，刘向也有把经学典籍看成史料来源的意识，如在《理甘延寿陈汤疏》中，列举周方叔、吉甫为宣王出征的事迹，齐桓公的史事。另外，刘向对西汉立国以来的掌故、史事熟谙，尤其关于旧臣往事的汉史，比如留意东方朔、贾谊事迹，汉武帝时李广利的出征；留意汉立国以来福祥次数、时间，这在《对成帝甘泉泰畤问》内容中有呈现。刘向曾续补司马迁的《太史公记》，他的《新序》中也有侧重记录西汉史事的部分，说明他学术思想中注重史学，有从历史中总结规律、指导当下政治的思想。"《史记》所书，年止汉武，太初以后，阙而不录。其后刘向、向子歆及诸好事者，若冯商、卫衡、扬雄、史岑、梁审、肆仁、晋冯、段肃、金丹、冯衍、韦融、萧奋、刘恂等相次撰续，迄于哀、平间，犹名《史记》。"① 刘向能对西汉以来的历史如此熟悉，与刘知己提到刘向续写司马迁《史记》有关，他需要掌握西汉以来大量档案性质的资料，才能具备续写史书的基本条件，而这为他奏议文撰写从历史中取得证据进行论证提供了条件。

四　刘向奏疏文中体现的精英阶层的精神内涵

这种精神内涵首先体现在勇于批判政治弊端的勇气。刘向《说苑·正谏》对臣子进谏做了充分总结，"故谏有五：一曰正谏；二曰降谏；三曰忠谏；四曰戆谏；五曰讽谏"。② 刘向进谏既受制于皇权，避免逆龙鳞禁忌，又要防备宦官、外戚的攻击，需要找到保全自身与达到批判目的之间的平衡点。刘向在政治受到威胁过程中不屈服，其奏疏文代表了西汉政治精英阶层的政治勇气。尽管面对的政治环境是严酷的，但进谏的奏疏文从未改变其百折不挠、斗争到底的政治态度。

刘向宗室身份认同意识、对历代皇帝感恩戴德的心态，都使他维护皇权几乎出于一种本能。对国家前途的忧惧使他时刻处于警惕状态，对新出现的政治问题冒着被外戚势力残害的危险及时向皇帝反映。同时，对自身命运的忧虑让他有所畏惧，但他对刘氏皇权的感情与责任感赋予他一种超越这种忧惧的力量，使刘向敢于与威胁皇权的一切势力斗争，哪怕这斗争威胁到他的人身安全。

刘向在元帝时期，"被废十余年"，虽然政治权力被剥夺了，但仍尽其所能关心、干预政治。刘向以"故宗正"身份上《理甘延寿陈汤疏》，这是针对甘延寿、陈汤二人封赏问题的上疏。甘、陈二人在西域战争中取得巨大胜利，应该得到封赏，但石显因为私怨阻止元帝对二人封赏，反对封赏的还有匡衡，"元帝内嘉延寿、汤功，而重违衡、显之议，议久不决"。③ 在这种情况下，刘向上疏，尽可能的据理力争，最终促使元帝为二位功臣封赏。

---

① （唐）刘知己：《史通》，辽宁教育出版社1997年版，第98页。
② （西汉）刘向撰，向宗鲁校证：《说苑校证》，中华书局1987年版，第206页。
③ （东汉）班固：《汉书》，第3016页。

　　成帝即位，宦官势力倒台，刘向重获任用，然而外戚势力极度膨胀，刘向冒着生命危险屡次进谏。刘向一次次向成帝进谏，并没有起到实际的作用，"然终不能夺王氏权"，①"书奏，上甚感向言，然不能从其计"。② 一次次谏书的不被启用，并没有使刘向放弃斗争，《上论王氏封事》就是于王章反对王凤专权的第二年的谏书，刘向并没有被外戚杀害揭发者的行为吓倒，这说明他对专权者的斗争是坚定的，表现了他坚定地维系皇室权力的信念。

　　刘向具有深重的忧患意识，他有对国家兴亡、对皇权稳固性的忧虑，当然也有在与宦官、外戚势力斗争时对个人命运的忧虑。刘向一篇篇谏书流露出忧惧的心态，主要是对刘氏皇权命运的忧惧。在宣、元二帝时遭受的三次牢狱之灾，尤其元帝时期政治上的屡受打击，使他对政治斗争极为敏感。他在进谏给汉元帝《上封事谏》中，为元帝在用人上的杀伐决断出谋划策，将斗争矛头指向外戚势力，而在谏书最末交代"不宜宣泄，臣向重封昧死上"，③ 这是在其政治斗争中屡次受挫后，刘向担心因谏书再次遭算计，于是将谏书"重封"，并叮嘱元帝不要把谏书泄漏出去，担心遭到外戚势力的迫害，刘向小心翼翼的做法正是现实政治斗争中对自身命运忧惧的心态反映。而他在《诫子歆书》中告诫儿子刘歆为人需"谨战战栗栗，乃可必免"，④ 也正是这种心态的反映。

　　当然，刘向忧惧的心态与其家族的文化传统也有很深刻的关系。刘向父、祖为人处事都有明显的道家思想痕迹，刘德在家产过百万时要"疏财"，因畏"盛满"不肯娶霍光之女为妻，这些举动的背后正是道家思想中祸福相互转化道理，因而须居安思危。刘向直接继承了父亲的这种思想与处事方式，刘向有关于道家思想的著作《说老子》，而在平时处事中，为人谨慎，专心学术，少

---

① （东汉）班固：《汉书》，第 1950 页。
② （东汉）班固：《汉书》，第 1957 页。
③ （东汉）班固：《汉书》，第 1947 页。
④ （清）严可均：《全汉文》，第 379 页。

人际交往。同时，刘向家族的根据地楚地历代诸侯的命运，楚元王家族由盛转衰过程，刘向从中总结出谨慎、淡泊寡欲方能免祸，利欲熏心、骄横跋扈会带来宗族覆灭，所有这些都造成了刘向忧惧的心态。

但与对国事的忧虑相比，刘向对自身生命的忧虑显得微乎其微。"汉德末世说""阴阳灾异说"等思潮中涌动的亡国论调，成帝时明显的政治、经济危机，使刘向对汉成帝时期的国家命运产生更深的忧惧。刘向敏锐地看到了亡国的迹象，这让他夜以继日地努力，力图挽回衰颓的国势。刘向有一种预感到要亡国的结局带来的深忧。《使外亲上变事》中体现了刘向忧惧的心态，担忧萧望之等人遭宦官外戚谗毁而被元帝疏远。他援引《春秋》记载的灾异与现实的灾异为证，认为灾异因宦官外戚而起，与萧望之等人无关。并以汉代历史上的季布、倪宽、董仲舒、夏侯胜的事迹为例，劝谏元帝不要介意萧望之等人的过错，这样的大臣一样可以重用。在成帝朝，这种忧惧的心态更成为他始终摆脱不开的阴影。我们看他成帝朝的《谏营昌陵书》《上论王氏封事》等奏疏中，都充满了亡国的危言，这是他内心忧惧的外现，他想把这忧惧传递给成帝，从而使其振作，改变亡国的命运，但成帝似乎对此无动于衷，这令他更加忧惧。"……事势不两大，王氏与刘氏亦且不并立，如下有泰山之安，则上有累卵之危，陛下为人子孙，守持宗庙，而令国祚移于外亲，降为皂吏。纵不为身，奈宗庙何？夫人内夫家，外父母家，此亦非皇太后之福也。"① 刘向这段话将外戚王氏威胁皇权，有取而代之的趋势说得很直白了。历史也确实如刘向所说的趋势发展，这说明刘向对政局形势的敏锐，也不难体会一个对刘氏皇权有深厚感情与责任感的老臣面临这样局面的痛苦与焦虑。

刘向奏疏文中的忧患心态是有代表性的。汉哀帝时期，鲍宣奏

---

① （东汉）班固：《汉书》，第 1961 页。

疏文中直呼"忧国如饥渴",也是对国家命运忧患意识的体现。鲍宣《陈时弊书》陈述民有"七死""七亡"的悲惨处境。这些奏疏文均立足高远,其高屋建瓴的政治远见与格局,体现了精英阶层的责任感。

第二节　西汉中后期奏议文内容主题嬗变

奏议是封建王朝臣子上奏帝王的文书,反映不同级别的大臣们向皇帝反映的国家各项关键性问题,为皇帝出谋划策,这些国家选拔出来的知识分子中的精英阶层,他们对国家治理、社会问题十分敏感,有洞察力与应对的能力,精英阶层的这些观察与观点通常以奏议文的方式反映给皇帝。这些奏议成为了解各个时代政治最直接的文献材料,也是了解不同时期政治精英们思想的载体。西汉时期奏议文,在南朝时期的文学总结中均评价颇高,《文心雕龙·奏启》"自汉以来,奏事或称上疏,儒雅继踵,殊采可观",《文选》对政治性强、文采缺乏的文章是不选录的,但收录了多篇西汉前期的奏疏文,如贾谊、东方朔、司马相如等人多篇奏议文章。

汉宣帝、元帝、成帝之后到西汉末年,随着儒学在政治上的影响越来越大,阴阳灾异思想的流行,以及国家面临问题的重心发生转移,奏议文无论在主题上还是风格上都发生了较大的变化。奏议文出现了风格上从辩士之文向学者之文的发展趋向。下面将梳理奏议文在思想内容上随着政治、社会发展趋势而出现的变化。

西汉文帝、景帝时期,国家政治、礼乐制度等处于初创阶段,精英阶层在各项政策及制度发展与摸索阶段发现问题,往往居安思危,奏议文的主题较为宏观,偏向于指出国家大政方针、各种制度问题及总体发展趋向,如贾谊《陈政事疏》等。西汉初期政局不稳,诸侯王势力对中央朝廷形成威胁,围绕这个主题的奏议有枚乘《谏吴王书》、晁错《说景帝削吴》等。汉景帝采用有效措施使地方藩王对中央朝廷威胁局面解除后，汉武帝开始抓思想文化的建设，奏疏文主题转向思想文化方面，董仲舒、公孙弘等人奏疏提出"罢黜百家"，发展经学的建议，加强官方学术引导，强调大一统，维护皇权的权威。

汉武帝时期持续的边塞战争，对经济、民生造成极大破坏，对汉武帝执政利弊的分析，是汉昭帝、宣帝时期奏疏文的重要主题之一。正如龙文玲所分析的，"汉昭帝时期的盐铁论争在继承汉初至武帝时期'过秦'的社会批评精神同时，重视反思本朝历史，形成了'崇文过武'的文学批判主题，拓展并深化了汉初以来文学的社会批评主题，对此后的汉代政论散文与辞赋的创作均具有深远影响"。① 此期奏议文内容有对外交政策、军事策略的调整，如魏相《上书谏击匈奴右地》、赵充国《陈兵利害书》《上屯田奏》，有对法律的调整，如路温舒《尚德缓刑疏》。

汉元帝、成帝、哀帝时期，由于皇权势力比西汉初期弱化，出现了宦官、外戚长期专权，国家对外战争出现转折等一系列问题，奏议文的主题聚焦于以下几个方面。

第一，汉元帝、成帝、哀帝时期，在帝王的人才任用上均出现了严重的漏洞，汉元帝时期的宦官、外戚专权，成帝时期外戚王氏专权，哀帝时期外戚势力依然严重威胁皇权，再有对董贤的宠幸，这些对皇权形成威胁的同时，也导致了政治、经济等走下坡路，因而关于官员的任用，成为贯穿三位帝王统治期的奏疏文的焦点问题。

外戚专权问题在西汉初期就出现了，如吕氏、霍氏专权，然而，这个问题一直没有得到有效解决，在西汉中后期越发严重。针对外戚威胁的奏疏，在汉元帝以后密集出现。除了刘向《使外亲上变事》《条灾异封事》《极谏用外戚封事》《复上奏灾异》揭

---

① 龙文玲：《西汉昭宣时期社会转型与文学演进研究》，线装书局 2020 年版，第 219 页。

露外戚势力的奏疏，同类题材的奏议还有很多，王章《上封事召见对言王凤不可任用》揭露王凤种种专政、隐私之事，奏疏与灾异理论相结合，认为"日蚀"是上天在告诫有大臣"颛君之咎"，认为汉成帝应该罢免王凤，却因为这篇奏疏，身为京兆尹的王章最终为王凤所诛。梅福为郡文学，为王章遭遇感到痛心，出于义愤作《上书言王凤专擅》。汉哀帝时期，对外戚任用不满奏疏仍然很多，如师丹《上书言封丁、傅》、郑崇《谏封傅商》，郑崇引用圣人周公鉴戒之语进行劝谏，"惟王不知艰难，唯耽乐是从，时亦罔有克寿"。并列举成帝分封诸舅为五侯，天为变异，批评汉哀帝对外戚傅商的分封不当。

汉哀帝时期官员任用问题还涉及对宠臣的滥用，王闳《上书谏尊宠董贤》，鲍宣《谏崇外亲幸臣书》《论董贤书》，王嘉《谏封董贤等封事》《因日食举直言复奏封事》《谏益封董贤等封事》，均针对分封董贤而起。反对哀帝封宠臣董贤为大司马卫将军，《因日食举直言复奏封事》开篇征引"臣闻咎繇戒帝舜曰：'亡敖佚欲有国，兢兢业业，一日二日万机。'箕子戒武王曰：'臣无有作威作福，亡有玉食；臣之有作威作福玉食，害于而家，凶于而国，人用侧颇辟，民用僭慝。'""孔子曰：'道千乘之国，敬事而信，节用而爱人，使民以时。'"以汉文帝、宣帝、元帝、成帝时历史为例，叙说赏赐宠臣之分寸与厉害成败，指出用人不当的危害。结合以灾异，"奢僭放纵，变乱阴阳，灾异众多，百姓讹言，持筹相惊，被发徒跣而走，乘马者驰，天惑其意，不能自止"。[①] 王嘉奏疏开头结尾，皆从经典中寻求依据，末尾引用孔子言论做结，"危而不持，颠而不扶，则将安用彼相矣"！表明自己奋不顾身进谏出发点。鲍宣《上疏谏哀帝》《复上书》，也是针对哀帝时外戚丁氏、傅氏、宠臣董贤无功而获得封赏，奢侈挥霍，谏大夫两次上疏痛述如此用人、赏罚之利弊得失，忧心忡忡，最后重申自己

---

① （清）严可均：《全汉文》，第487页。

谏大夫的职位是"以谏争为职",表明自己冒着生命危险进谏完全出于忠心。

除了专门针对外戚、宠臣任用的奏议文,汉成帝、哀帝时期用人失当的情形比较多,因而弹劾类奏疏增多。这类奏疏一般直奔主题,行文较短,简明叙述被告发、弹劾者的过错,如韦玄成《劾刘更生》、王尊《劾奏匡衡》、解光《奏劾王根王况》、息夫躬《上疏诋公卿大臣》、涓勋《奏劾薛宣》等。翟方进师事尹更始,河平中转博士,好弹劾,朝中为之侧目,弹劾类奏文也较多,如《劾陈庆》《奏劾涓勋》《奏免陈咸逢信》《复奏免陈咸》《复奏王立党友》等。还有对朝廷用人有异议的,谷永《上疏理梁王立》、辛庆忌《上疏理刘辅》、杨宣《上封事理王氏》等。也有推荐类的奏疏,如汉元帝时谷永《上疏荐薛宣》《请赐谥郑宽中疏》,何武《上封事荐辛庆忌》;河平中为三老的公乘兴《上书讼王尊治京兆功效日著》、梅福《上书请封孔子子孙为殷后》等。汉哀帝时期,唐林《上哀帝疏请复师丹邑爵》《奏事》等。

汉元帝时翼奉为"博士谏大夫",用人类奏疏《上封事言邪正》体现了阴阳之术在指导"知人"方面的理论贯彻,用所谓"六情十二律"来判断人臣和政治利弊。翼奉的"知下之术"把《礼经》《春秋》《诗》作为验证理论体系的标准依据,将阴阳术法依附于经学,是较早将二者结合用于人事判断的学者。

第二,批评皇帝个人生活的奏疏。

对于皇帝个人生活奢靡,大臣进行劝诫、批评的奏疏文在西汉武帝时期有司马相如《上书谏猎》、东方朔《谏除上林苑》,但此时这类奏疏文语气委婉,此时这类奏疏数量上是很少的。汉成帝时期,批评皇帝生活作风的奏疏文数量骤然增多,语气严厉。

大臣进谏问题的焦点有外戚、后宫、日常用度、皇帝日常出行等问题。谷永《谏成帝微行》批评汉成帝过于随性的生活作风,"今陛下弃万乘之至尊,乐家人之贱事,厌高美之尊称,好匹夫之卑字……"①，批评汉成帝以尊贵身份混迹普通人家。《说成帝距绝祭祀方术》反对汉成帝信从方士的"玄虚"。《灾异对》《建始三年举方正对策》《复对》《黑龙见东莱对》《星陨对》等是针对皇帝日常生活作风、女宠等问题进谏。问题尤其集中于王凤专权、赵飞燕被立为皇后的时期。反对将赵飞燕立为皇后，批评汉成帝私生活纵逸、不节制，经常微行，女宠过甚，以及汉成帝大兴土木营建宫室、陵墓。刘向《谏营昌陵疏》批评汉成帝营建昌陵劳民伤财，认为会威胁皇权稳固。此期代表性作家有宗室身份的刘辅、刘向，也有外戚王仁、王章等，还有擅长阴阳灾异学说的谷永等人。

刘辅是河间宗室，汉成帝时以谏大夫身份上《上书谏立赵后》，奏疏中充溢着灾异思想，"臣闻天之所与，必先赐以符瑞；天之所违，必先降以灾变""里语曰：'腐木不可以为柱，卑人不可以为主'"。②反对把身份低微的赵飞燕立为皇后。王仁《谏立赵皇后疏》以史为鉴，引用了"无盐、宿瘤""骊姬乱晋，吴姬危赵""姜后""樊姬"等众多正面、反面典故，反复强调立后的重要性，以历史证明立后关乎国家兴亡，反对汉成帝立赵飞燕为皇后。"夏之兴也以涂山，……周之兴也以文母，亡也以褒姒。"认为国家兴亡与皇后人选有必然联系，也将《诗经》作为史料来源，"河鲂河鲤，齐姜宋子，诗人所高"。③汉哀帝时解光的奏疏《奏劾赵皇后姊娣》、耿育《上疏请宽赵氏》均为针对赵飞燕姐妹后宫之事的奏疏。

第三，与宗庙郊祀改革等礼制改革有关的奏疏。

这类奏疏兴起于汉元帝时，至东汉初期讨论才接近尾声。西汉初年的郊祀制度顺承秦代，至汉武帝时对于仪式的规模扩大。汉

---

① （清）严可均：《全汉文》，第472页。

② 张烈点校：《两汉记》（上），中华书局2005年版，第455页。后引本书皆出自此版本。

③ 张烈点校：《两汉记》（上），第454页。

元帝时期，当时祭祀所带来的经济负担已经比较沉重。《汉书·韦贤传》中详细谈到当时各地宗庙的繁复与花销巨大，涉及建筑、人员等开销，"所谓乐人，不仅仅是在朝廷演奏，各地祖庙也设置乐人，竟至达一万多人"。① 汉高祖以来的祭祀制度沿袭至元帝之时，已经持续一百五十余年，祭祀仪式烦琐、奢侈，如西汉初年《安世房中歌》是唐山夫人所做的庙祭作品，描述了祭祀场所的气派与庄严。扬雄《甘泉赋》，"八神奔而警跸兮，振殷辚而军装。蚩尤之伦，带干将而秉玉戚兮，飞蒙茸而走陆梁。齐总总撙撙，其相胶葛兮，猋骇云讯，奋以方攘。骈罗列布，鳞以杂沓兮，柴虒参差，鱼颉而鸟昈。翕赫曶霍，雾集而蒙合兮，半散照烂，粲以成章"。② 极力铺写了郊祀场所如仙似幻，表现了仪式场面的庄严、威仪、神秘。帝王与贵族们已经习惯于这样的祭祀传统，令今文经学者们的祭祀制度改革提议遭遇巨大阻力。

汉元帝、成帝时期重用儒臣，以贡禹、匡衡为代表的朝臣对于庙制、祭祀改革提出以古制改革当下祭祀制度的建议。贡禹《奏请正定庙制》开启了西汉后期宗庙"迭毁制"的争论，之后的郊祀改革类的奏疏数量激增。韦玄成、匡衡均是汉元帝、成帝时期坚持郊庙改革的核心人物，如韦玄成上奏的《罢郡国庙议》《毁庙议》《毁庙迁主议》《复言罢文昭太后寝祠园》，翟方进的《奏徙南北郊》《上言罢郊坛伪饰》《又言罢雍鄜密上下祠》《复条奏罢群祠》《奏罢诸毁庙》等。汉成帝时期还出现了官制改革的呼声，其改革方向与郊庙改革类似，如何武《奏置州牧》向经学寻求改制依据，引用《书》曰："咨十有二牧""《春秋》之义"，认为当下官制改革的方向"应古制"。郊庙革新的反对者，维护的是汉家"故事"，如平当《上书请复太上皇寝庙园》、刘向《对成帝甘泉泰畤问》，认为应该遵从西汉初年渐次形成的郊庙旧制。汉哀帝、汉平帝时期，这一问题仍是讨论的热点，如刘歆《孝武庙不毁议》

---

① 刘跃进：《秦汉文学编年史》，商务印书馆 2006 年版，第 251 页。
② （南朝梁）萧统：《文选》，第 112 页。

《惠景及太上皇寝园议》，此时王莽总揽大权，对于祭祀制度的改革，进行积极推动，频繁上奏疏，如《奏定郊祀》《奏改郊祀礼》《奏分群神为五部兆》《奏罢悼园南陵云陵园》等。祭祀改革是汉代元帝、成帝之后的重要政治焦点问题，改革实践屡次反复，汉平帝时期，王莽对皇权有左右之力，王莽顺应民意，把之前一些实施过程中有反复的祭祀改革在此时得以彻底实施。这些向皇帝进奏的文字，明确自己的观点与立场，叙述了祭祀改革的原因与依据、提出改革的具体措施与方案。

　　另外，这个阶段与少数民族战争、外交事务相关内容的奏疏也为数不少。西汉时期中外关系史至汉武帝时期出现转折，由之前对匈奴的忍让转为强硬，也取得了军事上的胜利，然而，国力也随着连年战争而虚空。由经济衰退引发大臣们对外交政策的思考，汉元帝时贾捐之《弃珠崖议》，"当此之时，寇贼并起，军旅数发，父战死于前，子斗伤于后，女子乘亭鄣，孤儿号于道，老母寡妇饮泣巷哭，遥设虚祭，想魂乎万里之外"。[1] 已经开始对汉武帝时期战争对经济、对百姓带来的负面作用进行指责。这一时期还有一件外交上的大事，即围绕陈汤假托诏命、斩杀郅支的功与过问题的争议，甘延寿《上疏斩送郅支首》显示了甘延寿、陈汤在对外作战中取得的前所未有的功绩，然而因为假托诏命的做法，关于二人的封赏却引起了非常大的争议，讨论绵延汉元帝、成帝、哀帝三朝，元帝时谷吉《上书请送郅支侍子至庭》、谷永《上疏讼陈汤》、耿育《讼甘汤疏》、刘向《理甘延寿陈汤疏》、汉哀帝时耿育《上书言便宜因冤讼陈汤》等，都是围绕这一事件的奏疏。

　　还有专门针对具体外交事件的奏疏，如汉哀帝时期息夫躬《奏间匈奴乌孙》、郭舜《上言宜绝康居》、扬雄《上书谏勿许单于朝》，王莽新朝时期，严尤《奏高句丽事》《谏立匈奴须卜当》《谏伐匈奴》。在这些奏疏中，扬雄的奏疏文最为突出，从六经理

---

①　（清）严可均：《全汉文》，第 171 页。

论、兵家角度引出"不可使隙"观点，奏疏风格与西汉初期奏疏文风相类似，即纵横策士说辞所具有的铺陈、富有气势等特点。

第三节 西汉中后期奏议风格嬗变

曹丕《典论·论文》总结文体特征时将奏与议并列放在第一位，"奏议宜雅"，既说明奏议文体在建安时期人们心目中的重要地位，又概括出文体"雅"这一核心特征。这一对奏议文体特征的概括，被文论家们普遍接受。陆机《文赋》认为奏疏的特色"奏平彻以闲雅"，① 刘勰《文心雕龙·定势》依然延续了这一概括，"章表奏议，则准的乎典雅"。② 均突出了奏议文"雅"的特征。曹丕对奏议"雅"的概括，既受到传统经学的影响，也是在对汉代奏议创作实践基础上总结出来的，那么这里"雅"具体含义是什么？《毛诗序》曰，"雅者，正也。言王政之所由废兴也"。③《史记·儒林列传》"文章尔雅"。④ 雅在汉代的文章学意义，与《毛诗序》"言王政之所由废兴"有关，"雅"在思想内容上关乎政教，刘勰《文心雕龙·奏启》："自汉以来，奏事或称上疏，儒雅继踵，殊采可观……"⑤ 刘勰指出"儒雅"是秦与汉奏疏最大的区别，尤其汉武帝"独尊儒术"之后，奏议作者的主体，是儒学熏陶下的儒生，区别于秦时熟知律令的官吏，因而奏议的风格转向博雅，讲求言之有据，多依据儒家典籍来"辨析疏通"，秦及西汉初期的奏疏没有这些拘束，再有，深受战国纵横文风影响，西汉初年奏疏在文辞、抒情上更为突出，如贾谊《过秦论》《陈政事疏》等。"独尊儒术"背景下，儒学之士政治际遇向好，奏疏文渐渐出现了"儒雅"与"殊采"的特征。

---

① （南朝梁）萧统：《文选》，第 241 页。
② （南朝梁）刘勰：《文心雕龙》，第 277 页。
③ （南朝梁）萧统：《文选》，第 637 页。
④ （西汉）司马迁：《史记》，第 3119 页。
⑤ （南朝梁）刘勰：《文心雕龙》，第 208 页。

　　第一，西汉中后期奏疏文在气势上减弱了，抒情的情感力量也减弱了，变得更为雍容沉稳，醇厚典雅。

　　汉文帝至武帝时期，奏议文富有气势，有强烈的感染力。代表性的作品有贾谊《陈政事疏》、枚乘《谏吴王书》、邹阳《狱中上梁王书》等，以贾谊《陈政事疏》为例，当时外有匈奴入侵边塞，内有诸侯王威胁中央，贾谊此疏欲阐述的政治问题与对策复杂，贾谊能有条理地组织文章段落，清晰而富有气势阐释了自己观察的政治问题及其解决方案。气势盛，事理明，这首先得益于结构安排，说理分七个层次，富有变化又起承转合有连贯性。奏疏同时富有浓烈情感，痛切之语增强了奏疏的抒情特征。贾谊《陈政事疏》先声夺人，开端语气极为惊悚、悲戚，"臣窃惟事势，可为痛哭者一，可为流涕者二，可为长太息者六，若其它背理而伤道者，难遍以疏举"。①汉文帝看到开篇便易被吸引，对下面的内容极为期望，而之后行文的语言急切，比喻贴切，以"抱火厝之积薪之下而寝其上"来形容汉文帝时期的政治局势，帝王深处危险之中而不觉察，表达了臣子忠心以及对于帝王及国家局势急切的心情，具有强烈的情感色彩。

　　汉武帝时期，公孙弘《请为博士置弟子员议》，"臣谨案诏书律令下者，明天人分际，通古今之义，文章尔雅，训辞深厚，恩施甚美"。②公孙弘上奏给汉武帝建议官学制度改革，增设博士弟子员的建议中，已经提出诏书律令这些公务文，应该在思想内容上达到一定深度，"明天人分际，通古今之义"。同时，对官方公务文也提出文章风格上的要求"文章尔雅，训辞深厚"。汉武帝"独尊儒术"的文化政策对奏疏文影响并不是立竿见影的，汉武帝统治时期奏疏文风是过渡性的，呈现出纵横策士之风与沉稳醇雅两种文风并存的特征。董仲舒的《天人三策》以儒家经典为依据，论述了天人关系。完全摆脱了策士激切的文风，语言风格富有儒

---

① （东汉）班固：《汉书》，第2230页。
② （东汉）班固：《汉书》，第3594页。

者气象。同时，司马相如《谏猎书》与东方朔《除上林苑》两文作者均为汉赋大家，在汉赋中铺张扬厉、重视辞藻与气势的特征，也带到了奏疏文中，东方朔奏疏文风明快流畅，文辞典丽、富有气势。

汉初奏疏文的气势与强烈情感特征在汉宣帝、元帝时期几乎不见了，质朴务实、议论重视经典引用的文风兴起。

后仓是汉宣帝时博士，官至少府，是当时治《齐诗》的重要人物，他著名的弟子有翼奉、萧望之和匡衡等，留下了较多奏议文章，匡衡《上疏言政治得失》《上疏言治性正家》《上疏戒妃匹劝经学威仪之则》"本于经术"，议论中以《易》《诗》为依据，阐发经学意义，作为劝谏汉宣帝注重后宫等问题的依据；萧望之《驳张敞入谷赎罪议》被称为"守经持正之言"；翼奉《应直言封事》"引经征事""切实指陈"。这些奏疏在表达政治见解时，从经书中找依据，先引用，再阐发经学的解释，来对自己的政治建议、对策作依据和论述。这个论述思路，必然削弱文章的气势与抒情的力量，优势是劝谏有理有据，富有条理性：

> 臣闻人君莫不欲安，然而常危；莫不欲存，然而常亡：失御臣之术也。夫大臣操权柄，持国政，未有不为害者也。昔晋有六卿，齐有田、崔，卫有孙、宁，鲁有季、孟，常掌国事，世执朝柄。终后田氏取齐；六卿分晋；崔杼弑其君光；孙林父、宁殖出其君衎，弑其君剽；季氏八佾舞于庭，三家者以《雍》彻，并专国政，卒逐昭公。周大夫尹氏管朝事，浊乱王室，子朝、子猛更立，连年乃定。故经曰"王室乱"，又曰"君氏杀王子克"，甚之也。《春秋》举成败，录祸福，如此类甚众，皆阴盛而阳微，下失臣道之所致也。故《书》曰："臣之有作威作福，害于而家，凶于而国。"孔子曰"禄去公室，政逮大夫"，危亡之兆。秦昭王舅穰侯及泾阳、叶阳君专国擅势，上假太后之威，三人者权重于昭王，家富于秦国，国甚危

殆，赖瘤范睢之言，而秦复存。二世委任赵高，专权自恣，雍蔽大臣，终有阎乐望夷之祸，秦遂以亡。近事不远，即汉所代也。(刘向《极谏用外戚封事》)

刘向以《春秋》《尚书》为依据，引用了经典，评论当下汉成帝对外戚任用不当，说理娓娓而来，议论条理分明，因为经书、圣人之言的引用，尽管臣子上奏给天子的文章带有批评的性质，但论辩者的语气是自信的，显得权威而不容置疑，富有凛然之气。鲍宣《陈时政文》中作者的观点表达大胆而犀利，同样借助了经典的力量。

西汉前期奏疏文更富有气势，更多借助修辞，刘向等中后期奏疏文更为理性，借助典籍引用、历史的论据罗列，"观谷永之陈说，唐林之宜言，刘向之切议，以知为本，笔墨之文，将而送之，岂徒雕文饰辞，苟为华叶之言哉？精诚由中，故其文语感动人深"。[1] 这里王充总结谷永、唐林、刘向的文章都具有学者"以知为本，笔墨之文"的特征，即文章中对经典的信手拈来，贴切的剪裁与引用，刘向等人奏疏文的感染力还源于其本人对皇帝的忠诚之心。

第二，西汉中后期奏疏文风格由恣意自由趋于条理性、学术化。

奏疏文章论述的依据由偏于社会题材转向经典题材，引用历史资料作为论据时，由零散的史事引用转向系统地论述。语言更为典雅，由偶尔掺杂通俗语言的风格转向书面语、经术语风格，转向多引用经典作论据。"汉代奏议常用的修辞手法较诗赋等文学作品为少，大概只有比喻、引用、排比、对比、顶针、层递、委婉、对偶、反复等数种，极少数也运用夸张、描摹和铺排。"[2] 就这里

---

① (东汉) 王充：《论衡》，第214页。
② 王启才：《汉代奏议的文学意蕴与文化精神》，人民出版社2009年版，第209页。后引本书皆出自此版本。

提到的这些修辞而言，西汉奏疏文修辞手法也是很丰富的，战国纵横策士说辞富有感染力、说服力，其重要原因是说辞中广泛使用排比句式，将意思层层推进，从而形成一定的气势，这一特征在汉初奏疏文中影响较大，典型的如贾谊《陈政事疏》。

汉武帝时期奏议文语言较为随意、浅俗，贾谊等西汉前期奏疏文作家，行文重感情特征，常借鉴历史为依据，少有经典引用。"从董仲舒开始，彻底改变了战国、汉初以来的文风，以渊懿、雅重、醇厚为主，是典型的汉文特征。具体表现为从天人关系、阴阳灾异、子曰诗云出发，来阐发治国安民的理论、对策，经学修养深厚，气势虽有所减弱，但文章平稳，逻辑性较强，其《天人三策》是典型代表，也是秦汉、汉初到汉代中期奏议文风转变的标志。"① "汉初奏议多采口语，较为浅俗；武帝以后，奏议中多书面语、经术语，温文尔雅。"② 司马相如有感于汉武帝"好自击熊彘，驰逐野兽"，认为天子不应该从事游猎，进而作《谏猎书》，"且夫清道而后行，中路而后驰，犹时有衔橛之变。而况涉乎蓬蒿，驰乎丘坟，前有利兽之乐，而内无存变之意，其为害也不难矣。夫轻万乘之重不以为安而乐，出于万有一危之途以为娱，臣窃为陛下不取也。盖明者远见于未萌，而智者避危于无形，祸固多藏于隐微而发于人之所忽者也。故鄙谚曰：家累千金，坐不垂堂。此言虽小，可以喻大。臣愿陛下之留意幸察"。③ 司马相如的这篇谏文，语气较为和缓，出自对汉武帝个人安危的关怀，极力阐述打猎中可能的危险性。是充满关切、爱护的劝诫。是君臣关系中少有的较为温情的底色。

比喻是西汉奏议文中常用的修辞，"西汉初、中期奏议，受战国纵横家及汉赋的影响较大，大量使用形象化比喻进行论证，邹阳、枚乘的奏议，多喻善譬，妙喻连珠，……西汉中期以后，用

---

① 王启才：《汉代奏议的文学意蕴与文化精神》，第 159 页。
② 王启才：《汉代奏议的文学意蕴与文化精神》，第 162 页。
③ （西汉）司马迁：《史记》，第 3054 页。

喻逐渐被用典所代替，奏议、对策用史实、典故、故事说话，言出有据，董仲舒、刘向、匡衡是其代表"。① 司马相如《谏猎书》为了劝阻汉武帝打猎，在说理中用了类比的方式，"臣闻物有同类而殊能者，故力称乌获，捷言庆忌，勇期贲、育。臣之愚，窃以为人诚有之，兽亦宜然。今陛下好陵阻险，射猛兽，卒然遇逸材之兽，骇不存之地，犯属车之清尘，舆不及还辕，人不暇施巧，虽有乌获、逢蒙之技，力不得用，枯木朽株尽为害矣。是胡越起于毂下，而羌夷接轸也，岂不殆哉！虽万全而无患，然本非天子之所宜近也"。② 贾谊《陈政事疏》比喻的喻体一般来自日常生活或者社会现象：

> 夫抱火厝之积薪之下而寝其上，火未及燃，因谓之安，方今之势，何以异此！
> 屠牛坦一朝解十二牛，而芒刃不顿者，所排击剥割，皆众理解也。至于髋髀之所，非斤则斧。
> 令海内之势如身之使臂，臂之使指，莫不制从。
> 天下之势方病大瘇。一胫之大几如要，一指之大几如股，平居不可屈信，一二指搐，身虑亡聊。
> 人主之尊譬如堂，群臣如陛，众庶如地。故陛九级上，廉远地，则堂高；陛亡级，廉近地，则堂卑。高者难攀，卑者易陵，理势然也。

董仲舒《天人三策》中的比喻，也是生活化的内容，语言通俗，如"朽木粪墙""以汤止沸""抱薪救火"，都是基于日常生活的形象生动的比喻。再如枚乘《上书谏吴王》，"人性有畏其景而恶其迹者，却背而走，迹愈多，景愈疾，不知就阴而止，景灭

---

① 王启才：《汉代奏议的文学意蕴与文化精神》，第 163 页。
② （西汉）司马迁：《史记》，第 3053 页。

迹绝。欲人勿闻,莫若勿言;欲人勿知,莫若勿为"。① 枚乘作为汉大赋作家,文笔有浓厚的战国策士遗风。文章富有想象色彩,比喻与寓言的内容常常虚拟生活中的某一场景,生活化气息明显。与战国诸子说理比喻的方式是一致的。

汉宣帝时期,奏疏文中频繁引经的风气尚未形成,篇幅相对短小,行文比较简洁。魏相奏疏质实简短,一般针对奏疏内容,在奏疏开头说理议论,之后就事论事提出自己观点,思路明了,据事而论,没有为增强说服力的一条条的列举,也没有浮词。张敞《上书自请治胶东勃海盗贼》《上书请令入谷赎罪》等亦有质实简短的行文特点。朱博在汉元帝时以亭长起家,至汉哀帝时,依次升迁为光禄大夫、京兆尹、大司空、御史大夫,最后代孔光为丞相。他是西汉后期为数不多的出身律令之臣的丞相,这在经学被抬到非常高的地位、官员系统由大量学儒之士充斥的情况下显得非常罕见,因为他并非经学系统中培养出来的高官。《汉书·朱博传》著录了朱博的七篇奏疏,虽然大多文章并非完篇,但仍能看出其特点:叙事简洁,直述事件,绝少修饰,显得直露而利落,这与其官吏出身背景有关。熟悉律令而为丞相的朱博,其叙事依据,与今文经学出身官员引经据典不同,往往从汉家旧有制度中寻求依据,如《上书让封邑》中,他叙述了自己被封为阳乡侯后推让食邑二千户的理由,"故事封丞相不满千户,而独臣过制"。②《奏复置御史大夫》"帝王之道不必相袭,各繇时务。……故事,选郡国守相高第为中二千石,……遵奉旧制"。③ 建议汉哀帝改革官制,罢掉大司空官,恢复御史大夫,提议的依据是"故事""遵奉旧制"。《奏复置刺史》"故事居部九岁举为守相。……"依旧是以"故事"作为改革依据。朱博的奏疏文风格显示出,官员出身文化背景的差异会导致文风的不同。贤良、文学们倚重经典,

---

① (东汉)班固:《汉书》,第 2360 页。
② (清)严可均:《全汉文》,第 483 页。
③ (清)严可均:《全汉文》,第 484 页。

上疏力求说理完善，篇幅较长。律令出身的官僚奏疏文叙事相对简洁，没有引经据典的风气。

西汉成帝、哀帝之后，文风转向舒缓，排比句的运用不如汉初的明显。汉成帝时期公乘兴《上书讼王尊治京兆功效日著》，连用的整齐四言句式较多，有铺陈写法，有纵横之文风，同时注重战国史事典故使用，"昔白起为秦将，东破韩、魏，南拔郢都，应侯谮之，赐死杜邮；吴起为魏守西河，而秦、韩不敢犯，谗人间焉，斥逐奔楚。秦听浸润以诛良将，魏信谗言以逐贤守"。"孔子曰：'爱之欲其生，恶之欲其死，是惑也。''浸润之谮不行焉，可谓明矣。'"①

西汉中后期奏疏中说理先以比喻作为引子切入的方式较为少见了，取而代之的是取材历史或引用经文开端。文章气势减缓，但在学理性上显得更为扎实，以比喻应用较多的王嘉《因日食举直言复奏封事》为例：

> 臣闻咎繇戒帝舜曰："亡敖佚欲有国，兢兢业业，一日二日万机。"箕子戒武王曰："臣无有作威作福，亡有玉食；臣之有作威作福玉食，害于而家，凶于而国，人用侧颇辟，民用僭忒。"……武王躬履此道，隆至成、康。自是以后，纵心恣欲，法度陵迟，至于臣弑君，子弑父。父子至亲，失礼患生，何况异姓之臣？……孝文皇帝备行此道，海内蒙恩，为汉太宗。孝宣皇帝赏罚信明，施与有节，记人之功，忽于小过，以致治平。孝元皇帝奉承大业，温恭少欲，都内钱四十万万，水衡钱二十五万万，少府钱十八万万。尝幸上林，后宫冯贵人从临兽圈，猛兽惊出，贵人前当之，元帝嘉美其义，赐钱五万。掖庭见亲，有加赏赐，属其人勿众谢。示平恶偏，重失人心，赏赐节约。②

---

① （清）严可均：《全汉文》，第 500 页。
② （清）严可均：《全汉文》，第 487 页。

　　此奏疏是为劝阻汉哀帝对于宠臣董贤的不理性的任职，作为臣子不能直接指责皇帝用人，采取以史为师的做法，先从咎繇告诫帝舜、箕子告诫武王开端，提起君主用人不当的巨大危害。在正文引出汉哀帝用人之道时，依然从历史上帝王任用臣子入手阐明观点，依次论及汉文帝、宣帝、元帝时期做法。不再取身边日常作比喻，以历史为论据，以圣人孔子言论为依据，两次引用孔子言论来劝导汉哀帝。扬雄在汉哀帝时期撰写的《上书谏勿许单于朝》篇幅较长，行文铺张，明显借鉴了汉大赋笔法。扬雄首先依次列举了秦汉以来中原历代皇权对匈奴的政策，提到了秦始皇、高祖、高皇后、孝文、孝武等对匈奴的外交政策。之后，列举了匈奴政权更替异变历程。最后，归于议论，讨论是否接受匈奴朝见的问题。文章富有说服力和气势，有纵横之风。

　　第三，西汉中后期奏议文对于经学典籍引用方式有三种情形：单纯的经典引用；经与史引用相结合；经学与阴阳灾异学说结合。

　　《诗》《书》《礼》《易》《春秋》《孝经》等经典在奏疏文中被频繁征引，赵翼《廿二史札记》："汉初法制未备，每有大事，朝臣得援经义以折中是非。"① 皮锡瑞《经学历史》，"元、成以后，刑名渐废。上无异政，下无异学。皇帝诏书，群臣奏议，莫不援引经义，以为据依"。② 均指出汉代奏疏文引经风气的突出。

　　汉元帝、成帝之后一直到王莽新朝时期，此期奏疏文在经典引用及理论依据上也呈现出较为鲜明的特点。《诗》《书》《礼》《易》《春秋》的经典以及经师们的传、说等文字段落，频繁出现于此期奏疏文中。梅福《上书请封孔子子孙为殷后》引用《春秋》《穀梁》为依据，指出孔子为殷的后裔，贤者子孙"宜有土"，认为应该按照礼制为圣人孔子的后人封土，文章是典型的儒士撰文风格，频繁引用经、传，并以此为依据展开论述。涓勋《奏劾薛

----

① （清）赵翼：《廿二史札记》，中华书局 2008 年版，第 23 页。
② （清）皮锡瑞：《经学历史》，中华书局 2004 年版，第 67 页。

宣》："《春秋》之义，王人微者序乎诸侯之上，尊王命也。"① 立论以经典为依据。有些引用也兼及一些史事，这些史事一般以先秦史事为主，偶尔涉及汉代君臣事迹。翟方进《复奏免陈咸》，篇幅较短，就事论事，少有引用。《复奏王立党友》篇幅稍长，引用历史人物言论，如引孔子曰："人而不仁如礼何！人而不仁如乐何！"昔季孙行父有言曰："见有善于君者爱之，若孝子之养父母也；见不善者诛之，若鹰鹯之逐鸟爵也。"② 翟方进奏疏中对历史人物言论引用渐多，且一般取材于经典，灾异理论引用不明显。

汉哀帝时期经文征引风气更盛，同时文章中注意引用史事、诸子言论来加重说理的力量。王闳《上书谏尊宠董贤》从经书与历史上帝王用人的史事两个角度进谏，"臣闻王者立三公，法三光。……《易》曰：'鼎折足覆公𫗧'，喻三公非其人也。《书》曰：'元首明哉，股肱良哉，以法天地'"，③ 从《易》《书》中寻求依据支持自己的用人观点，又列举孝文帝、孝武帝对于宠臣的任用封赏尺度。之后，从正面立论，列举成汤重用伊尹，文王、武丁、桓公都善于用贤的例子，证明只要善于用人、善于借力就会取得成就，文章借助经典和先秦史事，简洁而有力。最后，直叙董贤无资格受到汉哀帝的尊宠，文章也富有纵横铺张的色彩。

汉成帝时期奏疏文对于五经的引用，有的是借助某些圣人之言，有的是借助其中某种理论，也有从中选取史料的性质，而这些引用，往往和阴阳灾异理论结合到一起，即奏疏中经典、灾异理论、历史资料三者相融合的面貌。王章《上封事召见对言王凤不可任用》列举了王凤几件阴私事件，但主要是借"天道"言事，"以瑞异为符效"，"灾异之发，为大臣颛政者也"。认为日食是提示有大臣"阴侵阳臣颛君之咎"，其提议罢免大臣的理论富有阴阳灾异色彩，把灾害等自然的异常看成天道的呈现。梅福《上书言

---

① （清）严可均：《全汉文》，第504页。
② （清）严可均：《全汉文》，第497页。
③ （清）严可均：《全汉文》，第444页。

王凤专擅》依然针对外戚王凤专权事发议论，梅福作为地方官地位卑微，而所言之事又是涉及皇帝任用股肱之臣的大事，因而开篇用一大段文字解释自己为何要向皇帝冒犯进谏此事，议论结合史事、经典，颇有纵横之风。开篇依次列举了箕子、叔孙通以自况，表明自己进谏用意，之后，又以西汉高祖刘邦、孝文帝、汉武帝以来事迹说理。经典引用与历史人物、事件、议论相结合，"士者，国之重器；得士则重，失士则轻。《诗》云：'济济多士，文王以宁。'……臣闻齐桓之时，有以九九见者，桓公不逆，欲以致大也。……昔秦武王好力，任鄙叩关自鬻；缪公行伯，繇余归德。……孔子曰：'工欲善其事，必先利其器。'至秦则不然，张诽谤之罔，……此孝武皇帝所以辟地建功，为汉世宗也。……故高祖弃陈平之过而获其谋，晋文召天王，齐桓用其仇，有益于时，不顾逆顺，此所谓伯道者也。……愿陛下循高祖之轨，杜亡秦之路，数御《十月》之歌，留意《亡逸》之戒，除不急之法，下亡讳之诏，博览兼听，谋及疏贱，令深者不隐，远者不塞，所谓'辟四门，明四目'也。且不急之法，诽谤之微者也。'往者不可及，来者犹可追。'"① 引用了《诗经》及孔子言论，结合刘邦、晋文公、齐桓公用人的历史事迹，阐述国家兴亡与"士"任用的关系。之后，文章又论及建始以来频现的灾异事件，认为日食、地震、水灾事件发生的频率远远超过礼崩乐坏的春秋时期，均为天的警告，忧虑之情溢于言表。

王闳以"中常侍""侍中"身份撰《上书谏尊宠董贤》，从经书与历史上帝王用人的史事两个角度进谏。王嘉《谏益封董贤等封事》与此相似，亦将引经与阴阳术相结合，"《书》云：'天命有德，五服五章哉！'《孝经》曰：'天子有争臣七人，虽无道，不失其天下。'……山崩地动，日食于三朝，皆阴侵阳之戒也"。从《尚书》《孝经》中选取自己立论的依据，认为地震、日食等灾异

① （清）严可均：《全汉文》，第512—513页。

是提示皇帝用人不当，直指董贤的分封引起天变。该奏疏将引经与阴阳术相结合。王嘉《上疏请养材》善于引用汉代故事。

鲍宣《上书谏哀帝》议论依据阴阳灾异，略及前朝（汉成帝）往事，引为借鉴。直接叙事、发表议论，不好引经据典。列举民有"七亡""七死"，句式对偶，铺张扬厉，将矛头指向"公卿守相"，认为皇帝代天"牧养"百姓，对于百姓的水深火热负有不可推卸的责任，指出皇帝"私养"如外亲傅商、幸臣董贤过错，不合天意民意。代天、代民问责汉哀帝。文章逻辑性强，情感强烈真挚，列举、对比、概括贫民与外戚宠臣天差地别的生活状态。指点朝臣，何者宜罢、何者宜退、何者宜进，一一叙列，毫无隐瞒。

汉宣帝时期君主强势，奏疏文立论较为平正。之后，今文家们改革、批评政治风气盛行，汉元帝时期大臣们常借古制立言，汉成帝、哀帝时期则借阴阳灾异立言。

第四，西汉中后期经典引用风格的变化。

刘勰在《文心雕龙·奏启》中将汉代奏疏文与秦的奏疏文相对比，指出自从汉代以来文章风格的明显变化，"儒雅继踵，殊采可观"，[1] 列举"若夫贾谊之务农，晁错之兵事，匡衡之定郊，王吉之劝礼，温舒之缓狱，谷永之谏仙，理既切至，辞亦通畅，可谓识大体矣"。[2] 秦以吏为师，奏疏文行文规矩，文字少修饰，一般就事论事。而汉代出现了许多奏疏方面的名篇，这些文章在透彻说理的同时，有文采，善于引经据典，"儒雅"特点鲜明。秦汉官样文章的这种差异，与写作文章的官员知识结构的变化、时代的人文风气有直接的关系。汉武帝时期崇尚六经，之后，熟读儒家经典、通过经书课试进入仕途的官员越来越多，改变了秦朝以吏为官的状况。这些官员在奏疏中开始引经据典，并且在行文风格上更为讲究，从而呈现出"殊采"的特征。

---

① 王运熙、周锋撰：《文心雕龙译注》，第 208 页。
② 王运熙、周锋撰：《文心雕龙译注》，第 208 页。

汉代文章中引用经文的奏疏文风格颇为不同，有的经文引用显得典雅，加深了主旨的表达，如刘勰引曹植语评价扬雄、司马相如的文章"扬、马之作，趣幽旨深。读者非师传，不能析其辞，非博学不能综其理"①。是说扬雄、司马相如文章内容涉及深奥道理，有儒学等文化背景，必须由学有专长的人来解释，才能读透他们的文章。引用经典的风气也由此时扩展开来，"夫经典沈深，载籍浩瀚，实群言之奥区，而才思之神皋也。……扬、班以下，莫不取资"②，而有的经文引用过于频繁，颇显芜累，如王莽的奏疏就有此病。

西汉奏疏文引经有其各自侧重。有的奏疏引经的目的是把经典当作史料，经文引用简洁。

汉宣帝对于儒学，曾有"外儒内法"言论，也就是说，汉宣帝本人在实际政务中，并不喜用夸夸其谈、议古论今的儒士，因而此时奏疏，并不见频繁征引经典风气。以魏相、张敞奏疏为例，如魏相《上封事荐张安世》《上封事夺霍氏权》，是关于皇帝用人的奏疏，前者为推荐、后者为建议罢免，都是先提出用人或罢免的理由，再叙述其人处事、功过，最后水到渠成提出自己建议。简单直接，没有依据经文议论的文字。魏相曾"举贤良"，但奏疏中儒家经典颇为少见，偶尔的经籍引用，目的是将其作为历史背景的材料，如《上封事夺霍氏权》中，"《春秋》讥世卿，恶宋三世为大夫，及鲁季孙之专权，皆危乱国家"③。魏相此处提到《春秋》君臣间的史事，把《春秋》作为史料来源，说明霍光死后其他霍氏家族掌握权力的危害。而《上书谏击匈奴右地》引用《论语·季氏》："吾恐季孙之忧，不在颛臾，而在萧墙之内也。"仍然以《论语》为史料，来说明自己对时局判断。张敞《奏书谏胶东王太后数出游猎》在说理中使用了"叶阳后""樊姬"历史典故，反衬胶东王太后不当行为。又引出古代礼法中君主母亲出行的礼

---

① 王运熙、周锋撰：《文心雕龙译注》，第 348 页。
② 王运熙、周锋撰：《文心雕龙译注》，第 341 页。
③ （清）严可均：《全汉文》，第 297 页。

仪，"礼，君母出门则乘辎，下堂则从傅母，进退则鸣玉佩"，① 论中引用经典皆重在事实本身及传达的事理。《为霍氏上封事》说理方式与魏相不谋而合，先说理后就事论事，也用了《春秋》中"田氏""赵氏""季氏"史事类比霍氏之隐患，说理中比魏相多了以"阴阳"评价霍氏的角度，"方其隆时，感动天地，侵迫阴阳，月眺日蚀，昼冥宵光，地大震裂，火生地中，天文失度，祆祥变怪，不可胜记，皆阴类盛长，臣下颛制之所生也"。② 这是汉代奏疏中较早以阴阳议论大臣的，在元帝、成帝时期发展为常态。

　　另外，有些奏疏文中频繁征引经，是把这些经学言论作为立论时的依据。

　　从汉元帝、成帝时期开始，奏疏文中经典的引用由原来史料地位和作用，更偏于强调说理的理论依据。匡衡《奏徙南北郊》重在追溯现有郊祀制度的由来，认为郊祀制度改革应该以回到"古制"为目的，"当徙之义，皆著于经传"，以说理议论为主，仅结尾处征引了《尚书》《诗经》中的句子，"《太誓》曰：'正稽古，建功立事，可以永年，丕天之大律。'《诗》曰：'毋曰高高在上，陟降厥士，日监在兹。'言天之日监王者之处也。又曰：'乃眷西顾，此维与宅'，言天以文王之都为居也。宜于长安定南北郊，为万世基"。③ 找出《尚书·大誓》《诗经》中与郊庙改革有关联的句子，这些经文成为匡衡郊庙改革的依据，为长安定南北郊寻求经典支援。在《上言罢郊坛伪饰》《又言罢雍鄜密上下祠》中，直接从经中提炼出改革的具体细节、步骤，没有直接引用句子，直接把经典当成政治改革的纲领文件。

　　王莽等奏议文引经走向极端，几乎变成几段经典引用加上阐释引申的串联，冗赘而缺乏生气。

　　王莽在汉平帝、孺子婴及新朝时期的奏疏文数量较多，其对经

---

①　（清）严可均：《全汉文》，第 304 页。
②　（清）严可均：《全汉文》，第 305 页。
③　（清）严可均：《全汉文》，第 357 页。

文征引的频繁是显著特点。王莽在篡位之前，为达到篡位的政治目的，并博取贤圣的名声，做了许多铺垫，这反映在平帝、孺子婴时期，王莽留存下来的奏疏大约有十八篇。① 内容上有关于封赏任命的，如《受宰衡上书》《上书辞赏封野田》《奏请诸将帅封爵》《上奏符命》等，也有关于官制改革等其他内容，是两汉作家中留存奏疏数目较多的。

王莽的封赏任命类的奏疏，一般就事论事，叙事清楚，不引经据典，然而如果臣子对皇帝有所要求，仍然会借助经典表情达意，如《受宰衡上书》中王莽请求"宰衡"身份的印章，就借助了《穀梁传》"天子之宰，通于四海"，借经典之言来为自己谋得利益。在《奏请诸将帅封爵》中，王莽引用了上古贤圣人物的典故，"故唐虞之时，可比屋而封，至功成事就，则加赏焉。至于夏后涂山之会，执玉帛者万国，诸侯执玉，附庸执帛。周武王孟津之上，尚有八百诸侯。周公居摄，郊祀后稷以配天，宗祀文王于明堂以配上帝，是以四海之内各以其职来祭，盖诸侯千八百矣"。② 这里罗列了古代贤圣之君臣事迹，即唐虞、夏后、周武、周公的史事典故，是以古正今的复古思路。之后，是对《礼记》《孝经》以及孔子言论的引用与意义的引申发挥，作为自己立论的依据。

王莽《奏定郊祀》等奏疏中，经典引用趋于细密，甚至奏疏的形式几乎成为若干经典引用与引申发挥的串联。这篇奏文语气果断自信，具有凛然气势。开篇以经义论事理，以天为尊，议论从"尊天"引申来。指出现存祭祀制度"不合礼制"。进而，从经书中寻求改革的理论依据，"恺悌君子，求福不回""在《易》泰卦，乾坤合体"。另外，王莽文中拉出周公、孔子为自己助阵，引出《礼记》《春秋穀梁传》中提及的祭祀细节。之后，历数高皇帝、孝文、孝武陆续建立的祭祀制度，也就是当时祭祀制度形成原因中的汉代背景，并且以"皆未应古制"予以否定。王莽所主

---

① 据严可均《全汉文》做的数据统计。
② （清）严可均：《全汉文》，第601页。

张的具体礼制改革，奏文形式、思路依然是从不同经书中找同类资料，排比引申后定论的形式，如《奏改郊祀礼》中，依次引用了《周官》《礼记》《易》中的语句，依次对经典语句引申发挥后，得出具体郊祀礼细节更改的措施，再将三部分串联而成此篇奏疏。可看出当时重经风气下，崇经官员对经典引用、倚重的风气发展到极端。王莽以古制改革当下的思路，显然紧承翼奉、贡禹、匡衡等今文经学者的政治思路，只是发展到汉平帝时期，王莽等人不会粗略地仅仅以"未应古制"为自己的改革理由，而是会具体地从经典中找出具体的依据。当然，这种思路与刘歆的思路又略有差异，刘歆也强调现实的制度在大的方向上"应古制"，只是对于"古制"不是一味地依从，而是会在具体的某个问题上有所变通。王莽《奏复长安南北郊》奏疏中，叙述建始元年至建平三年之间，郊祀改革反复的情况及原因。最后，还是成功联合了大批官员在经典中找到依据，完成了初步的祭祀改革，"臣谨与太师孔光、长乐少府平晏、大司农左咸、中垒校尉刘歆、太中大夫朱阳、博士薛顺、议郎国由等六十七人议，皆曰宜如建始时丞相匡衡等议，复长安南北郊如故"。①

西汉奏疏不乏鸿篇巨制，阐明复杂问题的叙事、说理能力强，篇幅虽长，在谋篇布局等结构上面却非常严谨。为服务某一劝谏内容，文章段落经过精心安排，有层次递进。能做到层层贯通，又能前后呼应，主旨越来越明确，如贾谊《陈政事疏》是汉初期奏疏文代表。有些奏议主题紧凑单一，而有些奏议一篇之中所论述事项比较多，这就需要作者合理安排顺序，进行内容分合。贡禹《上疏言得失》内容涉及口钱、钱帛、减少宫廷人员、私贩卖等，有点类似于流水账，但也做到了条理清晰，便于皇帝清楚奏疏各个事项。翼奉《上封事言邪正》、鲍宣《陈时弊疏》都属于这种事情繁杂、篇幅有限，且做到了叙事清晰的奏疏。

---

① （清）严可均：《全汉文》，第598页。

第 十 二 章

西汉中后期文体样式的发展

章学诚《校雠通义·自序》曰："校雠之义，盖自刘向父子部次条别，将以辨章学术，考镜源流。非深明于道术精微、群言得失之故者，不足语此。"① 刘向刘歆的校书活动，对学术门类追溯源流的思路，对作家思想、各学派学术的优劣与价值做了深刻的分析。刘氏父子等人尊崇先秦学术，对一些先秦时期的文体感兴趣，尝试使用一些古文体，模拟先秦著作的体式创作，在模拟中也有突破。

第一节　西汉中后期学术总结风气与说理方式的探索

受到刘向刘歆父子文献整理的影响，两汉之际呈现出"怀疑"与"辨析"的学风与文风，对官学文本的怀疑以及官学言论的怀疑。汉宣帝时期经过"讲论五经同异"，增立了《穀梁》等几家博士官，汉成帝时期诏令刘向刘歆父子系统整理各类典籍文献，刘氏父子在掌握了官学经书文本与未立为官学的经书文本状况之后，将古文经文本与官学文本进行对比校勘，弄清了官学经书文本具体残缺状况。随着这些工作完成，官学博士官们一些缺陷暴露出来，如治学态度"抱残守缺"，这引发学界质疑的精神，如桓谭

---

① （清）章学诚著，王重民通解：《校雠通义通解》，上海世纪出版集团2009年版，第1页。

《新论·正经》将古文、今文版《论语》《孝经》进行了详细的对比，"……古《论语》二十一卷，与齐、鲁文异六百四十余字。古《孝经》一卷二十章，千八百七十二字，今异者四百余字。嘉论之林薮，文义之渊海也"。① 充分肯定古文经版本的价值。两汉之际学术的反思风气浓厚，思想活跃，学者们在积极地发表个人政治、学术见解，在文体的选用上也进行了积极的探索。

西汉后期出现了组箴组颂，这一文体新变扩大了每种文体内容表达的容量，使得箴、颂这些原本篇幅短小的体例，可以围绕一个主题以一组作品的方式出现，表达更丰富的内容，对西汉之前不常用的古文体颇有偏爱，出现拟作，如扬雄《冀州箴》等十二州箴，《司空箴》等二十一官箴。这一系列的组箴，每篇思想内容各自独立，组合到一起，又有共同主题，如刘歆《列女颂》、班固《十八侯铭》、崔骃《四巡颂》、梁鸿《安丘严平颂》等，这些作品均以组的方式呈现。

刘向《说苑》《新序》《列女传》也是表述形式上的创新，刘向利用校书的便利，将特殊题材资料汇聚之后，按照主观意图，重新编撰，在形式上是创新的，三书主体是利用零散资料加以编辑，内容思想上表达一家之言，或突出帝王后妃德行对国家兴亡的具体影响，或讲述君臣关系、士人行为规范等问题。刘向针对汉成帝面临的政治问题而编撰的三书，是他奏议文的补充，编撰有劝谏的目的，政治观点表达的形式是创新。刘向《战国策书录》等一系列叙录，是对书籍整理工作的总结，对诸子思想、价值意义的分析，出于对政治、国家兴衰的思考。刘向的分析具体到诸子中的某一家，对诸子思想、意义总结要比司马谈《论六家要旨》更为深入，而后者是对战国某一学派的总结。

扬雄在辞赋、学术著述方法方面都有鲜明模拟特征，"雄见诸子各以其知舛驰，大氐诋訾圣人，即为怪迂。析辩诡辞，以挠世

---

① 朱谦之校辑：《新辑本桓谭新论》，第 38 页。

事，虽小辩，终破大道而或众，使溺于所闻而不自知其非也。及太史公记六国，历楚、汉，讫麟止，不与圣人同，是非颇谬于经。故人时有问雄者，常用法应之，撰以为十三卷，象《论语》，号曰《法言》。……实好古而乐道，其意欲求文章成名于后世，以为经莫大于《易》，故作《太玄》；传莫大于《论语》，作《法言》；史篇莫善于《仓颉》，作《训纂》；箴莫善于《虞箴》，作《州箴》；赋莫深于《离骚》，反而广之；辞莫丽于相如，作四赋；皆斟酌其本，相与放依而驰骋云"。① 正如班固所总结的，扬雄传世的名篇皆有所依归，《法言》模仿《论语》，《太玄》模仿《易》，《训纂》模仿《仓颉》，《州箴》模仿《虞箴》，《反离骚》模仿屈原，四大赋模拟司马相如，但扬雄只是在形式上的模拟，作品的内容思想是自己的思考，如《法言》《太玄》是为表达"一家之言"而创作，所要表达的内容主要聚焦于经学领域，那个时代经学表达的方式一般为传、说、记、章句等解说经典方式，扬雄采用了模拟《易》《论语》方式直抒己见，既显示出他的大胆、自信，又表现出经学思想表达的形式创新。

扬雄四十岁时才离开蜀地来到京师。他的经学来源、知识掌握、文学创作，既带有蜀地地域特点，又代表了民间学术、文学的特点。扬雄模仿《周易》著《太玄》，模仿《论语》著《法言》，就其发表一家之言表达经学观点不再以经书传注的方式、而是以模拟经典的形式而言，这也是一种文体上的创新。此时学者们的著述不拘于某一部经典，往往表现为对经学、对"道"整体进行阐发的思维方式。有强烈表达一家之言的意愿，如扬雄《法言》《太玄》，有与世俗抗辩、卫道、纠谬的目的，表达自己对于孔子思想的理解，纠正世俗错误的解经思想。《太玄》是极思"自然之道"的成果，"文之以五行，拟之以道德仁义礼知。无主无名，要合《五经》，苟非其事，文不虚生"。② 把儒家道德概念与五

---

① （东汉）班固：《汉书》，第 3580 页。
② （东汉）班固：《汉书》，第 3575 页。

行理论相结合，表达自己对天地万物运行的观点。

两汉之际立论的著述风气兴起，主要集中于经学思想、政治问题、史学问题、社会问题的讨论，体现了学者宏观、独立的思考。

第二节　诔、箴、颂等文体发展

扬雄在反思赋体价值后，发出"壮夫不为"的宣言。之后，他的创作体裁发生转向，颂、箴、诔这些文体都成为他乐于尝试的文体。汉成帝诏令扬雄作《赵充国颂》，王莽诏令扬雄撰写《元后诔》，扬雄还自发写作了一系列的箴。汉元帝、成帝时期，出身于今文经的学者引领了复古思潮，祭祀制度、官制、法制、后宫制度等各种改革，都向古制看齐，把古制看成最理想的状态。这一慕古的心态在文体的选用上也体现出来。

一　诔文由"贱不诔贵"发展为"应诏而作"。

扬雄《元后诔》创作时间是王莽始建国五年，在元后王政君去世后，扬雄受王莽诏命之作。诔文对公元 13 年的人来说，是一种"古老"文体：

> 孔子卒，公诔之曰："昊天不吊，不慭遗一老，俾屏予一人在位，茕茕予在疚！呜呼，哀哉，尼父！"（《左传·哀公十六年》）
>
> 公曰：非其罪也。遂诔之。士之有诔，自此始也。（《礼记·檀弓上》）
>
> 贱不诔贵，幼不诔长，礼也。唯天子称天以诔之。诸侯相诔，非礼也。（《礼记·曾子问》）
>
> 柳下既死，门人将诔之。妻曰："将诔夫子之德耶，则二三子不如妾知之也。"乃诔曰："夫子之不伐兮，夫子之不竭兮，夫子之信诚而与人无害兮，屈柔从俗，不强察兮，蒙耻救民，德弥大兮，虽遇三黜，终不蔽兮，恺悌君子，永能厉兮，

> 嗟乎惜哉，乃下世兮，庶几迟年，今遂逝兮，呜呼哀哉，魂神
> 泄兮，夫子之谥，宜为惠兮。"（《列女传》）

以上是扬雄、王莽的生活年代接收到的诔这种文体的相关信息，从文献留存状况看，当时能看到文辞的诔文可能并不多。从《礼记》相关记载看，君为臣作诔，是春秋时期礼制仪式中的一部分，诔文体颇具礼制的尊卑意义。许慎对于诔的解释，"诔，谥也。从言，耒声。累列生时行迹，读之以作谥者"，① 也就是说，诔文是春秋时期定谥号的重要依据。显然，西汉立国以来，时任皇帝都没有为功臣作诔的先例。这里的诔文写作与先秦诔文写作规矩并不符合，既非天子对臣下所做的诔文，也没有春秋时期凭诔文以定谥号的功能。

王莽篡权建立新朝，到王政君去世已经过去了五年，纵观王莽政治思想的重点，在于狂热的复古改制，以周朝的制度为最理想、最合理的，因而政治、文化等各方面都向周朝看齐。土地改为"王田"，奴婢称为"私属"，不准买卖；改革币制。在文化政策上，模仿周代恢复"采诗"，在公文写作上，模仿《尚书》撰写《大诰》，实行文体的复古。为王政君作诔，同样体现了在文体上崇古复古的风气。只不过，由帝王诏命文士为特定的人作诔，是新的做法。而这又被东汉光武帝所效仿，建武二十年，为其立下赫赫战功的吴汉去世，下诏令诸儒为吴汉作诔，杜笃《大司马吴汉诔》被赏识。皇帝诏令儒臣文士为功臣颂德的做法，对于其他在世的武将是一种激励和鼓舞。君主为有德臣子作诔，既彰显了臣子的德行，又显示了君主礼贤重臣的美德，这是诔文作为古文体复兴的时代意义。

由以上两例皇帝诏令臣子为特定的人作诔的事实，大可以推测此后不久傅毅、崔骃等人的诔文，同样具有这种应制文的创作背

---

① （东汉）许慎撰，（清）段玉裁注：《说文解字注》，浙江古籍出版社 1999 年版，第 101 页。

景。傅毅创作了《明帝诔》《北海王诔》，另有崔骃的诔文。刘勰《文心雕龙》提到"崔骃诔赵"，[1] 称赞崔骃诔文简明扼要。诔文有"贱不诔贵"的传统，但汉代文学家已经改变了这一惯例，傅毅为前朝帝王、为诸侯王作诔，就抛开了这种创作传统。

前面引用的《列女传》中柳下惠妻子做的诔文，是以骚体形式写成，概述了柳下惠一生的德行，叙述语言哀思绵绵，富于抒情。两汉间诔文一般采用整齐的四言句式。扬雄的《元后诔》篇幅拉长，叙述人物功德铺张繁复，辞有余而情不足，但风格算得上典正雅致。杜笃的诔文归于简洁，简述吴汉对国家的功德，失去大臣对国家的损失，表达哀伤之意，言简意赅，突出重点，抓住了诔文述功德与表哀思的重点。

这些诔文作家在政治复古、文化复古的思潮下，以先秦文体叙事说理、表达情感。诔文被赋予一种新的时代特点与意义，即宣扬君主德行、国威，并叙述对生者的哀情与怀念。文士在受诏作诔时，又附加了自己的理解，赋予诔文个性化的特点。

二　组箴的出现与古箴体"御过"功能的强化

"战代以来，弃德务功，铭辞代兴，箴文委绝。至扬雄稽古，始范《虞箴》，作卿尹、州牧二十五篇。及崔、胡补缀，总称《百官》，指事配位，鞶鉴有征，信所谓追清风于前古，攀辛甲于后代者也。"[2] 刘勰总结了箴在战国至西汉末年扬雄时期之间"委绝"的状态。至于原因，刘勰这样概括："箴全御过，故文资确切；铭兼褒赞，故体贵弘润：其取事也必核以辨，其摘文也必简而深，此其大要也。然矢言之道盖阙，庸器之制久沦，所以箴铭寡用，罕施后代。"[3] 刘勰总结的鉴戒风气的消失，或许使有讽谏特征的箴铭在汉成帝之前非常罕见。箴文的文体功能在于"御过"，直指弊病，但进"矢言"的风气缺失，导致箴文的不兴。

---

① 王云熙、周锋撰：《文心雕龙译注》，第93页。
② 王运熙、周锋撰：《文心雕龙译注》，第88页。
③ 王运熙、周锋撰：《文心雕龙译注》，第90页。

扬雄模拟《虞箴》，作《冀州箴》等十二州箴、《司空箴》等二十一官箴。《左传·襄公四年》："昔周辛甲之为大史也，命百官，官箴王阙。于《虞人之箴》曰：'芒芒禹迹，画为九州，经启九道。民有寝庙，兽有茂草；各有攸处，德用不扰。在帝夷羿，冒于原兽，忘其国恤，而思其麀牡，武不可重，用不恢于夏家，兽臣司原，敢告仆夫。'《虞箴》如是，可不惩乎？"①《虞箴》是为戒田猎而作，而扬雄拟作宗旨亦在"戒"，虽为拟作，但组箴的形式就是创新，并且将箴文的内容系列化、条贯化了。东汉明帝、章帝时的崔骃，在扬雄箴基础上，补做《太尉箴》等七官箴，另外还创作了《酒箴》。这些箴文均重视鉴戒的文体功能。

扬雄"州"箴采用四言，为整齐韵文形式。内容上先交代某地地理位置、地形特征，之后，交代其物产情况，接着会概述该地不同历史时期管理者的情况，一般会侧重该地历史上的危难往事，以起到对该地官员警钟长鸣的告诫目的，最后会以"牧臣司某，敢告某某"结尾。现存扬雄十二州箴，二十一官箴。与州箴相比，官箴句式趋散，虽仍以四言为主，但时常夹杂五言等句式。官箴开头先交代某官职守，其次则概述历史上该职官的失守事件，造成的祸害，最后告诫此官守应尽职守责，并以"某臣司某，敢告某某"作结。现存官箴中《侍中箴》《国三老箴》等为残文。东汉的崔骃延续扬雄箴文的宗旨与形式。之后，其子崔瑗、临邑侯刘騊駼续作，胡广在此基础上完成《百官箴》。

三 颂题材的突破与"谬体"的评价

与诔、箴相比，颂也在西汉后期兴起，在东汉明帝、章帝时期创作上呈现创作高潮。

颂是《诗经》中重要分类之一，一般认为是与祭祀有密切关系的文体，"鲁以公旦次编，商以前王追录。斯乃宗庙之正歌，非宴飨之常咏也"。②刘勰概括了先秦《诗经》中颂的文体应用场合

---

① 杨伯峻：《春秋左传注》，中华书局2000年版，第938—939页。

② 王运熙、周锋撰：《文心雕龙译注》，第67页。

和文体功用。西汉大臣作颂用于祭祀并没有明确记载，《文心雕龙·颂赞》所论及的"汉之惠景，亦有述容"，① 指的是《安世乐》《昭德舞》，并非颂体的文字，可见在西汉相应的礼乐制度中，一部分乐府诗用于祭祀仪式中，不需要专门颂体应用于祭祀场所。《汉书·赵充国传》："初，充国以功德与霍光等列，画未央宫。成帝时，西羌尝有警，上思将帅之臣，追美充国，乃召黄门郎扬雄即充国图画而颂之。"② 汉成帝诏令扬雄作颂褒扬前朝有功大臣，"即充国图画"，颂因图而作。比较巧的是，扬雄《赵充国颂》与刘歆《列女传颂》创作时间非常接近，另外，《列女传颂》也是因图而作，作颂目的主要是褒扬妇德，配合图画起到舆论宣传与教育的目的。二人颂作文字风格皆模仿《诗经》颂体，皆采用四言形式，文辞典雅。文体选用及语言风格皆显示了复古的文风，服务于当下。这引领了东汉作家们的颂体创作，如班固创作了《高祖颂》《安丰戴侯颂》，傅毅作《显宗颂》，崔骃作《明帝颂》，他们不脱离扬雄颂的模式，但其表现、歌颂对象为汉高祖、显宗、明帝，其风格特征大体是向《诗》颂的回归。

随着汉颂表现领域的扩大，汉颂的文体表现方法也逐渐丰富。首先，在语言形式上突破四言，出现了各式杂言。对韵要求不严格，有的颂废韵不用，如董仲舒《山川颂》。其次，篇幅无定制，短篇、中篇、长篇参差不齐，尤其出现了以往罕见的长篇，如班固《窦将军北征颂》等。颂前有的出现序文，序形式体制、与颂文的长短比例不固定。再次，受赋、散文表现方法影响，行文借用典故、比喻、罗列铺排、对比、想象夸张等，比原先以叙述、描写为主的手法丰富。最后，取材上颂作明显受汉赋影响，表现宫殿、物色，如崔瑗《四皓墟颂》等。

刘氏父子在学术总结中对民间学术、文学很重视，刘向、扬雄等对于一些流行于民间的铭文，也多有尝试。铭文在先秦以记载

---

① 王运熙、周锋撰：《文心雕龙译注》，第67页。
② （东汉）班固：《汉书》，第2994页。

功德为主，然而至汉代此文体的取材越来越生活化。"战代以来，弃德务功，铭辞代兴，……铭兼褒赞，故体贵弘润：其取事也必核以辨，其摛文也必简而深，此其大要也。然矢言之道盖阙，庸器之制久沦，所以箴铭寡用，罕施后代。"① 汉代人有在器物上著铭文的习惯，如西汉的镜铭，尽管其文辞优美，不乏高超的语言技巧，但留下来的镜铭均处于佚名的状态，说明当时文人、知识分子对镜铭创作并不重视。

扬雄除经学著述的形式拟古之外，也有其他文体的拟古尝试，并且常常取法于圣人、经典。但他在拟古的同时，也有文体上的开创，如连珠。连珠在《文心雕龙》中被列入"杂文"类，刘勰《文心雕龙·杂文》指出："扬雄覃思文阁，业深综述，碎文琐语，肇为《连珠》。"② 连珠体创始于扬雄，而汉光武帝时期的杜笃，汉明帝时期的贾逵、班固、傅毅都热心拟作。西晋傅玄《连珠序》："班固喻美辞壮，文章弘丽，最得其体。蔡邕似论，言质而辞碎，然旨笃矣。贾逵儒而不艳。傅毅有文而不典。"③ 这可看出扬雄在东汉明帝、章帝时期的文学影响，而班固、贾逵、傅毅等文士对新文体积极接纳的态度，或许看重这些新文体既利于才能发挥、又能表达思想见解。

第三节　西汉后期论类文体的发展

两汉之际论类文的兴起，有特殊的学术背景。第一，刘向《别录》对某一种文献的成书状况、思想特点及其宗旨等进行总结、价值判断，文章实质上属于学术论文。刘歆《七略》则是对文献整理的成果进行"高屋建瓴"学术总结的集大成文章。刘氏父子的这些工作代表了一种新的学术风气的形成，即对学术问题

---

① 王运熙、周锋撰：《文心雕龙译注》，第 88 页。
② 王运熙、周锋撰：《文心雕龙译注》，第 109 页。
③ （唐）欧阳询：《艺文类聚》，上海古籍出版社 1982 年版，第 1035 页。

"总结"的思考风气。第二，刘向刘歆父子总领的皇家文献的整理，带来的最直接结论，就是发现当时官学所依据的今文经文本的残缺、附会不实等问题，这带来对官学质疑的声音，也引发了重新审视一些学术问题的思潮。当时学者对汉武帝独尊儒术以来主导的今文经学，产生前所未有的独立思考、思辨的意识。刘向、刘歆、扬雄、桓谭、冯衍、班彪父子、王充、傅毅都是这样的代表性学者，他们的思辨对象，从传统的经学，转向更宽泛社会政治、历史等问题。然而，传统的表达经学见解的方式，即依附于经学的传、注等体例，已经无法适应这股思辨精神的表达，因而，适合表达独立见解的论类文字，在两汉之际呈现出异彩。第三，刘氏父子对官学学风的批评与新学风的引导，在两汉之际弃烦琐、重实践、重宏观的学术风尚兴起，崇"通""博"的时代风气兴起。

依经释义、表述烦琐的章句之学成为众矢之的，学者们指出其烦琐破坏经义的完整性，因而当时一些著名的文士、学者羞学章句。《文心雕龙·论说》："若秦延君之注《尧典》，十余万言，朱普之解《尚书》三十万言，所以通人恶烦，羞学章句。"① 永平中杨终《上言宣令诸儒论考五经同异》依然否定章句，"而章句之徒，破坏大体"。② 徐防《五经宜为章句疏》："伏见太学试博士弟子，皆以意说，不修家法，……今不依章句，妄生穿凿，以遵师为非义，意说为得理。"③ 此奏疏从侧面反映出东汉初期博士官学学风的改变。西汉盛极一时的章句之学，在此时已受到很大质疑，随之而来的是"师法"的松弛。

对经书的研习，传统的传、说、记、章句等体例，更多依赖对经典原文引申、发挥，这些释经、研经体例由汉武帝至汉成帝时期已经发展得极为充分，并适应了博士系统选拔人才的课试制度。

---

① 王运熙、周锋撰：《文心雕龙译注》，第 161 页。
② （清）严可均：《全后汉文》，商务印书馆 2006 年版，第 316 页。
③ （清）严可均：《全后汉文》，第 317 页。

但两汉之际对经学问题思考角度更宏观，思维更活跃，怀疑、辨析之风兴起，这些都导致这个时期学者在表达思想时对文体的选择出现了新的变化。传统的释经体例更多依赖于文本，这对作者经学思想的表达会形成一种束缚感。

与此同时，崇尚"通人""通儒"的学术风尚形成。王充在《论衡》中将天下士人分为文吏、儒生、通人、文人、鸿儒五个层次，显示出对具有"通博"知识特点并且善于活用知识的通人、文人、鸿儒的尊崇。先秦时期就有"君子儒""小人儒"的区分，而在西汉时期也把儒学研究者分为不同类别，如汉元帝、成帝时期就有"醇儒""通儒"的说法。两汉之际，讨论这个问题的就更多。桓谭《新论·识通》兼讲通人之"通"与"蔽"。这里提到的通人指的是高祖、文帝、武帝、扬雄、张竦等人。桓谭喜贬低"俗儒"。桓谭推崇的"通"，重视的是政治实践、"善表达"的能力，是知识渊博、善于从政并撰写文章。这类议论东汉初颇为流行：

> 儒者，区也。言其区别古今，居则玩圣哲之词，动则行典籍之道，稽先王之制，立当时之事，此通儒也。若能纳而不能出，能言而不能行，讲诵而已，无能往来，此俗儒也。（《后汉书》注引应劭《风俗通义》）
>
> 授先王之制，立当时之事，纲纪国体，原本要化，此通儒也。（《后汉书》注引应劭《风俗通义》）
>
> 林从竦受学，博洽多闻，时称通儒……京师士大夫，咸推其博洽。（《后汉书·杜林传》）
>
> 逵所著经传义诂及论难百余万言，又作诗、颂、诔、书、连珠、酒令凡九篇，学者宗之，后世称为通儒。（《后汉书·贾逵传》）
>
> 班彪以通儒上才，倾侧危乱之间，行不逾方，言不失正。（《后汉书·班彪传》）

"通"成为对学者博学的赞誉，如桓谭称张竦为通人，《后汉书》本传中也称其为通儒。

这些学术趋向都导致了两汉之际论类文的增多。刘向刘歆父子的古籍整理，证明了西汉以来官学经书文本不完善，在完整性、精确性上存在诸多问题。基于这种文本，今文经师们的种种章句也令学者产生怀疑。因而，在学术思想上，形成了质疑的学风。他们怀疑今文经，也对现实政治有许多独特的观点，并在文章中进行辨析，积极抒发一家之言。

西汉后期"论"的表达，形式上是多样的。刘向的《说苑》《新序》《列女传》在《七略》中被归于诸子略儒家类，是把这些著述类型当作发表一家之言的诸子类文献来看待的，"向睹俗弥奢淫，而赵、卫之属起微贱，逾礼制。向以为王教由内及外，自近者始。故采取《诗》、《书》所载贤妃贞妇，兴国显家可法则，及孽嬖乱亡者，序次为《列女传》，凡八篇，以戒天子。及采传记行事，著《新序》、《说苑》凡五十篇奏之。数上疏言得失，陈法戒。书数十上，以助观览，补遗阙"。① 刘向在撰写这三部著作时，着眼政治，创作目的是维护皇权稳固。桓谭《新论》中也提到受到刘向《新序》的启发而撰写《新论》。扬雄的《法言》《太玄》，模仿经典《易》《论语》撰文，发表自己对经学等思想问题的看法，也显示了对经学问题表述新形式的探索。

再如桓谭《新论》、王充《论衡》等是论类单篇文章的集合。"汉代初年即有以'新书'称呼新出子书的习惯，这一习惯使'新书'成为汉代暂无专名的新著之书的代称，以后逐渐成为一种风气，刘向在其书录中称新校订稿为'新书'也是受此风气所渐。"② 两汉之际，此类"新"的著述还有刘向《新序》，说明此期学者思想创新的意识强烈。

桓谭学术趣味与王充类似，对知识面狭窄的俗儒极为反感，他

① （东汉）班固：《汉书》，第 1950、1957、1958 页。
② 尹玉珊：《汉魏子书研究》，中国社会科学出版社 2018 年版，第 119 页。

"博学多通，遍习《五经》，皆诂训大义，不为章句，能文章，尤好古学。数从刘歆、扬雄辨析疑异……而喜非毁俗儒"。① 桓谭从经学研习上尚博通，尚古文，在此志趣上与刘歆、扬雄同道。桓谭思想中最难得的是其独立的立场，既不附会谶纬之学，也不一味迷信古文经，而是立足于当时的政治与社会思考问题。桓谭反对当时受到汉光武帝大力追捧的谶纬之学，上书言事，并不被刘秀看重，因"失旨"而不获任用。然而，他的二十九篇《新论》得到光武帝的称赏，"世祖善焉"。② 王充赞扬桓谭《新论》"辨昭然否，虚妄之言，伪饰之辞，莫不证定"。③ 桓谭自叙《新论》体例的渊源，"余为《新论》，术辨古今，亦欲兴治也。何异《春秋》褒贬耶？今有疑者，……谭见刘向《新序》，陆贾《新语》，乃为《新论》"。④"欲兴治"，桓谭自述其《新论》的宗旨，并且认为这一立场和以《春秋》褒贬史事指导当下的立场是一致的。把自己的《新论》与《春秋》相比，显示了桓谭强烈的思想自信，因而此书也具有"治世"色彩。在阐释撰写《新论》目的的同时，桓谭还评论了《庄子·寓言》价值，论及《吕氏春秋》、《淮南子》、董仲舒、贾谊等表达思想与体例之关系，说明《新论》的文体借鉴。桓谭的这种对文体选用的斟酌，对思想表达的渴望，均显示出此期进步学者思想活跃，尝试在议论形式上创新的风气。

论类文增多，显示了思想活跃。由于刘向刘歆父子古籍整理，社会上对官学今文经的怀疑，王莽篡权造成的格局动荡，这些因素累加的结果，就是思想界怀疑、辨析精神的活跃，而原本的传、说、记等这些经学兴起以来解经的文体，都不适合这种活跃思想的表达，论类文的兴起也是水到渠成的结果。

东汉初期，表达一家之言的"论"类文体形式兴起，主题范

---

① （南朝宋）范晔：《后汉书》，第 639 页。
② （南朝宋）范晔：《后汉书》，第 643 页。
③ （东汉）王充：《论衡》，第 212 页。
④ （东汉）桓谭：《新论》，中华书局 2011 年版，第 1 页。

围往往突破了经学，篇幅趋于短小，论述问题范围大，有的就称帝称王的"王命"立论，有的对史书体例及史书优劣评价，有的就汉制进行立论。此期有班彪《王命论》等单篇论文，亦有如《新论》《论衡》这样多篇短论的合集，是更为系统论述文章的合集，有一定的主题。东汉章帝时期白虎观"论五经"，班固将讨论结果整理为《白虎通德论》，体现了对经学问题表达形式的探索。而王充的《论衡》更有强烈地表达一家之言的目的。

东汉初单独针对某一问题的单篇论类文章颇为活跃，如班彪《王命论》《史记论》；班固《难庄论》《功德论》《秦纪论》；曹褒《礼论》；崔骃《博徒论》；第五伦《上疏论窦宪》。有的作者以论的文体写成系列文章，如《后汉书·文苑列传》提到的杜笃与刘毅：

> （刘）毅少有文辩称，元初元年，上《汉德论》并《宪论》十二篇。（《后汉书·文苑列传》）
>
> 杜笃《明世论》十五篇。（《后汉书·文苑列传》）

论类文的增多，显示了两汉间学者思想活跃，"原夫论之为体，所以辨正然否"。① 论适合思辨类内容的表达，对经学问题的议论顺势带动了对其他问题的思考。

第四节　两汉之际铭文的发展

"铭者，名也，观器必名焉，正名审用，贵乎慎德。"② 刘勰对于铭文体的界定，重视其劝诫意义与功用，认为铭文叙述德行谨慎。刘勰提到的汉代铭文作品有班固《封燕然山铭》、张昶《西岳华山堂阙碑铭》，对这些铭文创作持肯定态度，认为其铭文得体，

---

① 王运熙、周锋撰：《文心雕龙译注》，第 161 页。
② 王运熙、周锋撰：《文心雕龙译注》，第 85 页。

序文也写得美盛。刘勰称颂蔡邕《桥玄黄钺铭》《鼎铭》等铭文水平高超，对《鼎铭》采用散体做法持批评观点。"至如敬通杂器，准䂵武铭，而事非其物，繁略违中。崔骃品物，赞多戒少。李尤积篇，义俭辞碎。"① 刘勰专门介绍了杂器铭文，即冯衍《刀阳铭》《刀阴铭》《杖铭》，崔骃《刀剑铭》《扇铭》，批评了冯衍铭文内容与所写器物不相符合，详略处理不当，而对崔骃器物铭文赞美多而鉴戒少，可见刘勰对于铭文的评判标准是非常传统的，"铭兼褒赞，故体贵弘润：其取事也必核以辨，其摛文也必简而深，此其大要也"。② 既要求文体"弘润""简而深"，又要求其内容上有鉴戒、褒赞特征，涉及的事情核实辨明。刘勰对碑文与铭文之间的密切关系有所辨析，"自后汉以来，碑碣云起。……夫属碑之体，资乎史才，其序则传，其文则铭。标序盛德，必见清风之华；昭纪鸿懿，必见峻伟之烈：此碑之制也。夫碑实铭器，铭实碑文，因器立名，事先于诔。是以勒石赞勋者，入铭之域；树碑述亡者，同诔之区焉"。③ 刘勰认为碑文作者需要具有史才，认为碑文由序与正文两部分构成，序为史传体，而正文就是铭文了。刘勰对杂器铭文并没有给予充分重视。

汉代人有在不同器物上著铭文的习惯，而在撰写铭文过程中，很可能出于当时人的习惯，有些器物铭文没有标注作者姓名，如西汉的镜铭，绝大多数杂器铭文均未保留其作者。然而，西汉部分文人有借物议论或抒情习惯，如刘向《杖铭》就是汉代文人偏爱的题材、体裁类型，刘向、冯衍都写过这个题目的作品。杂器铭伴随器物使用流行于日常生活中，现存文献显示，西汉后期的一些文人开始参与了杂器铭文的创作。除刘向的铭文之外，扬雄的铭文《县邸铭》《阶闼铭》《成都四隅铭》。④ 冯衍撰写的刀、

---

① 王运熙、周锋撰：《文心雕龙译注》，第 85 页。
② 王运熙、周锋撰：《文心雕龙译注》，第 88 页。
③ 王运熙、周锋撰：《文心雕龙译注》，第 98 页。
④ （清）严可均：《全汉文》，第 534 页。

杖、车、杯、爵等铭文。除车铭为五言，余者皆为四言。① 东汉初年越来越多的文人参与了杂器铭文的创作，如傅毅《扇铭》，崔骃《车铭》《樽铭》等十二篇器物铭文。

实际上，杂器铭文在内容、风格上差异很大，如汉代镜铭在风格上就具有特殊性。西汉中后期镜铭写作已经较为成熟，"铭文种类繁多，内容丰富，排列灵活"。② 总体上呈现出内容以表达对用镜人的祝福为主，往往具有比较程式化、套话的特点。"尚方"字样的镜铭，都来自官府作坊，往往以整齐七言句式为主，体制规整：

> 尚方作竟四夷服，多贺国家人民息，胡虏殄灭天下复，风雨时节五谷熟，长保二亲得天力。（孔祥星、刘一曼《中国古代铜镜》）

> 尚方御竟大毋伤，巧工刻之成文章，左龙右虎辟不羊，朱雀玄武顺阴阳，子孙备具居中央，长保二亲乐富昌，寿敝金石如侯王兮。（孔祥星、刘一曼《中国古代铜镜》）

> 泰山作竟真大巧，上有山人不知老。渴饮玉泉饥食枣，浮游天下敖四海兮。宜子孙。（林素清《两汉镜铭汇编》）

内容或反映对国家安定、风调雨顺的祝福，如"四夷服""人民息""五谷熟"；或描绘美好的神仙生活，塑造出长生不老、自由潇洒的仙人形象，反映对仙人生活的向往、渴慕；或祈祷去除不祥、祝愿获得禄位富贵。

镜铭语言通俗，内容上以说吉祥语为主，这些镜铭成为私人作坊模拟、效法的对象，只是把标志镜子出产地的标志"尚方制竟"，改为"许氏""邹氏""青盖"，把官府铭文中祝福语，发展得更为完善。有的则在旧有框架下做了新词填入，如"许氏作竟自有纪，青龙白虎居左右。圣人周公鲁孔子，做吏高迁车生耳。

---

① （清）严可均：《全汉文》，第 200 页。
② 管维良：《中国铜镜史》，重庆出版社 2006 年版，第 59 页。

郡举孝廉州博士，少不努力老大悔"，是对习经书者美好前程祝福、少年需努力不虚度光阴的勉励。

而在七言体之外的各式镜铭，包容的句式更为灵活多样，镜铭主题以表达祝福为主，如祝福读书人仕途顺畅通达、收获富贵利禄的，祝福父母长寿、家丁兴旺的，还有的表达赠镜者对用镜者得志飞黄腾达后不要忘记自己的愿望。"镜以此行，服者君卿。所言必当，千秋万岁，长毋相忘"（王纲怀《汉铭斋藏镜》）、"与天相寿，与地相长，富贵如言，长毋相忘"（王纲怀《汉铭斋藏镜》），表达对仙人、游仙生活渴慕，表达长生的愿望，这样的内容也数量不少。"漆言之纪孝为右，古有便父又利母。仙人王乔赤诵子，乘露越江海，徘徊名山"（王纲怀《清华铭文镜》）。四言表达祈求长生愿望镜铭较为普遍。这与曹操诗歌末尾表达长生祝愿的情况相似，"延寿命长，上如王父，西王母兮。……长生大吉"（林素清《两汉镜铭汇编》）。

七言体之外的各式镜铭在题材与意境上，还更为多样，相对七言镜铭要更丰富。第一，写离别，以及离别意境下思念、牵挂、祝福之情：

> 长相思，毋相忘。常富贵，乐未央。（刘体智《小校经阁金石文字》）
> 道路远，侍前希，昔同起，予志悲。（林素清《两汉镜铭汇编》）
> 秋风起，予志悲。久不见，侍前俙。（罗振玉《汉两京以来镜铭集录》）

这些镜铭抒情性强，离别与秋风、行卒关联；悲情的主题交代得自然、真挚，朴素直白，又打动人心。镜铭中不乏直抒胸臆的告白，"君有行，妾有忧。行有日，反无期。愿君强饭多勉之，仰天大息长相思，毋久"（刘体智《小校经阁金石文字》）。"愁思悲，愿见忠，君不说，相思愿毋绝"（王纲怀《汉铭斋藏镜》），就像夫妻面对面对话的口气。其抒情性不逊色于汉乐府，语气中淡淡哀怨，语言自然直白，抒情婉曲有致。第二，有警示、劝诫性韵语，诸如劝用镜者对君主、父母的忠信，是知识分子阶层处世哲学的表达：

> 必忠必信，久而必亲，不信不忠，久而自穷。（王纲怀《清华铭文镜》）
>
> 何以为信，祝父母耳。（王纲怀《清华铭文镜》）
>
> 吾作明竟，配象万疆。君德守道，敬奉贤良。曾年益寿，服者公卿。富贵安乐，子孙番昌。咸得所欢，其孙命长。（王纲怀《清华铭文镜》）
>
> 吾作明竟，幽炼三刚，调刻无极，众王主阳，敬奉贤良，士至三公。（王纲怀《清华铭文镜》）

劝告读书人"敬奉贤良""君德守道""祝父母"，是通向"三公""公卿"的途径。对读书人前程美好、仕途顺畅的祝愿，祝愿长寿、家丁兴旺，强调对君主、父母的忠信。

这里要强调的是西汉宣帝之后的镜铭，出现了明显的文人参与创作的痕迹，这个时期典型的镜铭有日光镜、昭明镜、清白镜等，这些镜铭出现了反映文人仕途受挫抒发怀才不遇情感的作品，是压抑遭谤情感的抒发。这类镜铭虽在少数，但意义重大，说明一些身份不低的士人也参与了镜铭的创作。这在六言、骚体中较为常见：

> 恐浮云兮蔽白日，复清美兮冥素质。行精白兮光远明，谤言众兮有何伤？（林素清《两汉镜铭汇编》）

明镜最忌蒙尘，就像浮云遮蔽了太阳的明亮与光辉，不能明察万物，这是最令"我"担心的啊！正如"我"此刻清美的素质亦被遮蔽，但是，即使环境险恶、君主的明察不达，"我"品行之精白如一，纵使有众多诽谤，对"我"也产生不了伤害。镜铭篇幅不长，表达的情感则是丰富的，忧虑、无奈、伤感、自信、坚定、自爱。镜铭具体创作背景不清楚，但镜铭作者的处境却表达很清楚：遇到仕途上的一段挫折，君主被散布谤言者蒙蔽，自己被无辜中伤。作者内心的情感复杂，作者显然是身份不低的官员，且这镜子及镜铭，是专为自己量身定做的：

> 内清质以昭明，光辉象夫日月。心忽穆而愿忠，然壅塞而不泄。……（引自李零《读梁鉴藏镜四篇—说汉镜铭文中的女性赋体诗》，《中国文化》2012年第1期）

镜铭前两句写镜子质地美好，光洁如日月，实际象征镜铭作者自身人格高洁。后两句写作者的追求抱负与境遇，志在忠而实受阻，至于因何事何人而受阻，则未置一词。暗示作者此刻处仕途险境，镜铭意在写志、抒发郁闷、不安之情。另有两篇风格相似作品，"如皎光而耀美，挟佳都而无间，悚观察而性宁，志存神而不迁，得并观而不弃，精昭析而伴君"（林素清《两汉镜铭汇编》）。这段文字风格是明显文人笔触，写镜亦写人，写镜子被携带至"佳都"异地，陪伴主人形影不离的情景，为读书人揣摩女性对丈夫心态、口吻而着笔，但亦带有仕途中人担心遭遇冷落之弦外音。

这类文人创作的镜铭在写作手法上也带有明显的文人化痕迹，多用比兴手法，押韵讲究。官府尚方生产的镜铭，文体以七言句式为主，内容表达比较模式化，镜铭对于"赋"的手法运用较多。一般镜铭开头会交代制镜原料的出产地，继而交代镜子背面的图案，之后是表达美好愿望和对用镜人表达祝福的内容。这些镜铭的前两部分内容，就是以铺陈的手法表达的：

汉有善铜出丹阳，卒以银锡清而明。刻治六博中兼方，左龙右虎游四彭，朱爵玄武顺阳阴，八子九孙居中央。（纪达凯、刘劲松《江苏东海县尹湾汉墓群发掘简报》，《文物》1996 年第 8 期）

新有善铜出丹阳，和以银锡清且明，左龙右虎掌斯彭，朱爵玄武顺阳阴，八子九孙治中央，刻镂博局去不羊，家常大富宜君王。（林素清《两汉镜铭汇编》）

许氏作竟自有纪，青龙白虎居左右。圣人周公鲁孔子，做吏高迁车生耳。郡举孝廉州博士，少不努力老乃悔。（林素清《两汉镜铭汇编》）

这些镜铭对镜子材料来源、加工过程及铸刻图案的铺陈手法，与西汉时期咏物赋表现思路是一致的，如《洞箫赋》的描写思路，依次交代材料产地、制作过程、演奏与音声的优美。可见镜铭作者对于铺陈表现手法的熟悉与借鉴。

镜铭比兴的应用，显示了镜铭作者不俗的语言表现能力。"秋风起，予志悲。久不见，侍前俙。"艺术上以"秋风"起兴，自然过渡到离别之悲，也交代悲感之源、送镜之由，字里行间含蕴着不舍、担忧、关心、想念。简短十二字，悲情摇曳。"与天相寿""与地相长"表达长寿愿望，与天地等具有恒久意义的自然物相比附，具有比的意味。《文心雕龙》总结了"铭"体的特点，即"正名审用"，即要求铭文内容要结合器物的功能性。语言技能高超的镜铭作者，更自觉就范于"正名审用"。"恐浮云兮蔽白日"镜铭中，镜子器物特点明亮光洁、伴人左右，作者以镜自况，使镜子具有象征意义，抒情巧妙，表达内心之忧虑。"浮云蔽白日"的意象与镜子的器物功能暗暗关联，也与作者要表达的遭逄被疏远的情感相关联，折射出镜铭比兴的意象与一般诗歌比兴的区别。而在"内清质以昭明""如皎光而耀美"镜铭的比兴中，同样具有这样特点，把镜子功能、质地与日月、自己品质相比，"絜精白而事君"以镜之光洁，象征作者人格高尚，对镜子赞美，是对自己人格品质、价值追求的自我认同。同时，又从反面着笔，镜子最怕蒙尘蔽明，"患污秽之弇明"，象征自己美德被小人遮蔽，不为君主所见所重的悲哀。镜铭之比兴，其审美趣味和"铭"文体特色贴合紧密，文学意义表达往往与器物功能特点相结合。

另外，镜铭在押韵、抒情结构等方面，明显有了自觉的追求。押韵在镜铭中较为普遍。这在三言、四言、七言等整齐句式中尤为突出，并且押韵的形式更为多样，有部分句子押韵，有句句押韵，有一韵到底，也有中间换韵。曹丕《燕歌行》七言逐句押韵的用韵形式，在七言镜铭中已有先例。

西汉后期以昭明镜为代表的镜铭，在抒情内容上较为个性化。有些镜铭作者在特殊境遇下，如仕途不顺、受压抑情形下，会突破固有的镜铭内容模式，写出有真情实感的动人文字。这说明西汉后期一部分文人为镜铭类文体所吸引，采用了原本不为文人所重视的文体进行创作，反映了西汉后期雅俗文学的良性互动。这与西汉后期对民间学术价值的期待、重视是有一定关系的。

参考文献要目

（唐）刘知己：《史通》，辽宁教育出版社 1997 年版。

（唐）欧阳询：《艺文类聚》，上海古籍出版社 1982 年版。

（宋）洪兴祖撰：《楚辞补注》，中华书局 1983 年版。

（宋）司马光：《资治通鉴》，中华书局 2009 年版。

（宋）徐天麟：《西汉会要》，上海人民出版社 1977 年版。

（明）张溥辑：《汉魏六朝百三家集》，上海古籍出版社 1994 年版。

（清）杜文澜辑：《古谣谚》，中华书局 2000 年版。

（清）皮锡瑞：《经学历史》，中华书局 2004 年版。

（清）阮元校刻：《十三经注疏》，上海古籍出版社 1997 年影印版。

（清）唐晏：《两汉三国学案》，中华书局 1986 年版。

（清）严可均：《全上古三代秦汉三国六朝文》，商务印书馆 2006 年版。

（清）姚振宗辑录，邓骏捷校补：《七略别录佚文·七略佚文》，上海古籍出版社 2008 年版。

（清）章学诚：《章学诚遗书》，文物出版社 1985 年版。

（清）赵翼：《廿二史札记》，中华书局 2008 年版。

（清）赵在翰辑：《七纬》，中华书局 2012 年版。

（东汉）班固撰，（清）陈立疏证：《白虎通疏证》，中华书局 1994 年版。

（东汉）桓谭：《新论》，中华书局 2011 年版。

（东汉）王充：《论衡》，上海人民出版社 1974 年版。

（东汉）王符：《潜夫论》，华夏出版社 2002 年版。

（东汉）许慎撰，（清）段玉裁注：《说文解字注》，浙江古籍出版
　社 1999 年版。

（东汉）应劭撰，王利器校注：《风俗通义》，中华书局 1981 年版。

（东汉）班固：《汉书》，中华书局 1997 年版。

（西汉）董仲舒：《春秋繁露》，上海古籍出版社 1989 年版。

（西汉）韩婴撰，许维遹校释：《韩诗外传集释》，中华书局 1980
　年版。

（西汉）刘安等：《淮南子》，上海古籍出版社 1989 年版。

（西汉）刘向：《列女传》，中华书局 1985 年版。

（西汉）刘向：《新序》，中华书局 1985 年版。

（西汉）刘向撰，向宗鲁校证：《说苑校证》，中华书局 1987 年版。

（西汉）司马迁：《史记》，中华书局 1996 年版。

（西汉）扬雄：《法言》，华夏出版社 2002 年版。

（晋）常璩撰，刘琳校注：《华阳国志》，巴蜀书社 1984 年版。

（南朝宋）范晔：《后汉书》，中华书局 2012 年版。

（南朝梁）萧统：《文选》，中华书局 1977 年版。

安作璋、熊铁基著：《秦汉官制史稿》，齐鲁书社 1984 年版。

边家珍：《汉代经学发展史论》，中国文史出版社 2004 年版。

边家珍：《汉代经学与文学》，华龄出版社 2005 年版。

卜宪群：《秦汉官僚制度》，社会科学文献出版社 2002 年版。

曹道衡：《两汉诗选》，中华书局 2007 年版。

曹道衡、刘跃进：《先秦两汉文学史料学》，中华书局 2005 年版。

曹道衡、沈玉成编撰：《中国文学家大辞典·先秦汉魏晋南北朝
　卷》，中华书局 1996 年版。

陈国庆：《汉书艺文志注释汇编》，中华书局 1983 年版。

陈君：《东汉社会变迁与文学演进》，中国社会科学出版社 2012 年版。

陈直：《两汉经济史料论丛》，中华书局 2008 年版。

邓骏捷：《刘向校书考论》，人民出版社 2012 年版。

费振刚、胡双宝、宗明华辑校：《全汉赋》，北京大学出版社 1993
　　年版。

高文：《汉碑集释》，河南大学出版社 2008 年版。

葛兆光：《中国思想史：七世纪前中国的知识、思想与信仰世界》，
　　复旦大学出版社 1998 年版。

顾颉刚：《汉代学术史略》，东方出版社 1996 年版。

管维良：《中国铜镜史》，重庆出版社 2005 年版。

蒋重跃：《先秦两汉学术思想蠡测》，北京师范大学出版社 2011 年版。

金春峰：《汉代思想史》，中国社会科学出版社 1987 年版。

金文达著：《中国古代音乐史》，人民音乐出版社 1994 年版。

孔祥星、刘一曼：《中国古代铜镜》，文物出版社 1984 年版。

劳思光：《新编中国哲学史》，广西师范大学出版社 2005 年版。

李景文：《刘向文献编撰研究》，人民出版社 2020 年版。

李零：《简帛古书与学术源流》，生活·读书·新知三联书店 2007
　　年版。

李零：《中国方术续考》，中华书局 2012 年版。

林梅村、李均明编：《疏勒河流域出土汉简》，文物出版社 1984 年版。

刘汝霖：《汉晋学术编年》，中华书局 1987 年版。

刘跃进：《秦汉文学编年史》，商务印书馆 2006 年版。

刘跃进：《秦汉文学地理与文人分布》，中国社会科学出版社 2012
　　年版。

刘跃进：《秦汉文学论丛》，凤凰出版社 2008 年版。

龙文玲：《西汉昭宣时期社会转型与文学演进研究》，线装书局
　　2020 年版。

龙文玲：《汉武帝与西汉文学》，社会科学文献出版社 2007 年版。

逯钦立：《先秦汉魏晋南北朝诗》，中华书局 1983 年版。

吕宗力：《汉代的谣言》，浙江大学出版社 2011 年版。

罗振玉：《汉两京以来镜铭集录》，上海古籍出版社 2013 年版。

马积高：《赋史》，上海古籍出版社 1998 年版。

马积高：《历代辞赋研究史料概述》，中华书局 2004 年版。

聂石樵：《先秦两汉文学史》，中华书局 2007 年版。

钱穆：《汉刘向、歆父子年谱》，台湾商务印书馆 1987 年版。

钱穆：《两汉经学今古文平议》，东大图书有限公司 1983 年版。

钱穆：《秦汉史》，生活·读书·新知三联书店 2006 年版。

钱穆：《中国学术思想十八讲中国思想史六讲》，九州出版社 2010
　年版。

孙德谦：《孙德谦著作集》，上海大学出版社 2019 年版。

田天：《秦汉国家祭祀史稿》，生活·读书·新知三联书店 2015
　年版。

万国鼎编：《中国历史纪年表》，中华书局 2004 年版。

王纲怀：《汉铭斋藏镜》，上海古籍出版社 2013 年版。

王纲怀：《清华铭文镜：镜铭汉字演变简史》，清华大学出版社
　2011 年版。

王启才：《汉代奏议的文学意蕴与文化精神》，人民出版社 2009
　年版。

王启敏：《刘向〈新序〉、〈说苑〉研究》，安徽大学出版社 2011 年版。

王运熙、周锋撰：《文心雕龙译注》，上海古籍出版社 1998 年版。

谢桂华等校释：《居延汉简释文合校》，文物出版社 1987 年版。

徐复观：《两汉思想史》，台湾学生书局 1985 年版。

徐建委：《〈说苑〉研究：以战国秦汉之间的文献累积与学术史为
　中心》，北京大学出版社 2011 年版。

徐兴无：《刘向评传》，南京大学出版社 2005 年版。

阎步克：《乐师与史官：传统政治文化与政治制度论集》，生活·
　读书·新知三联书店 2001 年版。

阎步克：《品位与职位：秦汉魏晋南北朝官阶制度研究》，中华书
　局 2002 年版。

杨伯峻：《春秋左传注》，中华书局 2000 年版。

尹玉珊：《汉魏子书研究》，中国社会科学出版社 2018 年版。

余冠英：《汉魏六朝诗论丛》，商务印书馆 2013 年版。

余嘉锡：《目录学发微》，中国人民大学出版社 2005 年版。

（汉）荀悦，（晋）袁宏著，张烈点校：《两汉纪》，中华书局 2005
  年版。

张峰屹：《谶纬思潮与汉代文学思想》，凤凰出版社 2021 年版。

张峰屹：《两汉经学与文学思想》，生活·读书·新知三联书店
  2014 年版。

张峰屹：《西汉文学思想史》，南开大学出版社 2001 年版。

张立文主编：《中国学术通史》，人民出版社 2004 年版。

张涛：《列女传译注》，山东大学出版社 1990 年。

张显成、周群丽：《尹湾汉墓简牍校理》，天津古籍出版社 2011 年版。

张震泽校注：《扬雄集校注》，上海古籍出版社 1993 年版。

赵敏俐：《汉代乐府制度与歌诗研究》，商务印书馆 2009 年版。

赵敏俐：《两汉诗歌研究》，商务印书馆 2011 年版。

曹虹《从"古诗之流"说看两汉之际赋学渐变及其文化意义》，
  《文学评论》1991 年第 4 期。

常森：《〈两都赋〉新论》，《北京大学学报》2007 年第 1 期。

邓骏捷：《西汉楚元王家族学术文化传统探论》，《烟台大学学报》
  2011 年第 1 期。

纪达凯、刘劲松：《江苏东海县尹湾汉墓群发掘简报》，《文物》
  1996 年第 8 期。

蒋晓光：《五德终始说与〈两都赋〉》，《社会科学》2015 年第 5 期。

冷卫国：《刘向、刘歆赋学批评发微》，《文学遗产》2010 年第 2 期。

李零：《读梁鉴藏镜四篇——说汉镜铭文中的女性赋体诗》，《中国
  文化》2012 年第 1 期。

刘跃进：《释"齐气"》，《文献》2008 年第 1 期。

裘锡圭：《〈神乌赋〉初探》，《文物》1997 年第 1 期。

裘锡圭：《汉简中所见韩朋故事的新资料》，《复旦学报》1999 年

第 3 期。

孙少华：《桓谭的经学思想及其与两汉之际谶纬之关系》，《国学研究》2017 年第 1 期。

王承略、杨锦先：《刘向校书同僚学行考论》，《文献》1998 年第 3 期。

吴敏霞：《刘向学术思想特点浅议》，《西北大学学报》1987 年第 2 期。

许结、王思豪：《汉赋用经考》，《文史》2011 年第 2 辑。

张涛：《略论刘向刘歆父子的易学思想与成就》，《文献》1998 年第 2 期。

郑万耕：《刘向刘歆父子的学术史观》，《史学史研究》2003 年第 1 期。

郑万耕：《刘向刘歆父子的易说》，《周易研究》2004 年第 2 期。

后　记

　　这部书是在国家社科基金项目"刘向刘歆学术思想与两汉之际文学嬗变"的基础上修改完善而成，修改重点在于将原来"学术思想"的关注点转向刘氏父子的"学术活动"。这一变动使得观察西汉中后期文学演变的学术因素更为全面，学术整理活动本身对文学的影响也被囊括在考察范围之内。本书核心问题为刘向刘歆学术特点以及他们在汉成帝时期进行文献整理活动的背景、进程及影响，尤其对西汉中后期文学创作、文学观念的影响。

　　书稿的主体内容在 2018 年前就基本完成了，之后一直在调整论述的思路、逻辑，反复琢磨论据论证的合理性。调整的过程并不顺畅，好像在重新加工夹生的米饭一样，修改到这一稿，自认为在从学术角度观察西汉中后期文学观念演进方面还有可取之处。本书总结、分析了刘氏父子统领的浩大的文献整理活动对文学认知所起的推动作用。这是文学自觉时代没有到来之前对文学认识的重要一步。

　　在此，谨向在我低谷时期指导我、关心我的老师、同事和朋友们致以真诚的谢意！

　　感谢我的博士导师刘跃进先生！这一选题是在我的博士学位论文《刘向〈列女传〉研究》基础上生发出来的。刘跃进师强调学术研究要有问题意识，要从文献入手，脚踏实地，要言之有物。这种学术态度成为我之后学术研究的指路明灯。这一选题正是得益于博士学位论文撰写中对于刘向以及西汉中后期相关史料的熟悉，对相关问题有较为深入的理解。项目起步阶段，我把研究重心放在了学术思想史方面，使论述变得空泛。有一年赴京开会时，我和龙文玲师姐拜访老师，有过一次较为深入的谈话，刘跃进老师再次提到了从文献出发的重要性，从而点醒了我，因此有了这个书稿的转向，即从学术活动的事实出发去讨论问题，在改写的过程中，我觉得逻辑更为合理、顺畅。

感谢鞍山师范学院文学院已经退休的刘刚教授！刘刚教授是我在鞍师工作时的领导，他更像是我的老师和朋友，给我工作和生活上很多帮助。他给我的国家立项的申请书很多建议，还亲手帮我做了细致的修改。感谢首都师范大学赵敏俐教授、北京大学的傅刚教授，在课题进行初期给我的鼓励、建议！但也由于我的顾虑太多、总担心自己愚拙的书稿给人添麻烦，在项目进行中没有及时和各位老师们请教，书稿很多方面原本可以更完善，由此带来很多遗憾！

感谢辽宁大学文学院的胡胜教授！我刚刚调转至辽宁大学后不久，因为父亲罹患恶疾而深感崩溃，非常焦虑，胡胜老师叮嘱我注意身体、工作上不要着急！这些宽慰给了我莫大的帮助！本书的出版也得到了胡胜老师的支持！

感谢我的硕士导师许志刚教授！虽然我毕业之后去异地工作，师生直接交流不多，但正是许老师把我领进了汉代文学研究的领域，每次见面时又给我很多鼓励，他的严谨学术作风对我影响很深！

感谢中国社会科学院文学所的孙少华教授！他为项目的选题与写作思路提了非常有建设性的修改意见。感谢广西大学的龙文玲教授，我在书稿写作中和龙老师有多次交流，非常受益！感谢鞍山师范学院文学院资料室李英老师，帮我耐心、细致地办理资料借阅！感谢辽宁大学文学院金世玉老师，我有大约两年在鞍、沈两地跑通勤的经历，是金老师帮我调整课程安排，方便我上完课后当天返回。感谢古代文学教研室的刘磊老师、王珏老师、赵毓龙老师，他们常常帮我处理一些课程相关的琐事，减轻我的工作负担！书稿的出版，还要感谢中国艺术研究院张立敏教授积极协调！感谢王茵老师与王丽媛老师在本书出版过程中的耐心协助！本书出版获辽宁大学资助，在此深表感谢！

　　驽马十驾，功在不舍！这部书稿是我近年来学术专注方向的总结。不完善处，敬请各位多多指教！

辽宁大学　　陈丽平

2023 年 5 月于沈阳五里河